CRIMINOLOGIA

NATACHA ALVES DE OLIVEIRA

CRIMINOLOGIA

coleção
SINOPSES
para concursos

Coordenação
Leonardo Garcia

50

2018

EDITORA
JusPODIVM
www.editorajuspodivm.com.br

EDITORA
*Jus*PODIVM
www.editorajuspodivm.com.br

Rua Mato Grosso, 164, Ed. Marfina, 1º Andar – Pituba, CEP: 41830-150 – Salvador – Bahia
Tel: (71) 3045.9051 • Contato: https://www.editorajuspodivm.com.br/sac

Diagramação: Linotec Fotocomposição e Fotolito Ltda. *(www.linotec.com.br)*

Capa: Ana Caquetti

ISBN: 978-85-442-2002-3

Coleção Sinopses para Concursos

A *Coleção Sinopses para Concursos* tem por finalidade a preparação para concursos públicos de modo prático, sistematizado e objetivo.

Foram separadas as principais matérias constantes nos editais e chamados professores especializados em preparação de concursos a fim de elaborarem, de forma didática, o material necessário para a aprovação em concursos.

Diferentemente de outras sinopses/resumos, preocupamo-nos em apresentar ao leitor o entendimento do STF e do STJ sobre os principais pontos, além de abordar temas tratados em manuais e livros mais densos. Assim, ao mesmo tempo que o leitor encontrará um livro sistematizado e objetivo, também terá acesso a temas atuais e entendimentos jurisprudenciais.

Dentro da metodologia que entendemos ser a mais apropriada para a preparação nas provas, demos destaques (em outra cor) às palavras-chaves, de modo a facilitar não somente a visualização, mas, sobretudo, a compreensão do que é mais importante dentro de cada matéria.

Quadros sinóticos, tabelas comparativas, esquemas e gráficos são uma constante da coleção, aumentando a compreensão e a memorização do leitor.

Contemplamos também questões das principais organizadoras de concursos do país, como forma de mostrar ao leitor como o assunto foi cobrado em provas. Atualmente, essa "casadinha" é fundamental: conhecimento sistematizado da matéria e como foi a sua abordagem nos concursos.

Esperamos que goste de mais esta inovação que a Editora Juspodivm apresenta.

Nosso objetivo é sempre o mesmo: otimizar o estudo para que você consiga a aprovação desejada.

Bons estudos!

Leonardo Garcia
leonardo@leonardogarcia.com.br
www.leonardogarcia.com.br

Guia de leitura da Coleção

A Coleção foi elaborada com a metodologia que entendemos ser a mais apropriada para a preparação de concursos.

Nesse contexto, a Coleção contempla:

- **DOUTRINA OTIMIZADA PARA CONCURSOS**

Além de cada autor abordar, de maneira sistematizada, os assuntos triviais sobre cada matéria, são contemplados temas atuais, de suma importância para uma boa preparação para as provas.

> Ora, se em nenhum caso poderão invocar-se circunstâncias excepcionais como justificação para a tortura, aparenta que a tortura é uma prática vedada em toda e qualquer situação, havendo sim de se lhe reconhecer um caráter absoluto.
>
> Agora, **atenção**, o caráter absoluto desse direito é uma ***exceção à regra da relativização dos direitos humanos*** e, de maneira geral, ***não costuma ser explorada em provas objetivas de concurso***, que costumam afirmar a relatividade como característica dos direitos humanos.

- **ENTENDIMENTOS DO STF E STJ SOBRE OS PRINCIPAIS PONTOS**

> No Brasil, um dos mais importantes julgados do STF sobre o tema, talvez o primeiro em que realmente se deu um destaque ao debate da eficácia horizontal é o **Recurso Extraordinário 201.819**, no qual a Corte firmou posição que a exclusão de um sócio de uma entidade associativa deve observar o devido processo legal.

• PALAVRAS-CHAVES EM OUTRA COR

As palavras mais importantes (palavras-chaves) são colocadas em outra cor para que o leitor consiga visualizá-las e memorizá-las mais facilmente.

> O procedimento para adoção de uma medida não convencional é disciplinado pela **Resolução 1503 do Conselho Econômico e Social da ONU**, e se inicia por uma petição, apresentada por qualquer indivíduo, à **Comissão de Direitos Humanos da ONU**, denunciando a violação sistemática de direitos.

• QUADROS, TABELAS COMPARATIVAS, ESQUEMAS E DESENHOS

Com essa técnica, o leitor sintetiza e memoriza mais facilmente os principais assuntos tratados no livro.

Eixo orientador → Diretrizes → Objetivos estratégicos → Ações programáticas

• QUESTÕES DE CONCURSOS NO DECORRER DO TEXTO

Por meio da seção "Como esse assunto foi cobrado em concurso?" é apresentado ao leitor como as principais organizadoras de concurso do país cobram o assunto nas provas.

> **▸ Como esse assunto foi cobrado em concurso?**
>
> A prova do 16º concurso do Ministério Público do Trabalho trouxe a seguinte proposição: *"O sistema interamericano de proteção dos direitos humanos tem como principal instrumento a Convenção Americana de Direitos Humanos, que estabelece a Comissão Interamericana de Direitos Humanos e a Corte Interamericana"*. Está correto!

Sumário

Parte I
INTRODUÇÃO

Parte II
MODELOS TEÓRICOS DA CRIMINOLOGIA

Parte III
VITIMOLOGIA

Parte IV
PREVENÇÃO CRIMINAL E REAÇÃO SOCIAL

Parte V
MOVIMENTOS ATUAIS DE POLÍTICA CRIMINAL

Parte VI
CRIMINOLOGIA CONTEMPORÂNEA

Parte I

INTRODUÇÃO

Capítulo 1

Noções Gerais de Criminologia

1. CONCEITO DE CRIMINOLOGIA

A **origem etimológica** da palavra criminologia deriva do **latim *crimino*** (crime) e do **grego *logos*** (estudo), significando o **estudo do crime**.

A **criminologia** é a ciência **autônoma**, **empírica** e **interdisciplinar**, que tem por **objeto** o estudo do **crime**, do **criminoso**, **da vítima** e do **controle social** da conduta criminosa, com o escopo de prevenção e controle da criminalidade.

Inicialmente, afirma-se que consiste em uma ciência, pois apresenta função, método e objeto próprios, prestando-se a fornecer, a partir do método empírico, informações dotadas de validade e confiabilidade sobre o delito.

Trata-se de uma ciência empírica, pois se baseia na experiência e na observação da realidade dos fatos, visto que seu objeto de estudo (crime, criminoso, vítima e controle social) se situa no plano da realidade e não no plano dos valores. Neste aspecto, difere do Direito, porquanto é considerada uma ciência do "ser", ao passo que o Direito é uma ciência do "dever ser", com caráter normativo e valorativo.

Outrossim, consiste em uma ciência interdisciplinar, pois se vale do conhecimento de diversos ramos da área do saber, como a sociologia, a psicologia, o direito, a biologia, a medicina legal, a psiquiatria, a antropologia etc.

▸ Como esse assunto foi cobrado em concurso?

(VUNESP - 2014 - PC-SP - Investigador de Polícia) A criminologia pode ser conceituada como uma ciência _____, baseada na observação e na experiência, e _______ que tem por objeto de análise o crime, o criminoso, a vítima e o controle social.

a) exata ... multidisciplinar;

b) objetiva ... monodisciplinar;

c) humana ... unidisciplinar;

d) biológica ... transdisciplinar;

e) empírica ... interdisciplinar.

Gabarito: E

(VUNESP - 2014 - PC-SP - Desenhista Técnico-Pericial) A criminologia é conceituada como uma ciência:

a) jurídica (baseada nos estudos dos crimes e nas leis) monodisciplinar.

b) empírica (baseada na observação e na experiência) e interdisciplinar.

c) social (baseada somente nos estudos do comportamento social do criminoso) e unidisciplinar.

d) exata (baseada nas estatísticas da criminalidade) e multidisciplinar.

e) humana (baseada na observação do criminoso e da vítima) e unidisciplinar.

Gabarito: B

(VUNESP - 2014 - PC-SP - Desenhista Técnico-Pericial) Para a criminologia, o crime é um fenômeno:

a) científico.

b) ideológico.

c) regionalizado.

d) político.

e) social.

Gabarito: E

(VUNESP - 2014 - PC-SP - Fotógrafo Técnico-Pericial) A criminologia geral consiste ____________; e a criminologia clínica consiste na ____________. Assinale a alternativa que preenche, correta e respectivamente, as lacunas.

a) no estudo do crime e do criminoso, mas não serve para subsidiar a elaboração das leis penais ... análise da vítima e da conduta social para subsidiar no planejamento das políticas criminais;

b) no estudo da vítima e da conduta social, subsidiando a elaboração dos tipos penais ... análise do crime e do criminoso para servir no planejamento das políticas criminais;

c) no estudo do comportamento da vítima e do delinquente, traçando uma relação de causalidade sem que, contudo, influencie na elaboração de legislação correlata ... análise dos crimes, tanto em quantidade como em qualidade para servir no planejamento das políticas criminais;

d) na relação sistemática do poder público quanto à elaboração de leis que procuram evitar o crime e sua reincidência ... análise e estudos da vítima e sua participação no delito;

e) na sistematização, comparação e classificação dos resultados obtidos no âmbito das ciências criminais acerca de seus objetos ... aplicação dos conhecimentos teóricos daquela para o tratamento dos criminosos.

Gabarito: E

(VUNESP - 2013 - PC-SP - Escrivão de Polícia) A Criminologia dos dias atuais:

a) é uma ciência empírica, interdisciplinar, multidisciplinar e integrada.

b) é uma ciência jurídica, autônoma, não controlável e sistematizada.

c) não é considerada uma ciência, mas parte do Direito Penal.

d) não é considerada uma ciência, mas parte da Sociologia.

e) não é considerada uma ciência, mas parte da Antropologia.

Gabarito: A

2. HISTÓRIA DA CRIMINOLOGIA

O estudo da história da criminologia pode ser dividido em duas fases ou períodos, vale dizer, o período pré-científico e o período científico.

O período **pré-científico** abrange desde a Antiguidade, em que já se encontravam textos esparsos de autores revelando preocupação com o crime.

Em relação ao período **científico**, há divergência acerca de seu marco inaugural. A **doutrina majoritária** atribui o **nascimento da**

criminologia científica a **Cesare Lombroso**, com a obra ***O homem delinquente* (1876)**.

Todavia, há autores que atribuem a concepção da criminologia ao antropólogo francês Paul Topinard, que, em 1879, teria sido o primeiro a utilizar o termo "criminologia". Outros defendem que Rafaelle Garofalo, em 1885, utilizou a nomenclatura como título de um livro científico, compreendendo-a como a ciência da criminalidade, do delito e da pena. Por fim, a escola clássica aponta Francesco Carrara como o pioneiro na adoção de aspectos do pensamento criminológico, na obra *Programa de Direito Criminal*, publicada em 1859 (SUMARIVA, 2017, p. 35).

Nascimento da criminologia científica (4 correntes):

- **Doutrina majoritária: Cesare Lombroso** (O homem delinquente, 1876)
- Paul Topinard (primeiro a utilizar o termo "criminologia", em 1879)
- Rafaelle Garófalo (utilizou a nomenclatura como título de um livro científico, em 1885)
- Francesco Carrara (pioneiro na adoção de aspectos do pensamento criminológico, na obra *Programa de Direito Criminal*, em 1859)

▸ **Como esse assunto foi cobrado em concurso?**

(VUNESP - 2014 - PC-SP - Delegado de Polícia) A obra O homem delinquente, publicada em 1876, foi escrita por:

a) Cesare Lombroso.

b) Enrico Ferri.

c) Rafael Garófalo.

d) Cesare Bonesana.

e) Adolphe Quetelet.

Gabarito: A

No **Brasil**, o surgimento da criminologia se deu com o político pernambucano **João Vieira de Araújo**, com a obra *Ensaios sobre Direito Penal (1884)*.

No período da **Antiguidade**, conforme leciona José César Naves de Lima Júnior (2017, pp. 41-45), destacam-se alguns pensadores que contribuíram para os estudos criminológicos, estabelecendo as bases do delito e sua punição com destaque para as causas e finalidades, tais como:

a) **Protágoras** (485-415 a.C) - Conferiu um efeito preventivo à pena, ao compreendê-la como um mecanismo para evitar a prática de novas infrações a partir do exemplo dados aos demais membros do corpo social;

b) **Sócrates** (470-399 a.C) - Sustentava a necessidade de ensinar o criminoso a não reiterar a conduta delitiva, ressaltando, com isso, a importância da ressocialização;

c) **Hipócrates** (460-355 a.C) - Estabeleceu as premissas da imputabilidade penal ao relacionar os vícios à loucura, reconhecendo como irresponsável penalmente o homem acometido de insanidade mental;

d) **Isócrates** (436-338 a.C.) - Forneceu as bases do conceito de coautoria, ao atribuir responsabilidade ao agente que ocultava o delito;

e) **Platão** (427-347 a.C) - Relacionou a prática delituosa a fatores de ordem econômica, ao sustentar que a ganância, cobiça ou cupidez geravam a criminalidade;

f) **Aristóteles** (388-322, a.C) - Também imputou a fatores econômicos a causa do fenômeno criminal.

Nesse cenário, cabe citar o **Código de Hamurabi**, o qual dispunha que os ricos deveriam ser julgados com maior severidade que os pobres, haja vista a maior amplitude de oportunidades para aquisição de bens materiais e culturais (SUMARIVA, 2017, p. 36).

Destacam-se como características desse período: a ausência de um estudo sistematizado sobre o crime e o criminoso; a explicação sobrenatural ou religiosa para o crime, o qual era visto como pecado; e o **demonismo**, o qual explicava o mal a partir da figura do demônio, atribuindo ao criminoso uma personalidade diabólica.

Ressalte-se que os doentes mentais foram os principais atingidos pela demonologia, alegando-se que estariam submetidos a uma possessão demoníaca, o que perdurou até a revolução propiciada pela psiquiatria de Pinel (VIANA, 2017, p. 27).

No período da **Idade Média**, vigorou na Europa o sistema feudal, no qual o cristianismo representou a ideologia dominante. Diante da proeminência do poder político da Igreja, o delito era identificado, sob a influência da filosofia escolástica e da teologia, com o pecado e o delinquente com o pecador. E, para a produção de prova, valia-se a inquisição das ordálias ou juízos de Deus (meio de prova judiciária utilizado para aferir a culpa ou a inocência do acusado por meio da participação de elementos da natureza, cujo resultado era interpretado como um juízo divino). Nessa fase, impende citar os seguintes pensadores:

a) **Santo Agostinho** (354-430 d.C) - Pregava a necessidade de se considerar a pena como medida de defesa social e como meio de promover a ressocialização do delinquente, sem olvidar de seu cunho intimidatório;

b) **São Tomás de Aquino** (1226-1274 d.C) - Apontava a pobreza como a grande causa do roubo, e já traçava, à sua época, a justificação do furto famélico, estabelecendo um esboço do estado de necessidade como excludente de ilicitude. Além disso, foi precursor da Justiça Distributiva, cuja concepção é de dar a cada um o que é seu, segundo critérios de igualdade.

No **século XVI**, teve destaque o pensamento de **Thomas Morus** (1478-1535), autor da obra *Utopia*, publicada em 1516, o qual relacionava o crime à desorganização social e à pobreza, considerando-o um reflexo da sociedade (SUMARIVA, 2017, p. 36).

Nos **séculos XVII e XVIII**, surgem os **fisionomistas**, representados por **Della Porta** (1535-1616) e **Joahnn Kaspar Lavater** (1741-1801), os quais estudavam a aparência externa do indivíduo, relacionando o corpo ao psíquico, com o escopo de identificar características físicas da índole criminosa.

Por meio da análise das características somáticas do indivíduo, Lavater concebeu o denominado **"homem de maldade natural"**, tomando por base a semelhança entre o comportamento humano e o dos animais.

Pode-se citar como expressão da fisionomia o hábito imposto pelo **Marquês de Moscardi**, em Nápoles, de no momento da prolação da sentença afirmar "ouvidas testemunhas de acusação e defesa, observada a face e cabeça, te condeno a...". Outrossim, os fisionomistas utilizavam o juízo de valor denominado **"Édito de Valério"**, adotado pelo imperador romano do século IV de nome Valério, pelo qual, em caso de dúvida entre dois indivíduos presumivelmente culpados, deveria ser condenado o mais feio.

A fisionomia deu azo à **cranioscopia**, difundida por **Franz Joseph Gall** (1758-1828) e **Jonh Gaspar Spurzhem** (1776-1832), a qual sustentava que, pela medição da cabeça e da análise da forma externa do crânio, seria possível determinar o caráter e a personalidade do indivíduo.

Posteriormente, adveio a **frenologia**, desenvolvida pelo médico alemão **Franz Joseph Gall**, que se voltava à análise interna da mente, buscando identificar a localização física de cada função anímica do cérebro (**teoria da localização ou teoria do crânio**), relacionando o comportamento criminoso a más-formações do cérebro. É considerada precursora da moderna neurofisiologia e da neuropsiquiatria.

Ainda no século XVIII, houve o desenvolvimento da **psiquiatria** como ciência autônoma, a partir dos estudos do médico francês **Philippe Pinel** (1745-1826), responsável pela ruptura com o pensamento demonológico, que considerava o doente mental possuído pelo mal, bem como pelos primeiros diagnósticos distinguindo os criminosos dos enfermos mentais, permitindo a substituição, em relação aos segundos, do castigo pelo tratamento (VIANA, 2017, p. 32).

No **final do século XVIII**, houve o surgimento da **Escola Clássica**, cujos principais expoentes foram **Cesare Beccaria** (*Dos delitos e das penas*, 1764), **Francesco Carrara** e **Giovanni Carmignani**, caracterizando-se pela adoção do método lógico-abstrato e dedutivo, baseado no silogismo, e pela fundamentação da responsabilidade penal no livre arbítrio.

▸ **Como esse assunto foi cobrado em concurso?**

(VUNESP – 2014 – PC-SP – Auxiliar de Necropsia) Cesare Bonesana, o Marquês de Beccaria, pertenceu à seguinte escola dos estudos da criminologia:

a) Clássica.

b) Moderna.

c) Positiva.

d) Política criminal ou moderna alemã.

e) Terza scuola italiana.

Gabarito: A

(VUNESP - 2013 - PC-SP - Agente de Polícia) A história da Criminologia conta com grandes autores que, com suas obras, contribuíram significativamente na construção desse ramo do conhecimento. É correto afirmar que Cesare Bonesana (1738-1794), o marquês de Beccaria, foi autor da obra:

a) O Homem Delinquente.

b) Dos Delitos e das Penas.

c) Antropologia Criminal.

d) O Ambiente Criminal.

e) Sociologia Criminal.

Gabarito: B

O cenário primordialmente **cientificista** do século XIX, caracterizado pelo empirismo e pelo método experimental ou indutivo de estudo, abandona o método abstrato e dedutivo do silogismo clássico, migrando para o campo do concretismo, da verificação prática do delito e do delinquente.

No final do século XIX, sob inspiração da fisionomia e da frenologia, surge o **positivismo criminológico**, com a ***Scuola Positiva* italiana**, liderada por Lombroso, Ferri e Garofalo:

a) **Cesare Lombroso** (1835-1909) - Autor da obra *O homem delinquente* (1876), foi considerado o **pai da criminologia** e criador da disciplina **antropologia criminal**. Empregou o **método empírico** em suas investigações e defendeu o **determinismo biológico** no campo criminal;

▸ Como esse assunto foi cobrado em concurso?

(MPE-SC - 2016 - MPE-SC - Promotor de Justiça - Matutina) O italiano Cesare Lombroso, autor da obra "L'Uomo delinquente", foi um dos precursores da Escola Clássica de Criminologia, a qual admitia a ideia de que o crime é um ente jurídico - infração - e não ação.

Gabarito: Errado

(VUNESP - 2014 - PC-SP - Atendente de Necrotério Policial) ________ é considerado pai da criminologia, por ter utilizado o método empírico em suas pesquisas, revolucionando e inovando os estudos da criminalidade. Assinale a alternativa que preenche corretamente a lacuna.

a) Enrico Ferri;

b) Cesare Lombroso;

c) Adolphe Quetelet;

d) Emile Durkheim;

e) Cesare Bonesana.

Gabarito: B

b) **Enrico Ferri** (1856-1929) - Autor da obra *Sociologia Criminal* (1914), defendeu, em negativa ao livre-arbítrio, o **determinismo social**, considerando o delito como um fenômeno social determinado por causas naturais;

▸ Como esse assunto foi cobrado em concurso?

(VUNESP - 2013 - PC-SP - Papiloscopista Policial) Este autor foi o criador da chamada 'sociologia criminal'. Para ele, a criminalidade derivava de fenômenos antropológicos, físicos e culturais. Trata-se de:

a) Francesco Carrara.

b) Cesare Lombroso.

c) Rafael Garófalo.

d) Enrico Ferri.

e) Franz von Lizst.

Gabarito: D

c) **Raffaele Garofalo** (1851-1934) - Foi responsável pela criação do termo "**criminologia**" e indicou a existência de duas espécies de delitos, os **delitos legais** e os **delitos naturais**.

▸ Como esse assunto foi cobrado em concurso?

(MPDFT - 2015 - MPDFT - Promotor de Justiça Adjunto - Adaptado) Julgue o item a seguir: A ideologia do tratamento durante a execução penal, a ideia de que a pena tem a finalidade de prevenção especial e a valorização do livre-arbítrio são resquícios das teorias criminológicas positivistas do século XIX, encabeçadas por Cesare Lombroso, Enrico Ferri e Raffaele Garofalo.

Gabarito: Errado

Há, ainda, que se destacar a criação da **estatística científica** por **Adolphe Quetelet** (1796-1864), a qual possibilitou o surgimento da **estatística criminal**.

O pensador, autor da obra *Física Social* (1835), concebeu a **Teoria das Leis Térmicas**, a qual associa determinados tipos de delitos às estações do ano (no inverno, haveria mais crimes patrimoniais; no verão, crimes contra a pessoa; e, na primavera, crimes contra a dignidade sexual), tendo por base três princípios:

1 - o delito é um fenômeno social;

2 - os delitos são cometidos com periodicidade;

3 - a prática de delitos está relacionada a determinados fatores, como analfabetismo, miséria, clima etc.

Além disso, Quetelet concebeu a figura do **homem médio**, largamente utilizada pelos operadores do direito como parâmetro de qual seria o comportamento adotado por uma pessoa mediana, com conhecimentos razoáveis e proporcionais.

Posteriormente, adveio o período da **sociologia criminal**, que, sob a influência de **Auguste Comte** (1789-1857), criador da corrente filosófica do positivismo e da sociologia moderna, compreende o crime como um fenômeno social e busca explicar e justificar a maneira como os fatores do meio ambiente social (fatores exógenos) atuam sobre a conduta individual, conduzindo o homem à prática delitiva. Pode-se citar os seguintes pensadores como representantes dessa fase:

a) **Alexandre Lacassagne** (1843-1924) - Fundador da **Escola Francesa de Lyon** e principal opositor à escola italiana de Lombroso, cuja tese fundamental é a de que o criminoso apresenta uma predisposição criminal latente que é disparada pelo meio social;

b) **Durkheim** (1858-1917) - Considera o crime um fenômeno normal na sociedade, desde que observado o limite estabelecido para cada tipo social. Para o autor, tratar o crime como uma doença social (e não como um fenômeno normal) implicaria em tornar a doença uma característica do organismo, visto que o crime ocorre generalizadamente nas sociedades;

c) **Jean-Gabriel de Tarde** (1843-1904) - Em uma visão crítica à obra de Lombroso, confere importância aos condicionamentos sociais e à imitação como uma teoria antecipada da aprendizagem, que se transmitiria por gerações.

O **fim do século XIX** contemplou, ainda, o nascedouro da **criminologia socialista em sentido amplo**, influenciada pelos pensamentos de **Karl Marx** (1818-1883) e **Friederich Engels** (1820-1895), a qual explicava o crime a partir da natureza da sociedade capitalista, sustentando sua redução ou desaparecimento com a instauração do socialismo.

No ano de 1882, **Alphonse Bertillon** (1853-1914) concebeu a **antropometria criminal**, também conhecida como **bertillonagem**, consistente na técnica de identificação de criminosos pelo registro de suas medidas e marcas corporais, como tatuagens, cicatrizes, sinais de nascença etc. Criou, ainda, o assinalamento antropométrico e a fotografia judiciária.

▸ Como esse assunto foi cobrado em concurso?

(VUNESP - 2014 - PC-SP - Auxiliar de Necropsia) A **técnica de identificação de criminosos**, desenvolvida por Alphonse Bertillon, em 1882, que consiste na análise do conjunto de medidas corporais, marcas individuais, como cicatrizes, marcas de nascença e tatuagens, é chamada de:

a) fisiologia criminal.

b) fotocomposição criminal.

c) estrutura criminal.

d) grafologia criminal.

e) antropometria criminal.

Gabarito: E

Na década seguinte, foi concebido o **sistema datiloscópico de identificação**, o qual foi demonstrado cientificamente em 1904 pelo croata-argentino **Juan Vucetich** (1858-1925), superando a técnica anterior.

Com a virada de século, embora se tenha vivenciado um **ecletismo**, sob a influência moderadora da União Internacional de Direito Penal, fundada em 1889 por **Hamel, Liszt e Prins**, efetivou-se o abandono do antropologismo lombrosiano, o qual foi substituído, paulatinamente, por teorias com viés psicológico, psicanalítico, psiquiátrico etc.

Todavia, esse cenário foi alterado com o surgimento, após a Primeira Guerra Mundial, da **sociologia criminal norte-americana**, sob influência de **Sutherland** e **Sellin**, com caráter prático e sociológico, que veio a se espraiar pelos países ocidentais. Além disso, outro marco que implicou mudanças foi a criação da **criminologia socialista em sentido estrito**, que estudava as causas do crime nos países socialistas, com base nos princípios do marxismo-leninismo.

O tema relativo às Escolas da Criminologia será aprofundado no capítulo 3 da parte I e as teorias criminológicas serão estudadas no capítulo 2 da parte II desta obra.

3. EVOLUÇÃO HISTÓRICA DO DIREITO DE PUNIR E FORMAÇÃO DA SOCIEDADE DISCIPLINAR

A doutrina aponta três fases do processo de evolução da pena, a saber, o período da vingança, o período humanista e o período científico (GAMBOA, 2015, pp. 15-16).

O **período da vingança** compreende o Absolutismo Europeu, nos séculos XV e XVI, manifestando-se em três vertentes:

a) **Vingança privada**: Era regida pela Lei do Talião, em que a vítima é detentora do poder punitivo, admitindo-se o exercício das próprias razões sob a filosofia do "olho por olho, dente por dente";

b) **Vingança divina**: O exercício do poder punitivo era atribuído à igreja, considerando-se o sacerdote um mandatário de Deus. Determinava-se a culpabilidade por meio das ordálias (juízo de Deus) e o fogo era tido como um elemento purificador da alma, sendo tal período conhecido como **fase mitológica da criminologia**;

c) **Vingança pública**: O monarca assume o poder punitivo como representante do Estado, seguindo as execuções um ritual sádico em que o público assistia aos suplícios dos condenados até a morte, o que fez com que referido período ficasse conhecido como **ciclo do terror** (GAMBOA, 2015, p. 30).

Por sua vez, o **período humanista** inicia-se com o advento do Estado Liberal nos séculos XVII e XVIII e o movimento iluminista capitaneado por John Locke, pelo qual a pena ostentava caráter retribucionista.

Por fim, tem-se o **período científico**, inaugurado com o Naturalismo dos séculos XIX e XX, em que há o surgimento do positivismo criminológico, atribuindo à pena a finalidade de defesa social.

Entre os séculos XIII e XVIII, período de surgimentos das cidades, do absolutismo, do fortalecimento da burguesia e da concepção da ideia de contrato, as técnicas da Inquisição se articulam, formando o Estado moderno e suas estruturas penais.

O processo de acumulação de capital e a consequente estruturação da sociedade em classes, já percebida a partir do século XIV com o mercantilismo e a manufatura, e, no século XVIII, com a Revolução Industrial, gerou a necessidade de disciplinamento de contingentes de mão-de-obra para o trabalho. Em outros termos, a disciplina passa a ser adotada como forma de assujeitamento para a extração da mais-valia, por meio da exploração da mão-de-obra barata da massa protelariada.

Assim, a partir do século XVIII, a Revolução industrial e o processo histórico de fortalecimento do contrato social trazem outras necessidades, de modo que, as execuções públicas, com esquartejamentos e amputações, diante do protagonismo das multidões, tornam-se perigosas, produzindo-se um cenário de grande medo (BATISTA, 2015, p. 25). No momento do suplício, o assassino e o juiz trocavam de papeis, fazendo com que o criminoso passasse a ser objeto de piedade e admiração, de sorte a gerar revolta e fomentar a violência social. Nas palavras de Foucault, era como se a execução pública fosse "uma fornalha em que se acende a violência" (2017, p. 14).

Dessa forma, a passagem do século XVIII para o século XIX foi caracterizada pelo progressivo abandono dos suplícios, passando a pena a recair sobre a liberdade do indivíduo e não mais sobre o corpo dos delinquentes, deixando a dor e o sofrimento físico de constituir elementos integrantes da pena.

Esse cenário de ascensão da burguesia em detrimento da figura do monarca absolutista vai ensejar o surgimento de novas políticas e novos discursos criminológicos que se coadunem à visão cartesiana e iluminista de mundo, como o advento do discurso jurídico dos princípios e a imposição da humanização da pena, bem como a estruturação do Direito Penal como uma limitação ao poder punitivo do Estado, substituindo-se a noção de vingar por punir.

▸ **Como esse assunto foi cobrado em concurso?**

(FCC – 2013 – DPE-SP – Defensor Público) Para Michel Foucault, em Vigiar e punir, as razões de ser essenciais da reforma penal no século XVIII, também denominada Reforma Humanista do Direito penal, são constituir uma nova economia e uma nova tecnologia do poder de:

a) recuperar.

b) ressocializar.

c) humanizar.

d) punir.

e) descriminalizar.

Gabarito: D

Nesse discurso de humanização do sistema penal, a figura do carrasco é substituída por outros profissionais, como o carcereiro, o médico, o psicólogo, o psiquiatra e educadores, e a pena de morte passa a ser executada com celeridade. Além disso, o sistema penitenciário passa a ser regido por princípios fundamentais, como a recuperação do condenado, a classificação dos presos de acordo o sexo, a personalidade e periculosidade, e o sistema progressivo de cumprimento de penas (LIMA JÚNIOR, 2017, p. 47).

Assim, visa-se conferir à pena não apenas um caráter retribucionista, mas também de controle do comportamento desviante, de neutralização da periculosidade e promoção da socialização.

A partir desse momento, o indivíduo passa a aceitar as leis da sociedade, evidenciando-se o pacto social, de modo que a prática de uma conduta definida como crime implicará em seu rompimento, autorizando a punição como defesa do corpo social. Percebe-se, assim, que a crença na certeza da punição é que deverá persuadir o indivíduo a não praticar um delito e não mais os espetáculos sangrentos de execução em praça pública.

Com isso, passa-se a estudar o delito e suas causas, bem como a pessoa do delinquente, investigando-se os motivos do crime, as influências do meio social, sua índole, hereditariedade etc., revelando-se de suma importância a interdisciplinaridade, com a abertura para profissionais de outros ramos do conhecimento, como a psicologia e a psiquiatria.

Como esse assunto foi cobrado em concurso?

(FCC – 2015 – DPE-SP – Defensor Público) Segundo as análises de Michel Foucault em seu livro Vigiar e punir, a necessidade de uma classificação paralela dos crimes e dos castigos, assim como a necessidade de uma individualização das penas em conformidade com as características singulares de cada criminoso são elementos que se referem:

a) à reforma do modelo prisional, no século XIX;

b) ao suplício corporal, do século XVIII;

c) à reforma humanista do Direito penal, no século XVIII;

d) à reforma judiciária do Direito, no século XX;

e) às penas físicas, no século XVII.

Gabarito: C

Observe-se que o contexto histórico de ascensão da burguesia à classe política dominante no século XVIII, apesar de ter se caracterizado por um quadro jurídico explícito, codificado, formalmente igualitário, com regime parlamentar e representativo, foi marcado pelo surgimento e generalização dos dispositivos disciplinares, responsáveis pela submissão das forças e dos corpos.

Dessarte, deu-se a formação da **sociedade disciplinar**, de que é expressão a **modalidade panóptica de poder**, que, segundo Foucault (2017, p. 214), conquanto não seja absolutamente independente, "não está na dependência imediata nem no prolongamento direto das grandes estruturas jurídico-políticas de uma sociedade". Assim, tinha-se o contrato como fundamento do direito e do poder político e o panoptismo como o processo técnico, universalmente difundido, de coerção.

▸ **Como esse assunto foi cobrado em concurso?**

(FCC - 2012 - DPE-SP - Defensor Público) Em Vigiar e Punir, Michel Foucault explicita os mecanismos disciplinares de poder que, segundo o filósofo, caracterizam a forma institucional da prisão do início do século XIX. De acordo com as análises deste autor, pode-se afirmar que a modalidade panóptica do poder disciplinar:

a) não está na dependência imediata nem é o prolongamento direto das estruturas jurídico-políticas de uma sociedade e, portanto, é absolutamente independente destas estruturas.

b) está na dependência imediata e é o prolongamento direto das estruturas jurídico-políticas de uma sociedade e, desse modo, é absolutamente dependente destas estruturas.

c) está na dependência imediata, mas não é o prolongamento direto das estruturas jurídico-políticas de uma sociedade e, desse modo, é absolutamente dependente destas estruturas.

d) não está na dependência imediata, mas é o prolongamento direto das estruturas jurídico-políticas de uma sociedade e, entretanto, não é absolutamente dependente destas estruturas.

e) não está na dependência imediata nem é o prolongamento direto das estruturas jurídico-políticas de uma sociedade e, entretanto, não é absolutamente independente destas estruturas.

Gabarito: E

Foucault (2017, pp. 168-189) indica três instrumentos a serem manejados para o exercício do poder disciplinar, vale dizer, para o "bom adestramento":

a) **Vigilância hierárquica**:

Dá-se por meio de um aparelho em que "as técnicas que permitem ver induzam a efeitos de poder, e onde, em troca, os meios de coerção tornem claramente visíveis aqueles sobre quem se aplicam".

Esses "observatórios" da multiplicidade humana, que permitem a vigilância hierarquizada, contínua e funcional, foram construídos ao longo da época clássica e tiveram sua extensão no século XVIII com as novas mecânicas de poder, assegurando um poder múltiplo, automático e anônimo.

Eles têm por modelo o acampamento militar, que é o "diagrama de um poder que age pelo efeito de uma visibilidade geral".

Durante muito tempo foi encontrado na política urbanista de construção das cidades operárias, hospitais, asilos, prisões e casas de educação.

b) **Sanção normalizadora**:

Na essência dos sistemas disciplinares, funciona uma "infrapenalidade", que atua na lacuna da lei, qualificando e reprimindo um conjunto de comportamentos considerados indiferentes pelos grandes sistemas de castigo.

Dessarte, o autor esclarece que "na oficina, na escola, no exército funciona como repressora toda uma micropenalidade do tempo (atrasos, ausências, interrupções das tarefas), da atividade (desatenção, negligência, falta de zelo), da maneira de ser (grosseria, desobediência), dos discursos (tagarelice, insolência), do corpo (atitudes "incorretas", gestos não conformes, sujeira), da sexualidade (imodéstia, indecência)".

Concomitantemente, utiliza-se para a punição uma série de medidas sutis, que vão do castigo físico leve a privações ligeiras e pequenas humilhações. Com isso, tornam-se penalizáveis as mais tênues frações de conduta e atribui-se a função punitiva a elementos aparentemente indiferentes do aparelho disciplinar. Em outros termos, tudo é empregado para punir a mínima coisa e cada indivíduo se encontra preso em uma universalidade punível-punidora.

Sob esse prisma, sujeita-se à penalidade disciplinar todo desvio, inadequação, inconformidade às regras, apresentando a punição no regime disciplinar uma dupla referência jurídico-natural, com o escopo de fazer respeitar uma ordem de natureza mista, vale dizer, uma ordem artificial explicitamente aposta por uma lei, programa ou regulamento e uma ordem definida por processos naturais e observáveis.

O castigo disciplinar apresenta um caráter corretivo, tendo a finalidade de reduzir os desvios. Privilegiam-se as punições que são da ordem de exercício, voltadas ao aprendizado intensificado por meio da repetição, de sua insistência redobrada, em detrimento da noção de vingança à lei ultrajada. Desta feita, o esperado efeito corretivo decorre diretamente do exercício resultante da mecânica do castigo, apenas acessoriamente perpassando pela expiação e arrependimento.

Na disciplina, a punição se desenvolve por um duplo sistema de gratificação-sanção, que se torna operante no processo de treinamento e de correção. Em contraposição à simples separação do proibido promovida pelo sistema penal, polarizam-se os comportamentos em positivos e negativos, estabelecendo-se uma contabilidade penal, pela qual é possível obter um balanço positivo de cada indivíduo.

Por intermédio dessa microeconomia de uma penalidade perpétua, opera-se uma diferenciação dos próprios indivíduos, integrando a penalidade posta em execução o ciclo de conhecimento dos indivíduos.

Ressalte-se que a divisão em função das classificações ou graus tem um duplo papel, vale dizer, "marcar os desvios, hierarquizar as qualidades, as competências e as aptidões; mas também castigar e recompensar".

Em conclusão, a arte de punir, no regime do poder disciplinar, põe em funcionamento cinco operações:

i. Relacionar os atos, os desempenhos, os comportamentos singulares a um conjunto, servindo de campo de comparação, espaço de diferenciação e princípio de regra a seguir;

ii. Diferenciar os indivíduos uns dos outros, estabelecendo-se, em função da regra de conjunto, uma média a respeitar;

iii. Medir quantitativamente e hierarquizar valorativamente as capacidades, o nível, a "natureza" dos indivíduos;

iv. Fazer funcionar a coação de uma conformidade a realizar;

v. Traçar a fronteira externa do anormal.

▸ **Como esse assunto foi cobrado em concurso?**

(FCC - 2012 - DPE-SP - Defensor Público) Um dos instrumentos do poder disciplinar, caracterizado por Michel Foucault em seu livro Vigiar e Punir, consiste em uma forma de punição que é, ao mesmo tempo, um exercício das condutas dos indivíduos. Este instrumento da disciplina é denominado, pelo autor:

a) pena capital.

b) sanção normalizadora.

c) execução normativa.

d) sanção repressora.

e) poder soberano.

Gabarito: B

c) **Exame**:

O exame combina as técnicas da vigilância hierárquica e da sanção normalizadora, estabelecendo um controle normalizante, uma vigilância que permite qualificar, classificar e punir.

Para tanto, estabelece uma visibilidade sobre os indivíduos que permite que sejam diferenciados e sancionados.

O exame caracteriza-se pela ritualização, reunindo a cerimônia de poder e a forma da experiência, a demonstração da força e o estabelecimento da verdade, com a superposição das relações de poder e de saber.

Inverte-se a economia da visibilidade no exercício do poder. Enquanto, tradicionalmente, o poder é o que se mostra e, paradoxalmente, encontra o princípio de sua força no movimento com o qual a exibe, o poder disciplinar, contrariamente, manifesta-se de forma oculta pelo olhar, com a visibilidade obrigatória dos que submete. A sujeição do indivíduo disciplinar dá-se pela possibilidade de ser visto incessantemente e o exame é a técnica pela qual o poder, veladamente, capta seus súditos num mecanismo de objetivação.

Outrossim, o exame faz com que as individualidades ingressem no campo documentário, situando os indivíduos numa rede de anotações escritas. Assim, tem-se a formação de uma série de códigos da individualidade disciplinar que permitem transcrever homogeneamente os traços individuais estabelecidos pelo exame, como o código físico de qualificação, o código médico de sintomas e o código escolar ou militar de comportamentos e desempenhos.

O exame enseja duas possibilidades correlatas: a constituição do indivíduo como objeto singular descritível e analisável sob o controle de um saber permanente; e, por outro lado, a constituição de um sistema comparativo para medir os fenômenos globais, descrever grupos, caracterizar fatos coletivos e estimar os desvios dos indivíduos entre si e sua distribuição numa "população".

Registre-se, ainda, que o exame faz de cada indivíduo um "caso", com a descrição, mensuração e comparação de sua individualidade. Além disso, é o indivíduo que deve ser treinado, retreinado, classificado, normalizado, excluído, etc.

O processo de exame hospitalar deu ensejo à liberação epistemológica da medicina; por sua vez, a era da escola "examinatória" conferiu cientificidade à pedagogia; por fim, a era das inspeções e manobras repetidas indefinidamente no exército propiciou o desenvolvimento de um saber tático que produziu efeito nas guerras napoleônicas.

Em conclusão, verifica-se que o exame, através da combinação da vigilância hierárquica e da sanção normalizadora, realiza as funções disciplinares de repartição e classificação, extração máxima das forças e do tempo, acumulação genética contínua e composição ótima das aptidões, produzindo a individualidade celular, orgânica, genética e combinatória.

Representando esse modelo, tem-se como **figura arquitetural** o **panóptico de Bentham**, consistente na organização das unidades especiais que propicia um sistema de vigilância de efeitos permanentes, mesmo que descontínua a sua ação, induzindo o detento a um estado consciente e perene de visibilidade, de sorte a assegurar o funcionamento do poder, que deve ser visível (observação constante pelo detento da torre central de onde é vigiado) e inverificável (o detento não deve ter a certeza de que está sendo vigiado, mas sim da possibilidade de sê-lo). Assim, importa que o prisioneiro se sinta vigiado, ainda que efetivamente não o seja.

De acordo com Foucault (2017, p. 194), a construção arquitetônica é assim estruturada: "na periferia uma construção em anel; no centro, uma torre; esta é vazada de largas janelas que se abrem sobre a face interna do anel; a construção periférica é dividida em celas, cada uma atravessando toda a espessura da construção; elas têm duas janelas, uma para o interior, correspondendo às janelas da torre; outra, que dá para o exterior, permite que a luz atravesse a cela de lado a lado".

Nesse quadro, cada prisioneiro pode ser visto de sua cela frontalmente pelo vigia. Todavia, os muros laterais impedem que entre em contato com seus companheiros, garantindo a ordem.

▸ **Como esse assunto foi cobrado em concurso?**

(FCC – 2017 – DPE-PR – Defensor Público) Com fundamento no ensinamento de Michel Foucault sobre panoptismo, é correto afirmar:

a) A localização GPS inserida em fotos de pessoas tiradas de celulares juntamente ao reconhecimento facial automatizado permite um controle de deslocamento constante e invisível dessas pessoas, porém não é um exemplo de panóptico por não se poder visualizar quem o exerce.

b) A indefinição do ponto de vigilância, de quem vigia e de quem aplicará eventual sanção normalizadora é considerada uma falha no sistema panóptico e exige correção, por via de procedimento de exame.

c) Há distinção entre panoptismo e sistema panóptico, sendo que este último apenas pode ser operado via instâncias disciplinadoras oficiais do Estado, como as escolas e prisões.

d) O monitoramento eletrônico de presos, via colocação de tornozeleiras eletrônicas com SIM Cards, é exemplo de panoptismo, cuja função de vigilância é exercida com auxílio de um software de georrastreamento.

e) A arquitetura panóptica refere-se unicamente a estruturas físicas de edifícios (prisões, escolas, hospitais etc.), não se cogitando que sistemas de informação sejam arquitetados para operar em panoptismo.

Gabarito: D

4. FINALIDADES DA CRIMINOLOGIA

A criminologia, como ciência interdisciplinar e empírica, tem por finalidade fornecer uma compreensão científica do problema criminal à sociedade e aos poderes constituídos, a partir do estudo do crime, do criminoso, da vítima e dos mecanismos de controle social, visando ao **controle** e à **prevenção criminal**.

Nesse sentido, fornece um diagnóstico qualificado e conjuntural sobre o delito, uma vez que sua interdisciplinaridade permite coordenar os conhecimentos auferidos nos diversos ramos do saber, superando as contradições e suprindo as lacunas.

Todavia, não é uma ciência exata, capaz de traçar regras precisas e universais sobre as causas e efeitos do delito, tampouco se trata de mera fonte de dados e estatística.

Trata-se de uma ciência prática, voltada para a análise dos conflitos concretos. Por se valer de dados empíricos, aferidos a partir da experiência, a pesquisa criminológica científica reduz a possibilidade de emprego da intuição ou de subjetivismos.

▸ Como esse assunto foi cobrado em concurso?

(VUNESP - 2014 - PC-SP - Atendente de Necrotério Policial) São fins básicos da Criminologia, dentre outros:

a) os valores do ressarcimento e da indenização da vítima pelos danos sofridos.

b) a prevenção e o controle do fenômeno criminal.

c) o processo e o julgamento judicial do criminoso.

d) o diagnóstico e a profilaxia das enfermidades mentais, mediante tratamento ambulatorial e internação hospitalar.

e) a vingança e o castigo públicos do criminoso.

Gabarito: B

(VUNESP - 2013 - PC-SP - Perito Criminal) Assinale a alternativa correta, a respeito da Criminologia.

a) Constitui seu objeto a análise apenas do delito e do delinquente, ficando o estudo da vítima sob a alçada da psicologia social.

b) São características fundamentais de seu método o dogmatismo e a intervencionalidade. c) É uma técnica de investigação policial, que faz parte das Ciências Jurídicas.

d) São suas finalidades a explicação e a prevenção do crime bem como a intervenção na pessoa do infrator e avaliação dos diferentes modelos de resposta ao crime.

e) É uma ciência dogmática e normativista, que se ocupa do estudo do crime e da pena oriunda do comportamento delitivo.

Gabarito: D

5. MÉTODOS DA CRIMINOLOGIA

Método criminológico é o instrumento, calcado em estudos científicos, de que a criminologia se vale para a compreensão do fenômeno criminal.

5.1. Empirismo

Com o advento da fase científica da Criminologia, esta passou a utilizar o **método empírico ou experimental e indutivo**, cunhado pela Escola Positiva, para estudar seu objeto (crime, criminoso, vítima e controle social), partindo da análise dos fatos, da realidade, da prática, do mundo do ser, para a regra, com base no método biológico e sociológico.

Nesse ponto, difere do Direito, que, como ciência cultural, contrariamente, se vale do método dedutivo, partindo da regra jurídica para o fato. A distinção metodológica entre o Direito e a Criminologia se deve ao fato de que o objeto do Direito se situa o plano axiológico (normativo), ao passo que o da Criminologia reside no plano real, passível de verificação prática.

Destaque-se que as Escolas Clássica e Positivista divergem em relação ao método adotado para a compreensão do fenômeno criminal, visto que a primeira se vale do método formal, abstrato e dedutivo, enquanto a segunda se vale do método empírico e indutivo.

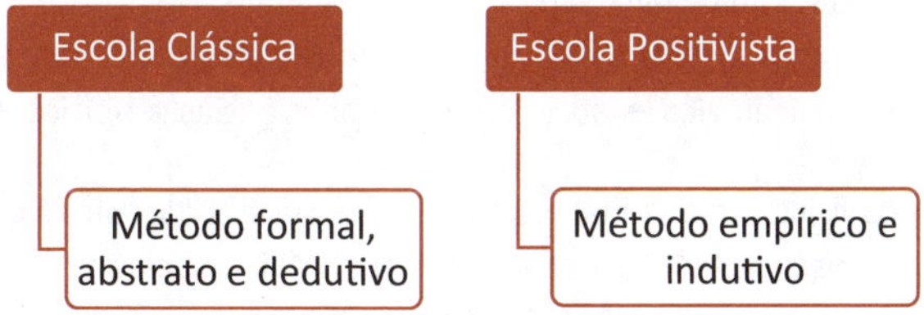

5.2. Interdisciplinaridade

A criminologia se vale da interdisciplinaridade para explicar o fenômeno criminal, dialogando com ciências de diversos ramos do saber, como o direito penal, a filosofia, a sociologia, a psicologia, a psiquiatria, a biologia etc.

Tal postura se afigura necessária porquanto o crime é um fenômeno cultural e humano, demandando uma visão aberta e multidisciplinar por parte do criminólogo para a compreensão do fenômeno criminal.

Como esse assunto foi cobrado em concurso?

(VUNESP - 2014 - PC-SP - Atendente de Necrotério Policial) Para a aproximação e verificação de seu objeto de estudo, a Criminologia dos dias atuais vale-se de um conceito:

a) empírico e interdisciplinar;

b) dedutivo e dogmático;

c) dedutivo e interdisciplinar;

d) dogmático e lógico-abstrato;

e) empírico e lógico-abstrato.

Gabarito: A

(VUNESP - 2014 - PC-SP - Fotógrafo Técnico-Pericial) Os métodos científicos utilizados pela criminologia, como ciência empírica e experimental que é, são, dentre outros:

a) jurídicos e escritos.

b) físicos e naturais.

c) biológicos e sociológicos.

d) costumes e experiências.

e) documentados e teses.

Gabarito: E

(VUNESP - 2013 - PC-SP - Papiloscopista Policial). Os métodos científicos utilizados pela criminologia são:

a) métodos experimental e dedutível, como ciência jurídica que são.

b) métodos psicológico e sociológico, como ciências empírica e exata que são.

c) métodos físico e individual, como ciências social e dedutível que são.

d) métodos físico e biológico, como ciência jurídica que são.

e) métodos biológico e sociológico, como ciências empírica e experimental que são.

Gabarito: E

6. OBJETO DA CRIMINOLOGIA

Ao longo da história, o objeto da criminologia passou por progressiva ampliação. Inicialmente, conforme se extrai dos estudos de Beccaria, teve seu foco voltado para o delito. Com a Escola Positiva, sua atenção foi deslocada para o delinquente e, na década de 50, passou a abranger as vítimas e os mecanismos de reação social face à criminalidade, ostentando a atual configuração quadripartida.

Assim, na atualidade, os criminólogos apontam como **objeto da criminologia**: o **delito**, o **delinquente**, a **vítima** e o **controle social**.

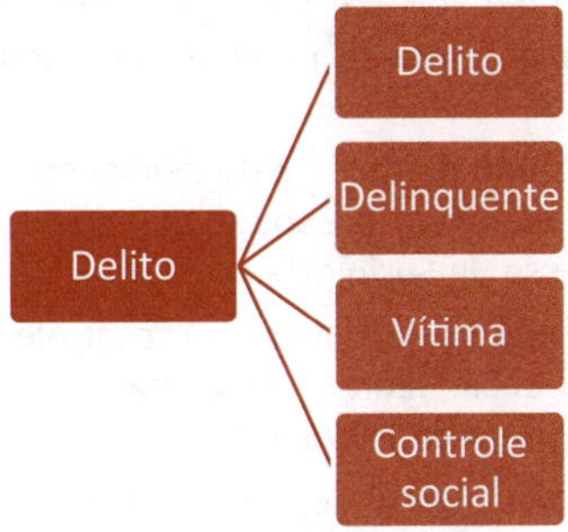

Como esse assunto foi cobrado em concurso?

(FCC – 2015 – DPE-SP – Defensor Público) Os objetos de estudo da moderna criminologia estão divididos em:

a) três vertentes: justiça criminal, delinquente e vítima.

b) três vertentes: política criminal, delito e delinquente.

c) três vertentes: política criminal, delinquente e pena.

d) quatro vertentes: delito, delinquente, justiça criminal e pena.

e) quatro vertentes: delito, delinquente, vítima e controle social.

Gabarito: E

(VUNESP – 2014 – PC-SP – Atendente de Necrotério Policial) Sobre o objeto de estudo da Criminologia dos dias atuais, assinale a alternativa correta:

a) O ramo da Criminologia que estuda a vítima é denominado Frenologia Criminal.

b) O estudo de desvios de conduta que atentam contra a moral e os bons costumes não é assunto da Criminologia, por não configurarem crime, na acepção jurídica da palavra.

c) A Escatologia Criminal estuda os atos pecaminosos praticados por quem escolhe a vereda do mal.

d) A Criminologia ocupa-se do estudo do crime, caracterizando-o como simples fato típico e antijurídico, da mesma forma que o Direito Penal.

e) A Criminologia tem por objeto de estudo o delinquente, o delito, a vítima e o controle social.

Gabarito: E

(VUNESP - 2014 - PC-SP - Perito Criminal) Sobre a Criminologia, é correto afirmar que:

a) ela não é considerada uma ciência para a maior parte dos autores.

b) tal conhecimento encontra-se inteiramente subordinado ao Direito Penal.

c) ela ocupa-se do estudo do delito e do delinquente, mas não se ocupa do estudo da vítima e do controle social, uma vez que tal assunto constitui objeto de interesse da Sociologia.

d) ela ocupa-se do estudo do delito e do controle social, mas não se ocupa do estudo do delinquente e da vítima, uma vez que tal assunto constitui objeto de estudo da Psicologia.

e) ela constitui um campo fértil de pesquisas para psiquiatras, psicólogos, sociólogos, antropólogos e juristas.

Gabarito: E

6.1. Delito

Sob a perspectiva da criminologia, o **crime** é um fenômeno **humano, social e cultural**, pois só existe na sociedade. Não há que se falar em crime na natureza, visto que a mesma é regida por leis próprias e são os animais seres irracionais.

Assim, cada sociedade determinará, de acordo com seus valores e costumes, as condutas que serão definidas como infrações penais. Por exemplo, o aborto, tipificado como crime no Brasil, é tolerado na maior parte da Europa.

Para a melhor compreensão do conceito de crime, considerando suas múltiplas faces, há de se proceder a uma abordagem multidisciplinar, com a comunhão dos diversos ramos do saber.

O **Direito Penal** apresenta três conceitos de crime: material, formal e analítico. De acordo com o **conceito material**, seria crime a lesão ou ameaça de lesão a um bem juridicamente relevante, como a vida, a integridade física etc. Em sua **concepção formal**, é crime a conduta assim definida em lei e por esta sujeita a uma pena. Por fim, de acordo com o **conceito analítico**, segundo entendimento da doutrina majoritária, é crime toda conduta típica, ilícita e culpável.

Ao contrário do Direito Penal, que tem sua incidência condicionada ao início dos atos executórios, a Criminologia busca se antecipar aos fatos que antecedem a configuração prática do conceito jurídico-penal de crime, visando compreender a dinâmica do crime e intervir nesse processo com o escopo dissuasório.

Para tanto, a criminologia desenvolveu outros conceitos de delito, visando uma maior aproximação à realidade do fenômeno criminal.

Garofalo, por exemplo, concebeu o denominado **delito natural** como a lesão, em sua acepção moral, aos sentimentos altruístas fundamentais (piedade e probidade) vigentes na sociedade. Outros autores realçavam a **nocividade social da conduta** ou a **periculosidade do autor**.

A **sociologia criminal** valia-se do conceito de conduta desviada ou desvio, correspondente à violação do padrão de comportamento esperado pela sociedade em determinado momento, sendo o conceito de desvio mais abrangente que o de crime, na medida em que este se restringe aos comportamentos desviantes sancionados por lei.

Por sua vez, a **filosofia** utiliza-se da moral e da razão para a definição de crime.

▸ Como esse assunto foi cobrado em concurso?

(VUNESP - 2014 - PC-SP - Fotógrafo Técnico-Pericial) O objeto da criminologia que analisa a conduta antissocial, as causas geradoras e vê a criminologia como um problema social e comunitário, é:

a) a psicologia.

b) a ciência humana.

c) o delito.

d) a sociologia.

e) o direito.

Gabarito: C

6.2. Delinquente

Com o advento da Escola Positivista, o delito, que correspondia ao principal objeto de análise da Escola Clássica, cedeu espaço para o estudo do criminoso, ressaltando-se a necessidade de defesa do corpo social contra a ação do delinquente.

A partir do estudo do **delinquente** procurou-se investigar a **gênese do comportamento delitivo**, ou seja, os motivos que o levaram a violar o ordenamento jurídico.

Observe-se que a visão acerca da pessoa do delinquente apresentou variações de acordo com as escolas criminológicas. Para a **Escola Clássica**, o autor do fato, dotado de livre-arbítrio, era visto como um pecador que teria optado pelo mal quando poderia ter direcionado sua conduta para o bem. Por sua vez, de acordo com o **positivismo antropológico**, vigia a concepção de criminoso nato, visualizando-se o criminoso como um ser atávico simiesco. Ainda, de acordo com a **Escola Correcionalista**, o criminoso era visto como alguém que precisava de ajuda e a pena seria dotada de uma função terapêutica, despida de conteúdo retribucionista.

Embora as teorias biológicas acerca da criminalidade defendidas pela Escola Positivista tenham sido progressivamente abandonadas, ainda podem contribuir para a compreensão do fenômeno criminal, mas em uma perspectiva biopsicossocial e não biopsicopatológica como outrora se sustentava, permitindo o exame do criminoso em suas "interdependências sociais".

Outrossim, a **Psicologia Criminal**, dedicada ao estudo da personalidade e do comportamento do criminoso, também contribui para a compreensão do fenômeno criminal, podendo auxiliar a criação de programas voltados à redução da reincidência criminal.

6.3. Vítima

Em sua origem etimológica, a palavra vítima deriva do latim *victima*, significando pessoa ou animal morto em sacrifício. Extrai-se dessa definição a conotação de perdedor para o uso da palavra.

Impende esclarecer que o conceito de vítima adotado pela vitimologia é mais amplo que o trabalhado no Direito Penal, no qual vítima se confunde com sujeito passivo do crime. Para a vitimologia, o conceito de vítima alcança toda pessoa, física ou jurídica, ou ente coletivo prejudicado por uma conduta humana que constitua infração penal, adotando-se como paradigma o conceito criminológico de crime.

O movimento vitimológico surgiu no período do pós-guerra, face às atrocidades perpetradas pelos nazistas contra os judeus, com o escopo de defender os vulneráveis que necessitassem de proteção especial, tendo ganho força nas décadas de 70 e 80, com o avanço da psicologia social, que veio a lhe fornecer um referencial teórico de cunho científico.

A partir de meados do século XX, diante da ampliação dos estudos criminológicos acerca da vítima, surge a disciplina denominada **vitimologia**, com o propósito de estudar o seu papel no episódio danoso, bem como seu modo de participação e contribuição na ocorrência do delito.

Como esse assunto foi cobrado em concurso?

(VUNESP - 2014 - PC-SP - Médico Legista) Os estudos de vitimologia são relativamente recentes em matéria criminológica. Embora seja possível citar referências históricas, tiveram grande impulso e ganharam corpo somente após:

a) o extermínio de judeus na Segunda Grande Guerra.

b) a abolição da escravatura na América do Sul.

c) a independência tardia dos países africanos, ex-colônias europeias.

d) a grande depressão iniciada nos Estados Unidos da América após a crise de 1929.

e) a exposição das fragilidades humanitárias da Europa Oriental após a queda do Muro de Berlim.

Gabarito: A

No Direito Penal moderno, a preocupação com a vítima ensejou o surgimento de alguns institutos, como o arrependimento posterior e a composição civil dos danos da Lei nº 9.099/95, que têm como uma de suas finalidades fazer com que a vítima seja ressarcida dos danos experimentados, alçando-a a uma posição nuclear na pacificação dos conflitos. Além disso, o comportamento provocador da vítima pode amenizar a resposta penal, como no homicídio cometido sob violenta emoção, logo em seguida à injusta provocação da vítima.

▸ **Como esse assunto foi cobrado em concurso?**

(VUNESP - 2014 - PC-SP - Fotógrafo Técnico-Pericial) Ao longo dos anos, verificou-se, por meio dos estudos da criminologia, que a vítima sempre foi deixada em um segundo plano; a contar do momento em que o Estado monopolizou a distribuição da justiça, a vítima foi esquecida. Como contraponto desses estudos, o Brasil elaborou algumas leis que priorizam a vítima, dentre elas, pode-se citar:

a) a Lei n.º 11.923/09, que criou a figura do sequestro relâmpago (§ 3.º do art. 158 do CP).

b) a Lei n.º 11.690/08, que vedou a utilização de provas ilícitas no processo penal (art. 157 do CPP).

c) a Lei n.º 11.343/06, que instituiu o Sistema Nacional de Políticas Públicas sobre Drogas. d) a Lei n.º 9.503/97, que instituiu o Código de Trânsito Brasileiro.

e) a Lei n.º 9.099/95, que instituiu os juizados especiais civis e criminais.

Gabarito: E

Dada a relevância do tema, sobretudo a sua grande incidência em exames de certames públicos, a Parte III desta obra foi reservada para tratar especificamente da vitimologia.

6.4. Controle social

O controle social relaciona-se aos meios adotados pela sociedade para fazer com que o indivíduo observe os padrões de comportamentos referentes aos valores predominantes na sociedade, garantindo uma convivência harmoniosa e pacífica.

A criminologia estuda as formas de resposta social ao delito, investigando a eficácia e efeitos das sanções penais no processo de controle e prevenção do crime.

A doutrina aponta as seguintes classificações para o controle social, de acordo com sua forma de manifestação:

a) **Controle social informal** - É exercido pela sociedade civil (família, escola, vizinhos, opinião pública, mídia etc.), com a difusão das regras sociais, fazendo com que as mesmas sejam internalizadas pelo indivíduo ao longo do processo de socialização, bem como pela aplicação das sanções sociais (estigma negativo, castigo aos filhos pequenos etc.).

b) **Controle social formal** - Manifesta-se pela atuação oficial do sistema de justiça criminal, formado pela polícia, ministério público, magistratura e administração penitenciária, por meio das formas de reação previstas em lei, como a pena e a medida de segurança. Por sua vez, o controle social formal subdivide-se em:

b.1. **Primeira seleção** - Trata-se do início da atividade de persecução penal com o desempenho da atividade investigativa pela polícia judiciária, visando à apuração da autoria, materialidade e demais circunstâncias da infração penal;

b.2. **Segunda seleção** - Corresponde ao início da ação penal, com o oferecimento da denúncia pelo Ministério Público;

b.3. **Terceira seleção** - Decorre da tramitação do processo judicial criminal e da eventual condenação do autor do fato e aplicação da respectiva sanção penal.

Controle social informal	• Exercido pela sociedade civil (família, escola, vizinhos, opinião pública, mídia etc.)
Controle social formal	• Exercido pelo sistema de justiça criminal (polícia, ministério público, magistratura e administração penitenciária)

▸ Como esse assunto foi cobrado em concurso?

(VUNESP - 2014 - PC-SP - Atendente de Necrotério Policial) Assinale a alternativa que contém o ente que exerce ou fomenta os controles sociais informais sobre a vida dos indivíduos.

a) Poder Judiciário.

b) Polícia.

c) Sistema Penitenciário.

d) Ministério Público.

e) Escola.

Gabarito: E

(CESPE – 2014 – MPE-AC – Promotor de Justiça) Em relação às possibilidades de controle social formal, informal a alternativo, assinale a opção correta.

a) O Estado laico limita a função de controle social informal dos poderes religiosos.

b) A educação representa forma de controle social informal.

c) A ação das polícias que extrapola seu rol legal de competência é exemplo de controle social alternativo.

d) O poder público é o único titular do controle social no âmbito do estado democrático de direito.

e) A família exerce função de controle social idêntica ao controle jurídico.

Gabarito: B

7. CRIMINOLOGIA E DIREITO PENAL

O **Direito Penal** é uma **ciência jurídica** e **normativa**, isto é, do "dever ser", que se vale do **método dedutivo-sistemático** para a apreciação do fato delituoso.

Por sua vez, a **Criminologia** é uma **ciência empírica** de caráter preventivo, isto é, do "ser", que se vale do **método indutivo** para analisar o fato delituoso.

8. CRIMINOLOGIA E POLÍTICA CRIMINAL

Conforme assinalado no início desta obra, a **Criminologia** é a **ciência autônoma**, **empírica** e **interdisciplinar**, que tem por **objeto** o estudo do **crime**, do **criminoso**, da **vítima** e do **controle social** da conduta criminosa, com o escopo de prevenção e controle do fenômeno criminal.

Por sua vez, a **política criminal** é o conjunto de medidas e critérios de caráter jurídico, social e econômico adotados pelos Poderes Públicos para prevenir e reagir ao delito, visando ao controle da criminalidade.

O início dos trabalhos de política criminal é atribuído a **Franz von Liszt**, com a publicação da obra *Princípios de Política Criminal* em 1889 (GAMBOA, 2015, p. 36).

Desta feita, a criminologia deve orientar a política criminal em seu mister de prevenção dos crimes socialmente relevantes e intervenção em face de suas manifestações e graves efeitos para determinados indivíduos e famílias.

Verifica-se, assim, que a política criminal serve de ponte entre a criminologia e o direito penal, oferecendo aos órgãos públicos as opções científicas para o adequado controle do crime (SUMARIVA, 2017, p. 15).

> ▸ **Como esse assunto foi cobrado em concurso?**
>
> **(CESPE – 2017 – PC-GO – Delegado de Polícia Substituto)** Foi considerada incorreta a seguinte assertiva "A criminologia é orientada pela política criminal na prevenção especial e direta dos crimes socialmente relevantes, mediante intervenção nas manifestações e nos efeitos graves desses crimes para determinados indivíduos e famílias". Observe que a política criminal não orienta a criminologia, pelo contrário, por ela é orientada.

9. CLASSIFICAÇÃO DA CRIMINOLOGIA

Destacam-se as seguintes classificações da criminologia apresentadas pela doutrina criminológica:

9.1. Criminologia científica

É a ciência autônoma, empírica e interdisciplinar, que tem por objeto o estudo do crime, do criminoso, da vítima e do controle social da conduta criminosa, com o escopo de prevenção e controle da criminalidade.

9.2. Criminologia aplicada

Consiste na aplicação pelos operadores do direito dos conhecimentos auferidos pela criminologia científica (SUMARIVA, 2017, p. 13).

9.3. Criminologia acadêmica

Trata-se da sistematização do saber criminológico para fins pedagógicos e didáticos.

9.4. Criminologia analítica

Verifica o cumprimento do papel das ciências criminais e da política criminal.

9.5. Criminologia crítica, dialética ou radical

Trata-se da criminologia de base marxista, que nega o capitalismo, haja vista implicar em um processo de estigmatização da população marginalizada, em que a classe trabalhadora figura como alvo preferencial do sistema punitivo.

9.6. Criminologia da reação social

Estuda os processos de criação das normas penais e sociais relacionadas ao comportamento desviante.

9.7. Criminologia organizacional

Além do processo de criação das leis, compreende a violação a tais normas e as formas de reação.

9.8. Criminologia clínica ou microcriminologia

Conforme leciona Alvino Sá (2008, p. 3), a criminologia clínica é tradicionalmente conceituada como *"a ciência que, valendo-se dos conceitos, conhecimentos, princípios e métodos de investigação e prevenção médico-psicológicos (e sociofamiliares), ocupa-se da pessoa do apenado, para nele investigar a dinâmica de sua conduta criminosa, sua personalidade e seu "estado perigoso" (diagnóstico), as perspectivas de desdobramentos futuros da mesma (prognóstico) e assim propor e perseguir estratégias de intervenção, com vistas à superação, ou contenção de uma possível tendência criminal e a evitar uma recidiva (tratamento)"*.

Busca conhecer a pessoa do criminoso e compreender os motivos que o levaram a delinquir, voltando-se ao tratamento do preso em sede de execução penal, com o escopo de promover a sua ressocialização (GAMBOA, 2015, p. 49).

9.9. Criminologia verde (*green criminology*)

Estuda a responsabilidade penal das pessoas jurídicas por crimes ambientais, visando à tutela da biodiversidade, sendo uma das manifestações da heterogênea criminologia crítica, também com influências marxistas.

Sua origem relaciona-se aos movimentos de **ecofeminismo**, **antirracismo ambiental** e **ecologismo vermelho ou de esquerda**, sustentando que as mulheres e minorias sociais são alijados dos contextos decisórios de relevantes questões ambientais.

A criminologia verde propôs a categoria de **delitos verdes**, que reproduzem muitos dos problemas dos crimes do colarinho branco (MAÍLLO; PRADO, 2016, p. 408).

Nesse sentido, Penteado Filho (2016, p. 113) leciona que, impulsionada pelo realismo de esquerda, essa vertente criminológica ataca as grandes corporações, responsabilizando-as pela prática de lavagem de capitais com a utilização do meio ambiente (*greenwashing*), que faz com que se apresentem respeitosas e preocupadas com a causa ambiental (por exemplo, realização de campanhas na mídia), quando, em verdade, são extremamente nocivas.

9.10. Criminologia do desenvolvimento

A criminologia do desenvolvimento, defendida por **Patterson, Loeber, Le Blanc** e **Moffitt**, consiste no estudo **longitudinal** e com enfoque **dinâmico** das variáveis do **comportamento criminoso ao longo do desenvolvimento da vida do indivíduo**, de acordo com sua idade e fase de crescimento, levando em consideração, dentre outras circunstâncias, suas experiências pessoais e idade em que iniciou a vida criminosa, com escopo precípuo de prevenção da criminalidade (MAÍLLO; PRADO, 2016, pp. 446-449).

Reconhece notórias diferenças entre distintos indivíduos, admitindo a influência de fatores biológicos e genéticos na conduta delitiva, a partir da interação com elementos ambientais, de sorte a ensejar reações negativas de determinadas pessoas.

Considera que os fatores relevantes para a criminalidade podem variar conforme a idade das pessoas e a fase da vida em que se encontram, admitindo a existência de múltiplas trajetórias de natureza dinâmica.

Seus defensores sustentam que a criminologia deve se valer de conceitos dinâmicos para a apreensão do desenvolvimento das atividades delitivas, propondo a análise independente de três etapas, a saber:

a) **Ativação**: Trata-se do processo de desenvolvimento das atividades criminais a partir de seu início, podendo haver a **aceleração** (aumento da frequência dos delitos), **estabilização** (continuidade ao longo do tempo) ou **diversificação** (tendência à prática de distintas atividades delitivas);

b) **Agravação**: Há o aumento da gravidade dos delitos praticados com o decorrer do tempo;

c) **Desistência**: Pode se dar pela **desaceleração** (diminuição da frequência dos delitos praticados), **especialização** (redução dos tipos de delitos praticados), **diminuição** (redução da gravidade dos delitos praticados) ou **encerramento** da carreira delitiva.

Conforme lecionam Luiz Regis Prado e Alfonso Maíllo (2016, pp. 450-453), a teoria de **Moffitt** distingue duas categorias de delinquentes, que representam tipos qualitativos distintos de indivíduos cujas condutas criminosas apresentariam explicações etiológicas diversas:

a) **Delinquentes cuja atividade delitiva se limita à adolescência**: A causa da delinquência é próxima ou específica da adolescência, associando-se a um processo de mimetismo, ou seja, de imitação do comportamento criminoso para a obtenção de uma vantagem e reafirmação da independência pessoal do jovem. Como grande parte dos indivíduos apenas pratica crimes durante sua adolescência, a curva da idade tem seu ápice aos 20 anos e, após, desce vertiginosamente, tendo em vista o abandono do comportamento criminoso com a aquisição da maturidade, que faz com que o indivíduo veja como prejudicial o que outrora julgava vantajoso;

b) **Delinquentes persistentes, cuja atividade delitiva perdura ao longo de sua vida**: A causa da delinquência situa-se em sua infância, apresentando origem neuropsicológica, isto é, a partir de estruturas anatômicas e processos fisiológicos no sistema nervoso que influenciam nas características psicológicas, como temperamento, desenvolvimento do comportamento e/ou habilidades cognitivas. Destaca-se que, em determinados ambientes, como lares, escolas ou bairros desfavorecidos, as interações podem ser agravadas.

9.11. Criminologia midiática

Despida de cientificidade e destoada dos estudos acadêmicos, atende a uma criação da realidade, com base em crenças e preconceitos, por meio da informação, subinformação e desinformação veiculada pela mídia.

A mídia emerge como grande impulsionadora da seletividade penal, aceita pelo senso comum, difundindo a crença da prisão como principal instrumento para o estabelecimento da ordem e da segurança pública.

9.12. Criminologia fenomenológica

A criminologia fenomenológica, analisando a essência das coisas a partir de sua aparência, procura estudar a realidade objetiva do fenômeno criminal. Em outros termos, visa estudar a realidade fenomenológica do comportamento criminoso em sua realidade fática, isto é, como um fenômeno real (GAMBOA, 2015, p. 44).

Afirma-se que a mesma não integra a teoria crítica, pois não analisa os sistemas de controle social e as mudanças legislativas penais e processuais penais (PENTEADO FILHO, 2016, p. 113).

Capítulo II

Modelos Teóricos da Criminologia

1. CRIMINOLOGIA CLÁSSICA E NEOCLÁSSICA

Os modelos teóricos clássico e neoclássico da criminologia relacionam a **dissuasão penal** ao **efeito inibitório da pena**.

Distinguem-se na medida em que o **modelo clássico** de prevenção do delito foca no rigor da pena, ao passo que o **modelo neoclássico** trabalha a prevenção do delito com base no funcionamento do sistema normativo e em sua percepção pelo indivíduo.

Em uma visão reducionista, encara o delito como enfrentamento do delinquente, não havendo uma preocupação com a reparação do dano e a ressocialização do infrator.

Modelo clássico	•Prevenção pelo rigor da pena.
Modelo neoclássico	•Prevenção pelo funcionamento do sistema normativo.

2. CRIMINOLOGIA POSITIVISTA

A criminologia positivista vale-se do **método empírico**, estudando o **delinquente** a partir da observação e da experimentação, de modo a distinguir os delinquentes dos não delinquentes por meio de suas características físicas, psicológicas e sociais.

Dessa forma, negando o livre-arbítrio, explica o fenômeno criminal com base no **determinismo**, procurando identificar nos indivíduos predisposições à prática do delito.

3. CRIMINOLOGIA MODERNA

A criminologia moderna é considerada uma ciência causal-explicativa do delito, estudando suas causas, características, formas de prevenção e controle de sua incidência.

Amplia-se o foco de estudo, outrora centrado no criminoso, para abarcar a conduta delitiva, a vítima e o controle social, considerando o delito tanto um fenômeno individual quanto social. Desta feita, sem renunciar à análise etiológica do delito, ressalta a avaliação dos modelos de reação ao delito.

Outrossim, passa a compreender o delito como um problema, com foco em sua face humana e conflitiva, substituindo a expressão tratamento por intervenção.

Assim, visa explicar o fenômeno criminal de forma dinâmica, a partir da análise do crime, do criminoso, da vítima e das diferentes formas de resposta social, buscando uma intervenção positiva na pessoa do delinquente com o escopo de prevenção do delito.

Desta feita, a repressão do delito é substituída pela prevenção e emergem como objetivos essenciais a ressocialização do criminoso e a reparação do dano.

▸ Como esse assunto foi cobrado em concurso?

(CESPE - 2016 - PC-PE - Delegado de Polícia) A criminologia moderna.

a) é uma ciência normativa, essencialmente profilática, que visa oferecer estratégias para minimizar os fatores estimulantes da criminalidade e que se preocupa com a repressão social contra o delito por meio de regras coibitivas, cuja transgressão implica sanções.

b) ocupa-se com a pesquisa científica do fenômeno criminal – suas causas, características, sua prevenção e o controle de sua incidência –, sendo uma ciência causal-explicativa do delito como fenômeno social e individual.

c) ocupa-se, como ciência causal-explicativa-normativa, em estudar o homem delinquente em seu aspecto antropológico, estabelece comandos legais de repressão à criminalidade e despreza, na análise empírica, o meio social como fatores criminógenos.

d) é uma ciência empírica e normativa que fundamenta a investigação de um delito, de um delinquente, de uma vítima e do controle social a partir de fatos abstratos apreendidos mediante o método indutivo de observação.

e) possui como objeto de estudo a diversidade patológica e a disfuncionalidade do comportamento criminal do indivíduo delinquente e produz fundamentos epistemológicos e ideológicos como forma segura de definição jurídico-formal do crime e da pena.

Gabarito: B

(CESPE – 2015 – DEPEN – Agente Penitenciário Federal – Área 3) Em relação aos preceitos da criminologia contemporânea e a aspectos relevantes sobre a justiça criminal, o sistema penal e a estrutura social, julgue o item que se segue. Na criminologia contemporânea, não se consideram os protagonistas do crime — vítima, infrator e comunidade — nem o desenvolvimento de técnicas de intervenção e controle, pois essas matérias devem ser objeto de políticas públicas de segurança pública e não da ciência criminológica.

Gabarito: Errado

(VUNESP – 2014 – PC-SP– Fotógrafo Técnico Pericial) Em um estado democrático de direito, o castigo do infrator não esgota as expectativas que o fato delitivo desencadeia; dessa forma, podem-se apontar, como objetivos cientificamente mais satisfatórios e adequados na criminologia moderna, a ressocialização do delinquente, a(o)_______________ e a prevenção do crime. Assinale a alternativa que preenche corretamente a lacuna.

a) reparação dos danos à vítima.

b) informação ao cidadão.

c) ressarcimento ao Estado.

d) especialização profissional do delinquente.

e) formação espiritual e religiosa do delinquente.

Gabarito: A

(VUNESP – 2013 – PC-SP – Prova: Agente de Polícia) É correto afirmar que a Criminologia contemporânea tem por objetos:

a) o delito, o delinquente, a vítima e o controle social.

b) a tipificação do delito e a cominação da pena.

c) apenas o delito, o delinquente e o controle social.

d) apenas o delito e o delinquente.

e) apenas a vítima e o controle social.

Gabarito: A

(VUNESP - 2013 - PC-SP - Prova: Perito Criminal) A moderna Criminologia:

a) tem por seus protagonistas o delinquente, a vítima e a comunidade.

b) vislumbra o delito como enfrentamento formal, simbólico e direto entre dois rivais - o Estado e o infrator - que se enfrentam, isolados da sociedade, à semelhança da luta entre o bem e o mal.

c) não considera como seu objeto de debate os aspectos político-criminais das técnicas de intervenção social e de seu controle.

d) tem o castigo do infrator por exaurimento das expectativas que o fato delitivo desencadeia.

e) tem por seus principais objetivos a reparação do dano causado ao Estado, a ressocialização do delinquente e a repressão do crime.

Gabarito: A

Capítulo III

Escolas Criminológicas

1. ESCOLA CLÁSSICA (OU RETRIBUCIONISTA)

A Escola Clássica, baseada no movimento filosófico iluminista, desenvolveu-se no século XVIII em contraposição ao antigo regime absolutista, procurando estabelecer limitações ao poder punitivo do Estado, como garantia dos direitos individuais.

Valendo-se do **método lógico-abstrato ou dedutivo**, pelo qual extrai-se consequências lógicas de um princípio geral, centralizou seus estudos na figura do **crime** e fundamentou a responsabilidade penal, à luz da concepção contratualista, na **moral**, no **livre-arbítrio** e na **autodeterminação** do indivíduo (**princípio do indeterminismo**). Em outros termos, o indivíduo, signatário do **contrato social** e dotado de livre-arbítrio, ao descumprir a lei, de forma livre e consciente, sujeita-se a uma pena como resposta objetiva à prática do delito e como forma de restabelecimento da ordem jurídica violada.

▸ Como esse assunto foi cobrado em concurso?

(MPDFT – 2015 – MPDFT – Promotor de Justiça Adjunto – Adaptado) Julgue o item a seguir: As discussões sobre a legitimidade do direito de punir, o controle dos abusos praticados pelas autoridades, a ideia de prevenção geral da pena e o estudo do delinquente estiveram entre as principais preocupações da escola criminológica clássica, representada, dentre outros, por Cesare Beccaria e Francesco Carrara.

Gabarito: Errado

(CESPE – 2014 – Câmara dos Deputados – Analista Legislativo). Considerando o conceito de vítima e as implicações suscitadas pelo tema, julgue o item que se segue. O direito penal, a partir de sua vertente clássica, sempre concentrou seus estudos no trinômio delinquente, vítima e crime.

Gabarito: Errado

(PC-SP - 2010 - PC-SP - Escrivão de Polícia Civil). A Escola Clássica:

a) Tem em Garófalo um dos seus precursores.

b) baseia-se no método empírico-indutivo.

c) crê no livre arbítrio.

d) surge na etapa científica da Criminologia.

e) criou a figura do criminoso nato.

Gabarito: C

Assim, a **pena**, que deve ser certa, previamente estabelecida em lei e proporcional ao delito praticado, assume um caráter **retribucionista** e **dissuasório**.

Pode-se citar como principais autores da escola clássica: Francesco Carrara, Cesare Bonesana (Beccaria), Jean Domenico Romagnosi, Jeremias Bentham, Franz Joseph Gall, Anselmo Von Feuberbach, Giovanni Carmignani, Pelegrino Rossi, Emilio Brusa e Enrico Pessina.

Merece destaque a obra *Dos delitos e das penas* (1764), de Cesare Bonesana, o **Marquês de Beccaria**, em que fora defendida a humanização da pena e a limitação do poder estatal, assentando-se os seguintes preceitos: os princípios da legalidade e da anterioridade em matéria penal, ressaltando-se a necessidade de leis claras e simples, que sejam temidas pelos indivíduos e favoreçam menos as classes que aos homens; a proporcionalidade da pena; o julgamento por uma autoridade judicial e o funcionamento da justiça livre de corrupção; a finalidade preventiva da pena visando evitar a reincidência; o sigilo das acusações; a vedação da tortura; o princípio da inocência; a isonomia das penas entre as pessoas; a prisão preventiva como cautelar; a humanização e busca por uma utilidade das sanções (SUMARIVA, 2017, p. 39); o aperfeiçoamento da educação e a recompensa da virtude como forma de evitar o delito; a vedação da pena de morte, exceto em caso de instabilidade política do Estado e turbulência social, no interesse da segurança da nação, e caso seja o único meio para dissuadir os demais da prática de delitos (VIANA, 2017, p. 38-39).

Outrossim, a **Francesco Carrara** atribui-se a concepção de delito como **ente jurídico**, pela qual o crime não é considerado um simples fato, mas uma relação contraditória entre a conduta humana e a lei (VIANA, 2017, p. 42), isto é, uma infração, composta de uma força física, representada por um movimento corpóreo e o dano causado pelo crime, e de uma força moral, decorrente da vontade livre e consciente do delinquente (GAMBOA, 2015, p. 18).

▸ **Como esse assunto foi cobrado em concurso?**

(VUNESP - 2013 - PC-SP - Papiloscopista Policial). Pode-se afirmar que estão entre os princípios fundamentais da escola clássica da criminologia:

a) o crime, na escola clássica, é um ente jurídico, não é uma ação, mas sim uma infração; a punibilidade deve ser baseada no livre-arbítrio; adota-se o método e raciocínio lógico-dedutivo.

b) a pena, que é um instrumento de defesa social; a escola clássica, que se utiliza do método indutivo-experimental; os objetos de estudo da ciência penal, que são o crime, o criminoso, a pena e o processo.

c) o crime é visto como um fenômeno social e individual na escola clássica; a pena tem caráter aflitivo, cuja finalidade é a defesa social.

d) o direito penal, que é uma obra humana; a responsabilidade social que decorre do determinismo social; o delito, que é um fenômeno natural e social.

e) a distinção entre imputáveis e inimputáveis existente na escola clássica; a responsabilidade moral baseada no determinismo (quem não tiver a capacidade de se levar pelos motivos deverá receber uma medida de segurança).

Gabarito: A

Eduardo Viana (2017, p. 44-46) aponta como um reflexo do classicismo na dogmática penal a **exigibilidade de conduta diversa** como pressuposto da culpabilidade, evidenciando a necessidade, para que a conduta seja considerada culpável, de haver a possibilidade concreta de comportamento conforme o direito e, a despeito disso, o indivíduo, no exercício de seu livre-arbítrio, optar por violar a lei.

O autor apresenta, ainda, duas **teorias atuais** que se alicerçam no pensamento clássico, a saber:

a) **Teoria da Escolha Racional (Clark e Cornish)**: A conduta delituosa advém da decisão racional dos criminosos, consoante a lógica de maximização dos ganhos e redução dos custos, e não de tendências psicológicas ou sociais;

b) **Teoria das Atividades Rotineiras (L. E. Cohen e Felson)**: Tal como a teoria supracitada, considera a conduta criminosa produto de uma escolha racional entre custos e benefícios, porém, sob a influência da Escola de Chicago, sustenta que a organização social pode facilitar a prática de determinados crimes, como se dá nos crimes em que há contato direto entre autor e vítima, em que a mudança nas atividades cotidianas produz a convergência no tempo e no espaço de três fatores: a) infrator motivado; b) alvo apropriado; c) ausência de vigilância.

ESCOLA CLÁSSICA OU RETRIBUTIVA

- **Defensores**: Francesco Carrara, Cesare Bonesana, Jean Domenico Romagnosi, Jeremias Bentham, Franz Joseph Gall, Anselmo Von Feuberbach e Giovanni Carmignani.
- Inspirada no movimento filosófico iluminista, procurou estabelecer limitações ao poder punitivo do Estado como garantia.
- Centralização dos estudos no crime (ente jurídico).
- Método lógico-dedutivo.
- Responsabilidade penal fundada no livre-arbítrio e na autodeterminação do indivíduo (signatário do contrato social).
- Pena: finalidade retributiva.

2. ESCOLA POSITIVA

A Escola Positiva desenvolveu-se a partir de meados do século XIX, porém, desde 1827, passou-se a delinear um cunho científico aos estudos criminológicos, com a publicação dos primeiros dados estatísticos sobre a criminalidade.

Todavia, o **nascimento da criminologia científica**, segundo a doutrina majoritária, deu-se com a publicação da obra *L'Uomo delinquente*, de **Cesare Lombroso**, em 1876.

Com base em um **paradigma etiológico**, define a criminologia como uma **ciência causal-explicativa da criminalidade**, considerando o crime como um **fenômeno natural e social**, que pode ser causalmente determinado por fatores biológicos, físicos e sociais.

Desta feita, o positivismo, seguindo o **método empírico-indutivo, indutivo-experimental ou indutivo-quantitativo** (busca-se uma proposição geral pela análise de dados particulares), procurou explicar cientificamente as causas do delito (fato humano e social) a partir da observação dos fatos e dos dados (mundo sensível, fenomênico) e estabelecer formas de reação em defesa do corpo social.

Sob a crença no **determinismo** e a defesa do **tratamento do criminoso**, o positivismo **negou o livre-arbítrio** e conduziu o **delinquente** para o **centro de sua análise**, buscando apreender caracteres decisivos da criminalidade.

Nesse contexto, a **pena** deixa de lado a prevenção geral, passando a ostentar a finalidade precípua de **prevenção especial**, de sorte a atuar como **instrumento de defesa social**.

Ressalte-se, ainda, que o positivismo desenvolveu um modelo integrado das ciências penais denominado por Enrico Ferri de **Enciclopédia**, no qual a criminologia prestar-se-ia a informar o direito penal (SUMARIVA, 2017, p. 42).

Pode-se citar como seus principais defensores Cesare Lombroso, Enrico Ferri, Rafaelle Garofalo, Maino, Puglia, Calderoni, Florian, Grispigni, Ranieri e Altavilla.

▸ **Como esse assunto foi cobrado em concurso?**

(MPE-SC - 2014 - MPE-SC - Promotor de Justiça - Matutina). Contrariamente ao classicismo, que não visualizou no criminoso nenhuma anormalidade - e dele não se ocupou - o positivismo reconduziu-o para o centro de suas análises, apreendendo nele estigmas decisivos da criminalidade.

Gabarito: Certo

(CESPE - 2013 - DPF - Delegado). Julgue o item a seguir, relacionados aos modelos teóricos da criminologia. O positivismo criminológico caracteriza-se, entre outros aspectos, pela negação do livre arbítrio, pela crença no determinismo e pela adoção do método empírico-indutivo, ou indutivo-experimental, também apresentado como indutivo-quantitativo, embasado na observação dos fatos e dos dados, independentemente do conteúdo antropológico, psicológico ou sociológico, como também a neutralidade axiológica da ciência.

Gabarito: Certo

A Escola Positiva pode ser dividida em **três vertentes**:

a) **Antropológica ou antropobiológica** - Representada por **Cesare Lombroso** (1835-1909), com a obra *O homem delinquente*

(1876), o qual procurou explicar o fenômeno criminal empiricamente a partir de fatores biológicos, valendo-se de dados estatísticos;

b) **Sociológica** – Liderada por **Enrico Ferri** (1856-1929), autor de *Sociologia Criminale*;

c) **Jurídica** – Tem como principal expoente **Raffaele Garofalo** (1852-1934), com a obra *Criminologia*.

Ferri e Garofalo, afastando o caráter retribucionista da pena conferido pela Escola Clássica, sustentaram que a mesma deveria ser aplicada como um instrumento de defesa social em função da periculosidade do delinquente.

Ressalte-se que sua recepção no **Brasil**, com o trabalho antropológico de **Raimundo Nina Rodrigues**, autor da obra *As Raças Humanas e a Responsabilidade Penal no Brasil* (1894), apresentou caráter eminentemente **racista**, ficando o mesmo conhecido como "Lombroso dos Trópicos". Além disso, contou com a adesão, dentre outros, de Tobias Barreto, Viveiros de Castro (com a obra *A Nova Escola Penal*), Moniz Sodré (autor de *As três escolas penais*), Candido Mota, Filinto Bastos, Evaristo de Morais, Roberto Lyra.

ESCOLA POSITIVA

- Defensores: Cesare Lombroso, Raffaele Garofalo e Enrico Ferri. No Brasil, Raimundo Nina Rodrigues, Tobias Barreto, Viveiros de Castro, Moniz Sodré, Candido Mota, Filinto Bastos, Evaristo de Morais, Roberto Lyra.
- Nascimento da criminologia científica (*L'Uomo delinquente*, Cesare Lombroso, 1876)
- Centralização dos estudos no delinquente.
- Método empírico-indutivo, indutivo-experimental ou indutivo-quantitativo.
- Crime: Fenômeno natural e social (determinado por fatores biológicos, físicos e sociais; negativa do livre-arbítrio).
- Pena: finalidade de prevenção especial.

▸ Como esse assunto foi cobrado em concurso?

(FCC – 2017 – DPE-SC – Defensor Público Substituto) Sobre a criminologia positivista:

a) Ficou consagrada nos Estados Unidos com a obra Delinquent Boys, de Albert Cohen.

b) Foi a primeira manifestação de ruptura com a criminologia do consenso do Iluminismo.

c) A despeito da metodologia correta, os resultados de Lombroso não foram corretos.

d) Sua recepção no Brasil teve ressonância principalmente nos estudos das tribos indígenas e suas relações criminosas.

e) No Brasil seu desenvolvimento reforçou cientificamente o racismo.

Gabarito: E

(FCC – 2016 – DPE-ES – Defensor Público) Sobre a escola positivista da criminologia, é correto afirmar:

a) A escola positivista ainda não chega a considerar a concepção da pena como meio de defesa social, que é própria de escolas mais modernas da criminologia.

b) Sua recepção no Brasil recebeu contornos racistas, notadamente no trabalho antropológico de Nina Rodrigues.

c) É uma escola criminológica ultrapassada e que já influenciou a legislação penal brasileira, mas que após a Constituição Federal de 1988 não conta mais com institutos penais influenciados por esta corrente.

d) Por ter enveredado pela sociologia criminal, Enrico Ferri não é considerado um autor da escola positivista, que possui viés médico e antropológico.

e) O método positivista negava a importância da pesquisa empírica, que possivelmente a levaria a resultados diversos daqueles encontrados pelos seus autores.

Gabarito: B

Os pensamentos dos principais autores da Escola Positiva podem assim ser sistematizados:

a) **Cesare Lombroso** (1835-1909) – Considerado o **pai da criminologia**, o médico italiano, criador da disciplina **antropologia criminal** e defensor do **determinismo biológico** no campo criminal, publicou, em 1876, a obra L'Uomo Delinquente (o homem delinquente), desenvolvendo, sob a influência da fisionomia e da frenologia, a concepção de **criminoso nato** a partir do estudo da anatomia dos criminosos e da identificação de seus **traços atávicos simiescos** (reprodução de características do homem primitivo e de animais inferiores), que explicariam seu comportamento selvagem.

Para o **positivismo antropológico** de Lombroso, o delito é um **fenômeno biológico** (e não um ente jurídico), de sorte que determinadas pessoas estariam mais propensas à delinquência, em função de suas características físicas e psíquicas.

Lombroso aponta como características físicas do homem delinquente a existência de mandíbula grande, ossos do rosto pronunciados, arcos superciliares proeminentes, fartas sobrancelhas, orelhas grandes e deformadas, molares salientes, grande envergadura dos braços, dessimetria corporal, dentre outras. Por sua vez, são citadas como características anímicas a analgesia (sensibilidade a dor reduzida), a tendência a fazer tatuagens, a falta de senso moral, a crueldade, o caráter impulsivo etc.

Assim, distingue o criminoso do não criminoso a partir de anomalias e estigmas de origem atávica ou degenerativa, apontando a epilepsia como fator preponderante na origem da criminalidade.

Em relação ao gênero feminino, **Lombroso** escreveu em coautoria com **Guglielmo Ferrero** (1871-1942) a obra *La donna delinquente, la prostituta e la donna normale* (1895), equiparando a prostituição feminina à criminalidade masculina.

A grande crítica a seu trabalho é apontar a causa biológica para o fenômeno criminal. Por outro lado, a principal contribuição de Lombroso para a criminologia é o método utilizado em suas investigações, vale dizer, o **método empírico-indutivo ou indutivo-experimental**.

Posteriormente, Lombroso reconheceu a influência das causas sociais para a criminalidade.

O autor classificava os criminosos em: **natos**, **loucos**, **passionais e ocasionais**.

Em pleno século XXI, as vetustas concepções lombrosianas permanecem arraigadas no consciente coletivo, ante ao julgamento preconceituoso com base na aparência física de determinados grupos sociais. Exemplo claro disso é a comum seletividade de pessoas negras e pobres em buscas pessoais realizadas em blitz policiais, com base no vago conceito de "fundada suspeita" previsto no art. 240, § 2º, do Código Processual Penal.

No período pós-lombrosiano, a **criminologia clínica** foi responsável pelo desenvolvimento de estudos biotipológicos, endocrinológicos e psicopatológicos. Atualmente, a **teoria bioantropológica moderna** promove estudos acerca do DNA (SUMARIVA, 2017, p. 44).

▸ **Como esse assunto foi cobrado em concurso?**

(VUNESP - 2013 - PC-SP - Agente de Polícia). Cesare Lombroso (1835-1909), médico e cientista italiano, foi considerado um dos expoentes da corrente de pensamento denominada:

a) Escola Positiva.

b) Escola Clássica.

c) Escola Jusnaturalista.

d) Terza Scuola.

e) Escola de Política Criminal ou Moderna Alemã.

Gabarito: A

b) **Enrico Ferri** (1856-1929) - Autor da obra *Sociologia Criminal* (1914) e defensor do **determinismo social**, apontava os fatores antropológicos, sociais e físicos ou telúricos (fatores advindos do solo e da natureza, como clima, temperatura, estações do ano etc.) como as causas do delito. Argumenta que o homem só comete crimes porque vive em sociedade, daí falar em responsabilidade social.

O autor faz uma comparação com um organismo biológico, aduzindo que, assim como as células, os tecidos e os órgãos não têm existência biológica no corpo do animal, a não ser como partes de um conjunto, o homem não tem existência sociológica senão como membro de uma sociedade.

Além disso, defende a **tese de negativa do livre-arbítrio**, pela qual não se admite o crime como um produto da liberdade de escolha do delinquente, mas como um fenômeno social, determinado por causas naturais, afastando-se a responsabilidade moral do criminoso por sua conduta.

Nesse sentido, idealizou a **Lei da Saturação Criminal**, pela qual, assim como um líquido em determinada temperatura diluía em parte, certos delitos também seriam produzidos em dadas condições sociais e, em circunstâncias excepcionais do meio social, poderia haver um incremento nas taxas de criminalidade, o que denominou de **sobressaturação criminal**.

Outrossim, relaciona o determinismo ao crime à periculosidade do autor do fato, sustentando que a pena cominada para o crime deve visar o delinquente e não o delito. Com isso, aponta a necessidade de neutralização do criminoso, com sua segregação do convívio social, como meio de defesa da sociedade.

Também como decorrência do pensamento de Ferri, tem-se a **teoria dos substitutivos penais**, pela qual há a priorização dos **meios preventivos** no enfrentamento da criminalidade, como a adoção de medidas de ordem econômica, política, científica, religiosa, educativa etc. (VIANA, 2017, p. 69).

Por fim, ressalte-se que a expressão "**criminoso nato**" foi preconizada por Ferri, e não por Lombroso, sendo pela primeira vez utilizada em sua obra *Os criminosos na arte e na literatura* (1881).

Sua linha de pesquisa se distingue da delineada por Lombroso, na medida em que focava no aspecto social, enquanto este voltava sua preocupação ao fator individual, dando uma conotação antropológica à busca pela etiologia do delito. Desta feita, seu pensamento foi significativo na transição da antropologia criminal para a sociologia criminal.

O autor classificava os criminosos em: **natos, loucos, passionais, ocasionais e habituais**.

▸ Como esse assunto foi cobrado em concurso?

(VUNESP - 2014 - PC-SP - Auxiliar de Necropsia). Dos autores a seguir, o que pertenceu à Escola Positiva da criminologia e foi chamado de "discípulo de Lombroso" foi:

a) Enrico Ferri.

b) Francesco Carrara.

c) Giovanni Carmignani.

d) James Wilson.

e) Hans Gross.

Gabarito: A

c) **Raffaele Garofalo** (1851-1934) - Jurista e ministro da Corte de Apelação de Nápoles, autor da obra *Criminologia* (1885), foi considerado o responsável pela criação do termo "criminologia", que, em sua concepção, significava a ciência da criminalidade, do delito e da pena.

Defendeu que o crime se situa na natureza degenerada do indivíduo, sendo sintoma de uma **anomalia moral ou psíquica**. Enfatiza, assim, o elemento psicológico, criando o conceito de **temibilidade ou periculosidade**.

Dessa forma, apresenta a medida de segurança como nova modalidade de intervenção penal, a se justificar ante a necessidade de **tratamento** do criminoso.

Ademais, traz em seu pensamento a ideia de **prevenção especial** como finalidade da **pena**.

Noutro giro, no combate à criminalidade, sustenta o dever de o criminoso indenizar o Estado e a vítima do crime, bem como prioriza a rigorosa repressão, chegando a admitir, inclusive, a pena de morte.

Acreditava na existência de duas espécies de delitos, vale dizer:

I) ***Delitos legais***: Seriam aqueles que **não ofendem o senso comum de moralidade, altruísmo ou piedade**, podendo sua tipificação como crime variar conforme a localidade, de modo que, a depender da vontade política, em dado Estado uma conduta poderá ser definida como crime e em outro não, sendo exemplo de tal modalidade de delito o crime contra a ordem tributária.

II) ***Delitos naturais***: São aqueles que **violam o senso comum de moralidade, altruísmo ou piedade**, independentemente da época ou localidade, podendo-se citar como exemplo o delito de homicídio.

Por fim, destaque-se a **classificação de criminosos** por ele proposta, que contempla as seguintes espécies: assassinos, violentos (enérgicos), ladrões (neurastênicos) e lascivos (cínicos).

▸ **Como esse assunto foi cobrado em concurso?**

(PC-SP - 2012 - PC-SP - Delegado de Polícia) Assinale a afirmativa correta.

a) A Escola de Chicago faz parte da Teoria Crítica.

b) O delito não é considerado objeto da Criminologia.

c) A Criminologia não é uma ciência empírica.

d) A Teoria do Criminoso Nato é de Merton.

e) Cesare Lombroso e Raffaelle Garofalo pertencem à Escola Positiva.

Gabarito: E

3. ESCOLA DE LYON, ESCOLA ANTROPOSSOCIAL OU CRIMINAL-SOCIOLÓGICA

A Escola de Lyon, cujo principal expoente é **Alexandre Lacassagne** (1843-1924), influenciada pela Escola do químico Pasteur, defende que o criminoso apresenta uma **predisposição pessoal** para a delinquência que permanece latente e eclode a partir da interação com o **meio social**.

Desta feita, a despeito de reconhecer um aspecto patológico da delinquência, defende a importância do fator social para a criminalidade.

Alexandre Lacassagne, autor da célebre frase **"as sociedades têm os criminosos que merecem"**, explica a gênese do crime a partir de uma analogia com os micróbios, que permanecem inócuos até que o advento de um adequado ambiente propicie condições para sua manifestação e desenvolvimento (SUMARIVA, 2017, p. 46).

Destacam-se como principais expoentes dessa Escola: Alexandre Lacassagne, Aubry, Martin y Locard, Bournet y Chassinand, Coutagne, Massenet, Manouvrier, Letorneau e Topinard.

ESCOLA DE LYON, ESCOLA ANTROPOSSOCIAL OU CRIMINAL-SOCIOLÓGICA

- **Defensores**: Alexandre Lacassagne, Aubry, Martin y Locard, Bournet y Chassinand, Coutagne, Massenet, Manouvrier, Letorneau e Topinard.
- Delinquência: Predisposição pessoal (anomalias físicas e psíquicas) + meio social.
- "As sociedades têm os criminosos que merecem" (Alexandre Lacassagne).

4. "TERZA SCUOLA" ITALIANA (TERCEIRA ESCOLA ITALIANA)

A Terceira Escola Italiana, cuja origem se deu no início do século XX a partir da conciliação de preceitos clássicos e positivistas, reconhece o **crime** como um **fenômeno individual e social** e fundamenta a **pena**, com base no **determinismo**, na **responsabilidade moral** do criminoso, distinguindo os imputáveis dos inimputáveis (SUMARIVA, 2017, p. 47).

Atribui à pena um **caráter aflitivo** com a **finalidade de defesa social** e, para o **controle da criminalidade**, defende a necessidade de uma **reforma social**.

Embora se reporte a disciplinas não jurídicas, como a Antropologia, Estatística e Psicologia, defende que o Direito Penal não pode ser absorvido pela Sociologia criminal.

Seus principais defensores são: Bernardino Alimena, Giuseppe Impallomeni e Manuel Carnevale.

TERCEIRA ESCOLA ITALIANA

- Defensores: Bernardino Alimena, Giuseppe Impallomeni e Manuel Carnevale.
- Crime: fenômeno individual e social.
- Pena: fundada na responsabilidade moral (determinismo), caráter aflitivo, finalidade de defesa social.
- Distinção entre imputáveis e inimputáveis.
- Controle da criminalidade: reforma social.
- Nega a absorção do Direito Penal pela Sociologia criminal.

5. ESCOLA TÉCNICO-JURÍDICA

A Escola técnico-jurídica surgiu em 1905 como uma reação à Escola Positivista, tendo como principais adeptos **Arturo Rocco**, **Manzini**, **Massari**, **Detiala**, **Cicala**, **Vanini** e **Conti**.

Visualiza o **crime** como uma **relação jurídica** de conteúdo **individual e social** e a **pena** como **consequência e reação ao delito**, com finalidade de **prevenção geral e especial**.

Sustenta a **autonomia da ciência penal** face aos demais ramos do saber, como a filosofia, sociologia, psicologia, antropologia e política, defendendo que o **Direito Penal** deve se limitar ao **direito positivo em vigor**.

Assim, o Direito Penal seria aquele previsto em lei e seu estudo compor-se-ia de três partes: a) exegese, na qual seria extraído o sentido das disposições legais; b) dogmática, voltada aos princípios que nortearão a aplicação do direito; e c) crítica, em que se deve aferir o acerto do direito ou a necessidade de sua reforma.

ESCOLA TÉCNICO-JURÍDICA

- **Defensores**: Arturo Rocco, Manzini, Massari, Detiala, Cicala, Vanini e Conti.
- Crime: relação jurídica de conteúdo individual e social.
- Pena: consequência e reação ao delito, finalidade de prevenção geral e especial.
- Autonomia da ciência penal (direito positivo em vigor).

6. ESCOLA SOCIOLÓGICA ALEMÃ, ESCOLA DE MARBURGO, ESCOLA MODERNA, NOVA ESCOLA OU ESCOLA DE POLÍTICA CRIMINAL

A adoção de uma perspectiva sociológica pela Escola alemã foi atribuída, essencialmente, a **Franz von Liszt**, por meio de sua aula inaugural em Marburgo, em 1882, intitulada *A ideia de fim no Direito Penal*, sendo posteriormente chamada de **Programa de Marburgo**.

Liszt sagrou-se por tentar criar uma **ciência global do Direito Penal**, reunindo, em um ecletismo metodológico, a dogmática penal com o estudo do delito e da pena em sua realidade sensível, por meio de outros ramos do saber, como a antropologia, a psicologia e a estatística criminal.

▸ **Como esse assunto foi cobrado em concurso?**

(**FCC - 2013 - AL-PB - Procurador**) Franz Von Liszt (1851-1919) foi um modernizador do Direito Penal, propondo repensá-lo desde a ótica de uma política criminal que tenha na pena uma ferramenta estatal na luta contra o crime, inclusive com fundamentos científicos da criminologia e da penologia. O movimento correspondente, que teve em Von Liszt um de seus mais importantes defensores, denomina-se:

a) Escola de Kiel.
b) Teoria da nova defesa social.
c) Finalismo.
d) Programa de Marburgo.
e) Escola Positiva.

Gabarito: D

Em negativa ao determinismo positivista, buscou o enfrentamento da criminalidade por meio de uma investigação sociológica do delito, sem, contudo, olvidar-se de seu estudo dogmático. Desta feita, negou a existência de um tipo antropológico de criminoso, sustentando a **preponderância dos fatores sociais**.

Cabe colacionar a classificação de delitos proposta de acordo com a prevalência dos fatores ambientais ou dos caracteres pessoais do criminoso (VIANA, 2017, p. 94):

a) **Delito de ocasião ou momentâneo**: Há prevalência do impulso exterior;

b) **Delito crônico ou por estado ou natureza**: O delito é oriundo da personalidade ou predisposição do criminoso, sendo o impulso exterior insignificante.

Como consequência, considerando que a criminalidade é concebida e desenvolvida pela sociedade, indicou a necessidade de implementação de políticas sociais como principal fator no combate à delinquência.

Substitui-se a pena retributiva da Escola clássica, pela ideia de uma **pena finalista**, considerando-se como pena justa a pena necessária para a consecução do fim a que é dirigida, a saber, de **manutenção da ordem jurídica e do Estado e de proteção coletiva**. Para tanto, valer-se-á, primordialmente, da prevenção, notadamente da **prevenção especial**, por meio da **adaptação artificial** (conversão do criminoso em membro útil à sociedade) ou da **inocuização** (retirada do criminoso do convívio social).

Nesse sentido, a finalidade preventiva da pena será cumprida de acordo com os três tipos de delinquentes apresentados pela criminologia (VIANA, 2017, p. 305):

a) **Delinquente ocasional**: A pena deve servir de recordação para que o indivíduo não pratique crimes futuros;

b) **Delinquente corrigível**: A pena deve buscar a ressocialização do criminoso;

c) **Delinquente habitual**: A pena servirá para a inocuização do delinquente, a fim de que, por meio do isolamento, deixe de cometer crimes.

Assim, as penas de curta duração são objeto de crítica, sob o argumento de faltar-lhes qualquer finalidade.

Sublinhe-se que a pena atuará nesse mister em dois momentos, quais sejam, no momento de sua **cominação**, por meio da advertência e da intimidação, e no momento de sua **execução**, em que, além do fortalecimento da confiança dos cidadãos e da produção de efeito intimidatório sobre a coletividade, produzirá um sentimento de justiça para o ofendido.

Por derradeiro, substituiu-se o livre-arbítrio do classicismo pela ideia de normalidade, mantendo-se a distinção entre a imputabilidade e a inimputabilidade, com a vinculação da pena à culpabilidade, a ser aplicada às pessoas "normais", e da medida de segurança à periculosidade, a ser aplicada às pessoas "perigosas".

▸ **Como esse assunto foi cobrado em concurso?**

(MPE-SC - 2012 - MPE-SC - Promotor de Justiça - Adaptado). Julgue o item a seguir: V - A Escola de Política Criminal ou Escola Sociológica Alemã reúne entre os seus postulados a distinção entre imputáveis e inimputáveis - prevendo pena para os "normais" e medida de segurança para os "perigosos" - e a eliminação ou substituição das penas privativas de liberdade de curta duração.

Gabarito: Certo

ESCOLA SOCIOLÓGICA ALEMÃ, ESCOLA DE MARBURGO, ESCOLA MODERNA, NOVA ESCOLA OU ESCOLA DE POLÍTICA CRIMINAL

- **Defensor**: Franz von Liszt.
- Crime: preponderância dos fatores sociais.
- Ciência global do Direito Penal: dogmática penal + estudo do delito e da penal em sua realidade sensível.
- Pena finalista: finalidade de prevenção, sobretudo especial (adaptação artificial ou inocuização).
- Distinção entre imputáveis (pena) e inimputáveis (medida de segurança).

7. ESCOLA CORRECIONALISTA

A gênese do correcionalismo se deu na Alemanha, com a publicação, em 1839, da obra *Comentatio na poena malum esse debeat* de **Cárlos Davis Augusto Röder**, influenciado pela filosofia panteísta de **Karl Christian Friedrich Krause**.

Idealizando o desenvolvimento da piedade e do altruísmo, Röder defendeu a aplicação da **pena** como **correção moral**. Todavia, o correcionalismo teve pouca repercussão em seu país, apresentando maior aceitação na Espanha, a partir da tradução da obra para o espanhol por Francisco Giner de los Ríos.

Pode-se apontar como principais expoentes do Correcionalismo espanhol Pedro Dorado Montero, Concepción Arenal, Giner de los Ríos, Romero Gíron, Alfredo Calderón, Luis Silvela, Félix de Aramburu y Zuloaga, Rafael Salillas e, mais modernamente, Luis Jiménez de Asúa.

Pedro Garcia Dorado Montero (1861-1919), já licenciado em filosofia e letras, formou-se em direito pela Universidade de Salamanca, onde, a partir dos ensinamentos de Francisco Giner de los Rios, teve contato com as doutrinas da Escola Positiva italiana e do Correcionalismo de Krause. Posteriormente, assumiu a cátedra de professor auxiliar na Faculdade de Direito, onde exerceu o magistério até 1892.

Por sua vez, **Concepción Arenal** (1821-1893), formou-se em direito pela *Universidad Complutense de Madrid*, sendo conhecida por seu caráter militante e progressista. No período de 1868 a 1873, ocupou o cargo de inspetora das casas de correção de mulheres, tendo lutado pela melhoria do sistema carcerário feminino.

A Escola correcionalista, em consonância com as **teorias relativas da pena**, defende a **pena correcional**, dotada de **caráter pedagógico**, fundamentando-a a partir da finalidade de **prevenção especial**, vale dizer, de **correção/recuperação** do indivíduo e **adaptação** à sociedade, evitando que (re)incida na prática de condutas criminosas (LIMA JÚNIOR, 2017, 191-193).

Os autores Giancarlo Silkunas Vay e Tédney Moreira da Silva (2012, p. 69-89) apresentam os três principais elementos nos quais esse pensamento se alicerça, vale dizer:

a) **O delinquente como portador de patologia de desvio social**: Compartilham do entendimento de que o delinquente é um ser débil, inferior, portador de uma patologia de "desvio social" tanto os correcionalistas adeptos do naturalismo causal determinista (Dorado Montero), para quem as ações humanas seriam produto de fatores hereditários e da interação com o meio, como os correcionalistas defensores do livre arbítrio (Röder e Concepción Arenal), para quem as influências hereditárias e do meio ambiente não seriam determinantes, mas meras causas de predisposição, e a capacidade de autodeterminação poderia ser viciada em determinados casos, ensejando a prática de condutas que não ocorreriam no gozo da capacidade plena. Considerando a incapacidade dos delinquentes de se comportar de acordo com os ditames sociais em razão dessas "falhas" pessoais, necessitariam de medidas assistenciais para sanar tal debilidade. Assim, nas palavras de Giner de los Rios, para a primeira vertente, a educação cumpriria o especial fim de "criar em seus espíritos novos motivos que o impulsionem ao bem" e "destruir os que de alguma maneira o impeliam ao crime" e, para a segunda vertente, o de "reintegrar o sujeito à plenitude de sua liberdade racional".

b) **A pena como remédio social**: Compreendido o crime como uma doença no corpo social, a pena é concebida como meio para tratar o criminoso e sanar a patologia de desvio social de que seria portador, devendo ser constantemente adaptada ao estágio do indivíduo conforme a execução da medida e ter duração indeterminada, perdurando pelo tempo necessário para emendá-lo, de sorte a fazer com que aja de acordo com os ditames da sociedade. Nessa perspectiva, o *jus puniendi* deixa der ser visto como um direito subjetivo do Estado para ser encarado como um poder-dever estatal, em face de dois interesses: a) interesse da sociedade de ser protegida de futuras agressões; b) direito do autor do fato de ser punido, medicado, submetido aos efeitos da pena para ser melhorado. Para os adeptos do determinismo, a pena atuaria como uma contra influência determinante, exercida no ambiente do indivíduo, visando determiná-lo a agir de acordo com os ditames sociais. Por sua vez, para os defensores do livre arbítrio, a pena teria a finalidade de reorganizar a vontade do delinquente para que torne a se ordenar por si mesma. Ressalte-se que qualquer pena que inflija suplício desnecessário ao condenado deve ser considerada ato de perversidade.

c) **O juiz como médico social**: Ao juiz atribui-se a denominação de médico social por ser o responsável pela aplicação do remédio social ao portador da patologia de desvio social. Para o cumprimento de sua missão higienista e terapêutica, necessário o domínio das ciências sociais, como sociologia, psicologia, antropologia, sociologia jurídica, psicologia jurídica e antropologia jurídica. Ademais, a fim de melhor eleger a medida curativa de acordo com seu prudente arbítrio, poderia o magistrado contar com o auxílio de outros profissionais como educadores, psiquiatras, médicos e agentes penitenciários. Frise-se que, nesse mister, poderá o juiz atuar sobre os males presentes (saneamento social) ou, de forma preventiva, sobre perigos que poderiam ameaçar a sociedade no futuro (profilaxia social). Assim, em verdadeira manifestação do Direito Penal do autor, as medidas curativas deveriam recair sobre pessoas que praticassem condutas consideradas exteriorizações de patologia social, ainda que tais condutas não fossem tipificadas como crime. Para a aplicação do remédio social, deveria o juiz realizar a individualização do tratamento penal, atentando para as particularidades do delinquente.

ESCOLA CORRECIONALISTA

- **Defensores**: Na Alemanha, Cárlos Davis Augusto Röder. Na Espanha, Pedro Dorado Montero, Concepción Arenal, Giner de los Ríos, Romero Gíron, Alfredo Calderón, Luis Silvela, Félix de Aramburu y Zuloaga, Rafael Salillas e Luis Jiménez de Asúa.
- Delinquente: Portador de patologia de desvio social.
- Pena: Remédio social (duração indeterminada e constantemente adaptada ao estágio do indivíduo na execução penal).
- Juiz como médico social (saneamento e profilaxia social)

Pode-se apontar como **contribuições da Escola Correcionalista para o Direito Penal brasileiro**:

a) Caráter mais humanístico conferido à execução da pena (críticas à pena de morte e de prisão perpétua);

b) Finalidade de prevenção especial da pena, notadamente a de ressocialização do preso (art. 1.º, LEP);

c) Concepção da liberdade condicional e progressão de regime em atenção ao desenvolvimento do condenado;

d) Responsabilização de adolescentes por atos infracionais (embora sua influência, sob a doutrina da situação irregular, tenha sido patente nos Códigos de Menores de 1927 e 1979, também se pode apontar reminiscências desse pensamento na Lei 8.069/90, que encampa a doutrina da proteção integral, quais sejam: possibilidade de substituição e duração indeterminada da execução das medidas; ausência de uma restrita correspondência lógica entre a sanção e o ato praticado, deixando, de regra, ao prudente arbítrio do juiz a escolha da melhor medida a ser aplicada; instituto da remissão; denominação "representação" da peça acusatória; oitiva do adolescente na "audiência de apresentação", antes mesmo da colheita das provas; entre outros).

▸ Como esse assunto foi cobrado em concurso?

(FCC - 2016 - DPE-MA - Defensor Público). As escolas penais são as diversas correntes filosófico-jurídicas sobre crimes e punições surgidas no período moderno. Na compreensão da filosofia e dos princípios que regem o direito penal contemporâneo é preciso que se tenha uma visão do processo histórico que os precedeu. Considere as assertivas abaixo:

I. A Escola Clássica propugna uma restauração da dignidade humana e o direito do cidadão perante o Estado, fundamentando-se no individualismo. Destaca-se pela aproximação do jusnaturalismo e contratualismo.

II. A Escola Positiva é uma reação à Escola Clássica e reorienta estudos criminológicos. Opondo-se ao individualismo da Escola Clássica, defende o corpo social contra a ação do agente criminoso, priorizando os interesses sociais em relação aos individuais.

III. A Escola Correlacionista harmoniza as teorias classicista e positivista. Propugna uma metodologia simplificada do estudo do fenômeno delito e introduz o conceito de humanização da pena.

IV. A Escola Alemã destaca-se pelo estudo do delito como um fenômeno humano-social e fato jurídico. A pena para esta teoria é finalística, coexistindo o caráter retributivo e preventivo. Está correto o que se afirma APENAS em:

a) III e IV.

b) I, II e III.

c) I, III e IV.

d) I, II e IV.

e) II.

Gabarito: D

(CESPE - 2016 - PC-PE - Delegado de Polícia). Os objetos de investigação da criminologia incluem o delito, o infrator, a vítima e o controle social. Acerca do delito e do delinquente, assinale a opção correta.

a) Para a criminologia positivista, infrator é mera vítima inocente do sistema econômico; culpável é a sociedade capitalista.

b) Para o marxismo, delinquente é o indivíduo pecador que optou pelo mal, embora pudesse escolher pela observância e pelo respeito à lei.

c) Para os correcionalistas, criminoso é um ser inferior, incapaz de dirigir livremente os seus atos: ele necessita ser compreendido e direcionado, por meio de medidas educativas.

d) Para a criminologia clássica, criminoso é um ser atávico, escravo de sua carga hereditária, nascido criminoso e prisioneiro de sua própria patologia.

e) A criminologia e o direito penal utilizam os mesmos elementos para conceituar crime: ação típica, ilícita e culpável.

Gabarito: C

8. ESCOLA DA NOVA DEFESA SOCIAL

A ideia de "defesa social" surgiu na época do Iluminismo, sendo posteriormente elaborada por Adolphe Prins.

A Escola da Nova Defesa Social surgiu após a Segunda Guerra Mundial, com a finalidade de **modernização e humanização do Direito**, sobretudo quanto às medidas punitivas.

Rechaçando a concepção de um sistema penal repressivo, alicerça-se na finalidade de **proteção da sociedade** contra as práticas criminosas, e não na punição do criminoso. Para tanto, defende a adoção de um **sistema preventivo** e de **intervenções (re)educativas**, de forma individualizada e humanitária, para fazer com que o delinquente assuma sua responsabilidade com a sociedade, de modo a viabilizar seu convívio social (pedagogia da responsabilidade).

Esse pensamento pautava-se na ideia de **prevenção do delito**, na **ressocialização do delinquente** e na **garantia dos direitos individuais do criminoso**.

Os principais defensores desse movimento político criminal são: Filippo Gramatica, Marc Ancel e Adolphe Prins.

a) **Adolphe Prins** (1845-1919): Autor de *A Defesa Social e as Transformações do Direito Penal* (1910), concebe um direito penal humanista, que visa proteger a pessoa, a vida, o patrimônio e a honra, defendendo que a pena seja estabelecida em conformidade com a periculosidade individual do autor do fato. Tendo em mira a proteção do corpo social, combateu as penas reduzidas, sob o argumento de que além de estigmatizantes, seriam desnecessárias, bem como criticou a tolerância excessiva dos tribunais (LIMA JÚNIOR, 2017, pp. 215-216).

b) **Filippo Gramatica** (1901-1979): O professor genovês desenvolveu, no período do pós-guerra, a **Defesa Social Radical**, uma doutrina da Nova Defesa Social, que sustentou a abolição do direito penal e sua substituição por um direito de defesa da sociedade. Em substituição às penas e medidas de segurança, apresentou as denominadas **medidas de defesa social**, que poderiam ser aplicadas antes ou depois da prática do delito, com a finalidade de adaptar o indivíduo às normas sociais, por meio da precaução e da cura. Seu pensamento foi alvo de severas críticas sob o argumento da indefinição do conceito de antissocialidade, a ensejar possíveis manipulações (LIMA JÚNIOR, 2017, p. 216).

c) **Marc Ancelm** (1902-1990): O professor e magistrado da Corte de Cassação Francesa, em sua obra *La Defense Sociale Nouvelle*, sustentou que a defesa da sociedade deveria ser promovida a partir da coordenação do Direito Penal, da Criminologia e da Ciência Penitenciária, sobre bases científicas e humanitárias (SUMARIVA, 2017, p. 48). Outrossim, tal como defendido pela Escola Clássica, reconheceu o livre-arbítrio como base da responsabilidade individual. Por fim, lecionou que as medidas de defesa deveriam alcançar, inclusive, os que se encontrassem na iminência de praticar um delito (LIMA JÚNIOR, 2017, p. 217).

ESCOLA DA NOVA DEFESA SOCIAL

- **Defensores**: Filippo Gramatica, Marc Ancel e Adolphe Prins.
- Finalidade de proteção da sociedade.
- Defende a modernização e humanização do Direito, com respeito aos direitos individuais dos criminosos.
- Substituição do sistema repressivo, por um sistema preventivo, que vise à ressocialização do criminoso.

▸ Como esse assunto foi cobrado em concurso?

(FEPESE – 2014 – MPE-SC) Analise o conteúdo da questão abaixo e assinale se ele é falso ou verdadeiro: A "Nova Defesa Social", inspirada na obra de Marc Ancelm, foi um movimento extremista, caracterizado pela defesa de um corpo de doutrina estável, com uma programação acrítica.

Gabarito: Falso

(VUNESP – 2014 – PC-SP – Investigador de Polícia) A corrente do pensamento criminológico, que teve por precursor Filippo Gramatica e fundador Marc Ancel, a qual apregoa que o delinquente deve ser educado para assumir sua responsabilidade para com a sociedade, a fim de possibilitar saudável convívio de todos (pedagogia da responsabilidade), é denominada.

a) Janelas Quebradas (Broken Windows).

b) Escola Antropológica Criminal.

c) Nova Defesa Social.

d) Criminologia Crítica.

e) Lei e Ordem.

Gabarito: C

(MPE-SC – 2012 – MPE-SC – Promotor de Justiça Adaptado). Julgue o item a seguir: O modelo penal de Defesa Social nega totalmente o livre-arbítrio (pressuposto da culpabilidade), pelo fato de o crime não ser mais o resultado de vontade livre do sujeito, mas sim de (pré)condições individuais, físicas ou sociais.

Gabarito: Errado

9. MOVIMENTO PSICOSSOCIOLÓGICO

Capitaneado pelo sociólogo francês **Gabriel Tarde** (1843-1904), em oposição ao determinismo biológico e social defendido pela Escola Positiva, sustentava a **preponderância dos fatores sociais** sobre os fatores físicos e biológicos na criminalidade.

Em sua obra *As Leis da Imitação* (1890), formulou a **lei da imitação ou da integração social**, pela qual o "crime, como todo comportamento social, seria inventado, repetido, conflitado e adaptado" (SUMARIVA, 2017, p. 48). Assim, o delinquente, a partir de um processo de aprendizagem, imitaria, de forma consciente ou inconsciente, o comportamento criminoso.

Gabriel Tarde foi responsável pela autoria da frase "todo mundo é culpável, exceto o criminoso", que traz a ideia do criminoso como um receptor passivo dos impulsos delitivos.

Esse movimento influenciou a **teoria da associação diferencial**, difundida, ao final de 1924, pelo sociólogo americano **Edwin Sutherland** (1883-1950), cujo pensamento assemelha-se à tese defendida por Tarde, com a peculiaridade de que, para Sutherland, haveria a necessidade de um processo de comunicação pessoal.

MOVIMENTO PSICOSSOCIOLÓGICO

- **Defensor**: Gabriel Tarde.
- Delinquência: Preponderância dos fatores sociais sobre os fatores físicos e biológicos.
- Lei da imitação ou da integração social: Como todo comportamento social, o crime também seria aprendido e imitado.
- Influenciou a teoria da associação diferencial.

10. MOVIMENTO LEI E ORDEM

O Movimento Lei e Ordem, liderado pelo alemão **Ralf Dahrendorf** (1929-2009), baseia-se na ideia de **direito penal máximo**, segundo a qual deve haver a **expansão das normas incriminadoras** e a **exasperação do rigor das sanções penais**, como forma de combate eficaz ao fenômeno criminal.

Justifica a **pena** como um **castigo** e sustenta que os **crimes graves** devem ser punidos com **penas severas**, devendo as penas privativas de liberdade aplicadas em virtude de crimes cometidos com violência ser cumpridas em estabelecimentos penitenciários de segurança máxima. Destaca, ainda, que as pequenas infrações, quando toleradas, podem ensejar a prática de delitos mais graves. Além disso, defende a ampliação do âmbito da prisão provisória para que atue como uma imediata resposta penal diante da prática do delito (SUMARIVA, 2017, p. 202).

Ressalte-se que esse pensamento promove a reificação do criminoso ao tratá-lo como verdadeiro inimigo do Estado, representando uma manifestação do denominado direito penal do inimigo.

O movimento teve grande aceitação nos Estados Unidos na década de 70 e influenciou a criação da política de Tolerância Zero, em Nova Iorque, no ano de 1991, pelo prefeito Rudolph Giuliani.

No direito brasileiro, pode-se citar como expressão desse movimento a edição da Lei nº 8.072/90 (Lei de Crimes Hediondos), que recrudesceu o regime de cumprimento de pena para os crimes nela etiquetados como hediondos, estabelecendo, por exemplo, o regime integralmente fechado, que foi considerado inconstitucional pelo STF, por violação ao princípio constitucional da individualização da pena (Súmula vinculante nº 26, STF).

Merece destaque, ainda, o fato de que a prisão cautelar funciona como verdadeira pena, sendo muitas vezes decretada para cercear a liberdade do acusado mediante seu encarceramento como uma pronta resposta penal ao discurso midiático sensacionalista da impunidade, haja vista a morosidade para a conclusão do processo criminal.

MOVIMENTO LEI E ORDEM

- **Defensor**: Ralf Dahrendorf.
- Direito penal máximo: Expansão das normas penais incriminadoras e exasperação do rigor das sanções penais.
- Pena: Castigo; crimes graves devem ser punidos com penas severas; crimes praticados com violência devem ter a pena cumprida em estabelecimentos penitenciários de segurança máxima; a tolerância de pequenas infrações pode ensejar crimes mais graves; expansão da prisão provisória.

▸ Como esse assunto foi cobrado em concurso?

(MPE-GO – 2014 – MPE-GO – Promotor de Justiça Substituto) Marque a alternativa que conforme a doutrina não se apresenta como uma faceta da chamada "tendência securitária", na vertente do Movimento de Lei e Ordem:

a) A "theory ticking bomb scenario" (teoria do cenário da bomba relógio).

b) A "three strikes law" (lei dos três golpes) ou "three strikes and you're out" (três faltas e você está fora).

c) A "purged taint exception" (exceção da mancha ou nódoa removida).

d) A "broken windows theory" (teoria das janelas quebradas).

Gabarito: C

Parte II

MODELOS TEÓRICOS DA CRIMINOLOGIA

Capítulo I

Classificação das Teorias Criminológicas

1. TEORIAS DE NÍVEL INDIVIDUAL (O HOMEM DELINQUENTE)

As teorias de nível individual podem ser divididas em dois grupos, a saber:

a) **Teorias biológicas (bioantropológicas)** - Explicam a prática do crime a partir da estrutura orgânica do criminoso, distinguindo, com base em caracteres biológicos, o indivíduo criminoso do indivíduo não criminoso.

b) **Teorias psicológicas** - Explicam as causas do fenômeno criminal a partir dos processos psíquicos do indivíduo, como os de aprendizagem e socialização, as vivências do subconsciente e estado anímico.

Como espécies de teorias psicológicas, Lima Júnior (2017, p. 112) aponta as **teorias psicodinâmicas**, as quais identificam as causas do fenômeno criminal em falhas do processo de aprendizado e socialização.

2. TEORIAS MACROSOCIOLÓGICAS (A SOCIEDADE CRIMINÓGENA)

As teorias criminológicas de base macrosociológica explicam a criminalidade como um fenômeno social nas **perspectivas etiológicas (causas)** ou **interacionistas (reações sociais)**.

▸ Como esse assunto foi cobrado em concurso?

(CESPE - 2013 - DPF - Delegado) Julgue o item a seguir, relacionados aos modelos teóricos da criminologia. O surgimento das teorias sociológicas em criminologia marca o fim da pesquisa etiológica, própria da escola ou do modelo positivista.

Gabarito: Errado

De acordo com Paulo Sumariva (2017, p. 65), classificam-se em:

a) **Teorias do consenso, funcionalistas ou de integração** - De cunho funcionalista, centram sua análise nas consequências do delito e defendem que a finalidade da sociedade é atingida quando as pessoas partilham objetivos comuns e aceitam as normas vigentes na sociedade, havendo o perfeito funcionamento das instituições. Em outros termos, por meio do consenso, a sociedade se estrutura em elementos integrados, funcionais ou perenes, que asseguram a harmonia social. São exemplos: Escola de Chicago, teoria associação diferencial, teoria da subcultura delinquente e teoria da anomia;

b) **Teorias do conflito social** - De cunho argumentativo, sustentam que a sociedade está sujeita a mudanças contínuas, pois seus elementos cooperam para a dissolução, de modo que caberá ao controle social a partir da força e da coerção, e não da voluntariedade dos personagens, promover a harmonização social. Com a imposição da ordem e da coesão social, garante-se o poder vigente e estabelecem-se relações de dominação e sujeição. São exemplos: teoria crítica ou radical e teoria do etiquetamento (*labelling approach*).

▸ Como esse assunto foi cobrado em concurso?

(MPE-GO - 2014 - MPE-GO - Promotor de Justiça Substituto - Adaptado) Julgue o item a seguir: A teoria de anomia, a teoria da associação diferencial e a escola de Chicago são consideradas teorias de consenso.

Gabarito: Certo

(VUNESP - 2013 - PC-SP - Papiloscopista Policial) De acordo com a Sociologia Criminal, pode-se citar como exemplo da Teoria de Consenso:

a) a Teoria crítica.

b) a Teoria radical.

c) a Teoria das janelas quebradas.

d) a Teoria da associação diferencial.

e) a Teoria do conflito.

Gabarito: D

Capítulo II

Teorias Criminológicas

1. ESCOLA DE CHICAGO (1920-1940)

A Escola de Chicago teve origem nas décadas de 20 e 30, através dos estudos acerca da "sociologia das grandes cidades" pelo Departamento de Sociologia da Universidade de Chicago, que apontou a influência do entorno urbano sobre a conduta humana, atribuindo as causas do fenômeno criminal à sociedade e não ao indivíduo.

Conforme preleciona Paulo Sumariva (2017, p. 66), com o desenvolvimento urbano da civilização industrial, observou-se a mutação social e o aumento da criminalidade nas grandes cidades, tornando-se necessário conhecer, à luz da morfologia das urbes, os mecanismos de aprendizagem e transmissão das culturas consideradas desviadas.

Desta feita, a Escola de Chicago, a partir da **antropologia urbana** e sob uma **perspectiva transdisciplinar**, estuda, de forma **empírica** (emprego da observação direta nas investigações) e com **finalidade pragmática** (finalidade prática de obter diagnóstico confiável acerca dos urgentes problemas sociais da realidade norte-americana de seu tempo), a influência do meio ambiente na conduta delituosa, traçando um paralelo entre o crescimento populacional e o aumento da criminalidade nas cidades. Seus seguidores defendem, assim, que **a cidade produz a delinquência**.

A teoria em estudo prioriza a **ação preventiva** em detrimento da ação repressiva. Ademais, as ações interventivas na cidade devem ser planejadas, contemplar a participação da sociedade e limitarem-se a um espaço previamente determinado.

Como forma de se tentar conhecer o **índice real da criminalidade**, a Escola de Chicago passou a utilizar os **inquéritos sociais** (***social surveys***) na investigação da criminalidade.

Duas grandes contribuições da Escola de Chicago para o estudo da criminalidade são apontadas por Wagner Freitas (2002, p. 55), a saber:

a) **Método de observação participante** - O pesquisador participa diretamente de seu objeto de estudo, extraindo seu conhecimento a partir de suas experiências pessoais e não de experiências alheias.

b) **Conceito de ecologia humana** - A ecologia humana aponta a cidade como a causadora da criminalidade.

A seguir, estudaremos as principais teorias criminológicas oriundas da Escola de Chicago: Teoria Ecológica, Teoria Espacial, Teoria das Janelas Quebradas, Teoria da Tolerância Zero e Teoria dos Testículos Despedaçados.

▸ Como esse assunto foi cobrado em concurso?

(VUNESP - 2014 - PC-SP - Médico Legista) São propostas da Escola de Chicago ("ecologia criminal") para o controle da criminalidade:

a) política de tolerância zero; criação de programas comunitários com intensificação das atividades recreativas; aumento das áreas verdes.

b) prevalência do controle social formal sobre o informal; criação de comitês de apoios de pais e mães para a educação das crianças; melhoria das condições das residências e conservação física dos prédios.

c) aumento das penas para o cometimento de delitos simples; criação de zonas de exclusão para isolamento das áreas mais perigosas; disseminação de atividades recreativas como escotismo e viagens culturais.

d) mudança efetiva nas condições econômicas e sociais das crianças; reconstrução da "solidariedade social" por meio do fortalecimento das forças construtivas da sociedade (igrejas, escolas, associações de bairros); apoio estatal para redução e diminuição da pobreza e desemprego.

e) controle individualizado, ou seja, controle específico e rígido sobre cada indivíduo; políticas uniformes em toda a cidade, diante do fracasso das estratégias "por vizinhança"; implantação de escolas e postos de saúde.

Gabarito: D

(MPE-SC - 2012 - MPE-SC - Promotor de Justiça - Adaptado) Julgue o item a seguir: I - Entre os princípios fundamentais da Escola de Chicago, liderada por Marc Ancel, encontra-se a afirmação de que o crime é um ente jurídico, o fundamento da punibilidade é o livre-arbítrio, a pena é uma retribuição ao mal injusto causado pelo crime e nenhuma conduta pode ser punida sem prévia cominação legal.

Gabarito: Errado

1.1. Teoria Ecológica ou da Desorganização Social

A teoria ecológica ou da desorganização social, oriunda da Escola Ecológica, teve seu nascedouro em 1915, figurando como obras pioneiras *Introduction to the Science of Sociology* (1921), elaborada em coautoria por **Robert Park** e **Ernest Burguess**, e *The City: Suggestion for the Investigation of Human Behavior in the City Environment* (1925), da lavra do primeiro. Naquele período, as grandes cidades dos EUA, como Chicago, experimentaram uma fase de desenvolvimento econômico e industrial, atraindo milhares de pessoas de todo país. Todavia, esse progresso foi acompanhado do crescimento da miséria e das desigualdades sociais, com o acúmulo de imigrantes, descendentes de escravos e minorias étnicas nas periferias, onde viviam em precárias condições. Como consequência, verificou-se sensível aumento da criminalidade e da violência.

Essa teoria, então, atribui o incremento da criminalidade nas grandes cidades à **debilidade do controle social informal**, à **desordem** e à **falta de integração** e sentimento de **solidariedade** entre seus membros.

Outrossim, conforme ensinamentos de Luiz Flávio Gomes e Antonio García-Pablos de Molina (2008, p. 343-344), esse **efeito criminógeno dos centros urbanos** é imputado à deterioração dos grupos primários (família etc.), à modificação qualitativa das relações interpessoais que se tornam superficiais, à perda de raízes no espaço residencial decorrente da alta mobilidade, à crise dos valores tradicionais e familiares, à superpopulação, à tentadora proximidade às áreas comerciais e industriais onde há acúmulo de riqueza e ao já citado enfraquecimento do controle social.

Nesse cenário, **Ernest Burgess** formulou a **teoria das zonas concêntricas**, estabelecendo um modelo de crescimento das cidades norte-americanas estruturado em círculos concêntricos, pelo qual as cidades tendem a se expandir a partir do seu centro, com a formação de zonas concêntricas, que são assim estruturadas (FREITAS, 2002, p. 73-77):

a) **Zona I (*loop*):** Corresponde à parte central, onde situavam-se as atividades burocráticas, financeiras e profissionais;

b) **Zona II (zona em transição ou zona de transição):** Trata-se de área contígua à zona central, que consiste na zona de transição do distrito comercial para os bairros residenciais, sendo normalmente ocupada pelas pessoas mais pobres e minorias. Nesse espaço se concentram, inclusive, as pessoas recém-chegadas à cidade, haja vista consistir em um local de baixo custo de vida e próximo às fábricas, que absorviam essa mão-de-obra. Corresponde a um local propício para o desenvolvimento de cortiços e guetos, caracterizando-se pela existência de casas em péssimo estado de conservação, infraestrutura deficiente, pobreza, doença, alcoolismo, pessoas ociosas, novos imigrantes e escasso controle social. Conclui-se, assim, ser uma área indesejada para moradia, daí ensejar grande mobilidade social;

c) **Zona III**: Trata-se da área limítrofe à anterior, que contém residências de trabalhadores que conseguiram escapar das péssimas condições de vida da zona II, sendo composta principalmente pela segunda geração de imigrantes;

d) **Zona IV (*suburbia*)**: É formada por bairros residenciais, contemplando as casas e apartamentos de luxo onde residem as classes média e alta da sociedade, geralmente compostas por trabalhadores especializados (como diretores de grandes empresas), que vão de trem rápido (metrô) para o trabalho;

e) **Zona V (*exurbia*)**: Essa região encontra-se fora dos limites da cidade e contempla as áreas suburbanas e cidades-satélites, compostas por casas de pessoas de classe média e alta, chamadas de *commuters*, que trabalham no centro da metrópole e levam um tempo razoável no deslocamento para o serviço. Observe-se que o conceito de subúrbio das cidades norte-americanas difere do das cidades da América Latina, onde o subúrbio geralmente é caracterizado por ser uma área pobre.

As estatísticas indicavam maior incidência de crime na Zona II, razão pela qual Park e Burgess consideravam-na como de particular interesse. A concentração de crime e delinquência nessa região eram consideradas sinais do processo de **desorganização social**, conceito esse concebido na obra *The Polish Peasant in Europe and America* (1918), de William Isaac Thomas e Florian Znaniecki.

Frise-se que, nessa região, os laços de solidariedade social eram destruídos à medida em que tal área era invadida pelo comércio e pelas indústrias, diminuindo, assim, a resistência à criminalidade.

Rompe-se, assim, de forma inovadora, o entendimento até então cristalizado pelas ciências biológicas de que as favelas urbanas seriam produto de um determinismo biológico, resultantes do acasalamento de pessoas portadoras de genes defeituosos, para compreende-las como produtos da desorganização social.

Destaque-se, ainda, que remontam à essa época os estudos acerca das gangues, que se concentravam no cenário da Zona II.

Saliente-se que tais zonas estão em constante expansão e deslocamento, visto que cada uma delas se move, avançando no território da zona propínqua, em um processo de invasão, dominação e sucessão, resultando na expansão da cidade como um todo.

Lima Júnior (2017, p. 115) assinala que, embora não seja esse o modelo típico de crescimento das cidades europeias e demais cidades do mundo naquele período, é importante para estabelecer uma relação entre o fenômeno criminal e a distribuição urbana da população, aferindo-se, assim, a **concentração geográfica da criminalidade**.

Como esse assunto foi cobrado em concurso

(PC-SP - 2012 - PC-SP - Delegado de Polícia) O efeito criminógeno da grande cidade, valendo-se dos conceitos de desorganização e contágio inerentes aos modernos núcleos urbanos, é explicado pela

a) Teoria do Criminoso Nato.

b) Teoria da Associação Diferencial.

c) Teoria da Anomia.

d) Teoria do Labelling Aproach.

e) Teoria Ecológica.

Gabarito: E

TEORIA ECOLÓGICA OU DA DESORGANIZAÇÃO SOCIAL

- **Defensores**: Robert Park e Ernest Burguess.
- Causas de incremento da criminalidade: debilidade do controle social informal, desordem social, falta de integração e de solidariedade.
- Modelo de crescimento das cidades norte-americanas: Teoria das zonas concêntricas (Ernest Burgess).

1.2. Teoria Espacial

Concebida na década de 40, a Teoria Espacial defende como medida preventiva da criminalidade a **restruturação arquitetônica e urbanística** das grandes cidades (SUMARIVA, 2017, p. 68).

Como manifestação dessa teoria, pode-se citar a obra *Defensible Space*, de autoria do arquiteta **Oscar Newman**, em que defendeu a prevenção situacional do crime por meio da construção de modelos arquitetônicos adequados. Nesse sentido, considerou que o **espaço defensável** seria aquele que permitisse maior vigilância pelas pessoas e fomentasse a autodefesa, por meio de barreiras reais ou simbólicas que desestimulassem a ação criminosa e aumentassem os riscos para o infrator.

TEORIA ESPACIAL

- **Defensor**: Oscar Newman.
- Prevenção situacional do crime: Restruturação arquitetônica e urbanística; tinha-se como ambiente defensável aquele que permitisse maior vigilância pelas pessoas e fomentasse a autodefesa.

1.3. Teoria das Janelas Quebradas (The Broken Windows Theory)

Essa teoria surgiu nos EUA a partir dos estudos do cientista político **James Wilson** e do psicólogo criminologista **Georg Kelling**, com a publicação, em 1982, do trabalho intitulado *"Broken Windows. The Police and Neiborghood Safety"* na revista *Atlantic Monthly*, estabelecendo uma **relação de causalidade** entre a **criminalidade** e a **desordem**.

Conforme se depreende dos ensinamentos de Gabriel Habib (2016, p. 367), tais autores consideram que, se a janela de um prédio for quebrada e não houver o imediato reparo, as pessoas que passarem pelo local concluirão que ninguém cuida do imóvel e, em pouco tempo, as demais janelas também serão quebradas.

Para a comprovação da Teoria das Janelas Quebradas, Wilson e Kelling mencionam um experimento feito pelo psicólogo **Philip Zimbardo**, da Universidade de Stanford, em 1969, em que dois veículos são estacionados sem identificação e com a tampa do motor levantada no Bronx, em Nova Iorque, e em um bairro de classe alta, em Palo Alto, na Califórnia. Em poucos minutos, o veículo estacionado no Bronx foi atacado por vândalos. Por outro lado, o veículo estacionado no bairro de Palo Alto permaneceu intacto por mais de uma semana. Então, Philip Zimbardo quebrou a janela do veículo e o manteve estacionado no local. Em poucas horas, o veículo foi totalmente destruído por pessoas que passavam pelo local.

Concluiu-se que o vandalismo se iniciou de forma mais célere no Bronx que em Palo Alto, haja vista a diferença da natureza da vida em tais locais, afigurando-se maior cuidado das pessoas em relação às propriedades privadas em Palo Alto.

De acordo com os autores, a ausência de cuidado acarreta o rompimento dos controles da comunidade, tornando a área vulnerável à invasão criminal, por acreditarem os delinquentes serem reduzidas as chances de serem presos ou identificados em tais circunstâncias.

Com a Teoria das Janelas Quebradas, procurou-se demonstrar uma relação direta de causalidade entre a criminalidade violenta e a não repressão a pequenos e leves delitos, sustentando-se a necessidade de o Estado promover a punição dos delitos mais brandos para se fazer presente e demonstrar que se importa com a prática de todo e qualquer delito, afastando a sensação de impunidade na sociedade e, com isso, inibindo a prática de delitos mais graves. Em síntese, punindo com severidade os pequenos delitos, conseguiria impedir a prática de delitos mais graves.

Esse pensamento deu ensejo ao movimento da **tolerância zero** implementado na cidade de Nova York pelo ex-prefeito **Rudolph Giuliani**.

Além disso, influenciou a política criminal brasileira na década de 90, implicando no aumento do rigor penal com a finalidade de diminuir a criminalidade. Cite-se como exemplo a edição da Lei 8.072/90, que recrudesceu o regime de cumprimento de pena para os crimes hediondos e equiparados.

TEORIA DAS JANELAS QUEBRADAS

- **Defensores**: James Wilson, Georg Kelling.
- Experimento de Philip Zimbardo (1969): Veículos abandonados em Palo Alto e no Bronx. Concluiu-se que a ausência de cuidado gera o rompimento dos controles da comunidade, tornando a área vulnerável à invasão criminal.
- Deve-se punir com severidade os pequenos delitos, a fim de impedir a prática de delitos mais graves.
- Deu origem ao movimento de tolerância zero, implementado na cidade de Nova York pelo ex-prefeito Rudolph Giuliani.

1.4. Teoria da Tolerância Zero

A Teoria da Tolerância Zero, consiste em uma filosofia jurídico-política, decorrente do Movimento de Lei e Ordem, que sustenta, baseada na Teoria das Janelas Quebradas, a necessidade de ser **punir com severidade os pequenos delitos**, como forma de se evitar o crescimento da criminalidade.

Trata-se de uma estratégia de manutenção da ordem pública, da segurança e de prevenção dos fatores criminógenos, em que o

Estado, preliminarmente, deve combater a corrupção e cumprir seus deveres legais para com a população, propiciando-lhe condições adequadas para o desenvolvimento psicossocial e acesso aos serviços estatais, reconquistando a confiança da sociedade e, com isso, infundindo o hábito à legalidade, de modo a reduzir a criminalidade (SUMARIVA, 2017, p. 69).

▶ **Como esse assunto foi cobrado em concurso?**

(FCC – 2013 – DPE-SP – Defensor Público) "(...) instrumento de legitimação da gestão policial e judiciária da pobreza que incomoda – a que se vê, a que causa incidentes e desordens no espaço público, alimentando, por conseguinte, uma difusa sensação de insegurança, ou simplesmente de incômodo tenaz e de inconveniência –, propagou-se através do globo a uma velocidade alucinante. E com ela a retórica militar da "guerra" ao crime e da "reconquista" do espaço público, que assimila os delinquentes (reais ou imaginários), sem-teto, mendigos e outros marginais a invasores estrangeiros – o que facilita o amálgama com a imigração, sempre rendoso eleitoralmente." (WACQUANT, Loïc. As Prisões da Miséria.) A escola/doutrina descrita pelo autor é:

a) funcionalismo penal.

b) abolicionismo penal.

c) "tolerância zero".

d) Escola de Chicago.

e) associação diferencial.

Gabarito: C

1.5. Teoria dos Testículos Despedaçados ou Testículos Quebrados (*Breaking Balls Teory*)

Essa teoria, também originária dos Estados Unidos, pauta-se na ideia de combate às pequenas infrações, apresentando relação direta com a Teoria das Janelas Quebradas.

Funda-se, a partir da experiência policial, na ideia de que os **criminosos, ao serem perseguidos eficazmente** pela polícia em razão da prática de pequenos delitos, via de regra, são **afugentados** para outras **localidades mais distantes**, onde tentarão dar continuidade às práticas criminosas, livres do controle estatal (SUMARIVA, 2017, p. 69).

TEORIA DOS TESTÍCULOS DESPEDAÇADOS OU QUEBRADOS
Fundado na experiência policial norte-americana.
A eficaz perseguição dos criminosos em razão da prática de pequenos delitos faz com que os mesmos sejam afugentados para localidades mais distantes, onde tentarão dar continuidade à prática criminosa.

2. TEORIAS DA APRENDIZAGEM SOCIAL OU SOCIAL LEARNING

As teorias da aprendizagem social ou *social learning* surgem no século XIX, a partir das décadas de 60 e 70, defendendo a aprendizagem das técnicas para o cometimento do crime, bem como dos mecanismos psicológicos de neutralização.

Negam a vinculação do crime à pobreza, sustentando que indivíduos de classe média e alta também podem delinquir, aprofundando as investigações científicas sobre a criminalidade das classes mais privilegiadas.

Essas teorias estruturam-se em quatro vertentes, a saber: teoria da associação diferencial, teoria da identificação diferencial, teoria do reforço diferencial, teoria do condicionamento operante e teoria da neutralização.

2.1. Teoria da Associação Diferencial

De acordo com a teoria da associação diferencial, difundida pelo sociólogo americano **Edwin Sutherland** (1883-1950) no final de 1924, sob influência da Escola de Chicago e com base nos pensamentos do jurista e sociólogo francês **Gabriel Tarde** (1843-1904), o delito é estabelecido com base nos valores dominantes de um grupo e o indivíduo torna-se delinquente ao **aprender o comportamento criminoso** e se **associar à conduta desviante**, por julgar que as **considerações favoráveis superam as considerações desfavoráveis** à prática criminosa.

Em sua obra *As leis da imitação* (1890), **Gabriel Tarde** sustentou a transmissão dos dogmas, dos sentimentos, da moral e dos costumes pela imitação, afirmando a influência social sobre a criminalidade e sendo o primeiro a desenvolver o estudo da criminalidade em razão da origem social (VIANA, 2017, pp. 241-242). O autor formulou **três leis gerais da imitação**:

a) **Primeira lei da imitação**: A imitação se desenvolve de forma diretamente proporcional à intensidade do contato e inversamente proporcional à distância;

b) **Segunda lei da imitação**: Os indivíduos de classes inferiores imitam as crenças, ideias e necessidades dos de classes superiores (ex.: o filho imita o pai; o aluno o professor; os indivíduos da área rural os da área urbana);

c) **Terceira lei da imitação**: Em caso de conflito entre dois modelos comportamentais, o novo se sobrepõe ao mais antigo.

Saliente-se que, conquanto o pensamento de Sutherland tenha se inspirado no pensamento de Tarde, com ele não se confunde, podendo-se apontar dois pontos de distinção: a) Sutherland afirma a necessidade de um processo de comunicação pessoal para o aprendizado, ao passo que Tarde sustenta que o crime ocorre pela imitação, a partir da recepção passiva de impulsos delitivos ou não delitivos; b) Sutherland considera irrelevante a atuação das esferas impessoais na comunicação, enquanto Tarde defende que o crescimento urbano e a maior comunicabilidade entre os indivíduos facilitam e agilizam a difusão da criminalidade (VIANA, 2017, pp. 243).

Ensina Paulo Sumariva (2017, p. 71) que, além da **desorganização social**, o **conflito cultural** também é **causa sistemática na associação diferencial**, na medida em que a sociedade é formada por diversos grupos com culturas diferentes, existindo, ao lado da cultura legal, a **cultura criminosa**, que pode prevalecer em muitas circunstâncias, a depender da prevalência dos fatores favoráveis à violação da lei.

> **Observação:**
> Em 1949, ao reformular sua teoria, Sutherland, em atenção a essa diversidade cultural, abandona o termo desorganização social e passa a adotar a expressão **organização social diferenciada**.

Compreendendo o fenômeno criminal a partir de uma **perspectiva social**, essa teoria sustenta que ninguém nasce criminoso, resultando a delinquência de um **processo de socialização diferencial**, em que há a **aprendizagem do comportamento desviante**, assim como é possível o aprendizado do comportamento conforme ao Direito, mediante a **interação e comunicação** com outras pessoas, sendo a **influência criminógena proporcional ao grau de intimidade do contato interpessoal**. Dessa forma, rechaça a decorrência do comportamento criminoso de fatores biológicos hereditários, atribuindo-lhe uma **origem social**.

A influência pedagógica da associação diferencial variará de acordo com sua **intensidade, duração, frequência e prioridade**, sendo certa a maior influência dos contatos ocorridos durante a infância, bem como com pessoas ou grupos a que o indivíduo atribua prestígio.

Como decorrência dessa visão, que não restringe o delito às classes menos favorecidas, no final dos anos 30, Sutherland concebeu a expressão ***white-collar crime* (crime do colarinho branco)**, referindo-se aos crimes perpetrados por pessoas respeitáveis e de elevado *status* socioeconômico no curso de seu trabalho, mediante a violação da confiança e das leis reguladoras de suas atividades profissionais, gerando dano à sociedade. Em 1949, essa concepção foi parcialmente revista, aproximando-se ao entendimento atual.

Com isso, ampliou-se o foco de estudo da Criminologia, desvinculando a criminalidade da estrutura social (pobreza), de sorte a abarcar também os indivíduos integrantes das classes sociais mais elevadas.

> ▸ **Como esse assunto foi cobrado em concurso?**
>
> **(PGR - 2013 - PGR - Procurador da República - Adaptado)** Julgue o item a seguir: Para a teoria do crime do colarinho branco considera-se como tal o ilícito perpetrado por pessoas de elevado status social, no âmbito de suas atividades profissionais, sendo certo que, por diversos motivos, tais pessoas gozam de um cinturão de impunidade. Isso não impede a constatação de que a criminalidade perpassa todas as camadas sociais, ao contrário dos estudos que a associavam à pobreza ou às patologias psicológicas, biológicas ou sociais.
>
> **Gabarito: Certo**

2.2. Teoria da Identificação Diferencial

Trata-se de teoria desenvolvida por **Daniel Glaser**, o qual defende a **aprendizagem** da conduta delitiva a partir da **identificação diferencial** com **criminosos** tomados como referência, e não pela comunicação ou interação, conforme defendido pela teoria da associação diferencial.

O autor incorporou ao conceito de aprendizagem a **teoria dos papeis** e sublinhou a **importância** que os **meios de comunicação de massa** exercem sobre a conduta do indivíduo.

Assim, sustentou que a identificação pode ser dar com **indivíduos reais ou fictícios, próximos ou distantes**, mediante uma "relação positiva com os papeis representados pelos delinquentes" ou uma "reação negativa contra as forças que se opõem à criminalidade" (SUMARIVA, 2017, p. 80).

Desta feita, critica a exibição de cenas em filmes e programas televisivos em que haja abuso de drogas e condutas delituosas e seus protagonistas gozem do *status* de heróis ou justiceiros, influenciando o comportamento de outras pessoas, sobretudo, de jovens.

2.3. Teoria do Condicionamento Operante

Essa teria surgiu na década de 1960, a partir dos estudos de **Ronald Akers** e **Robert Burgess**, autores do artigo *The Differential Association Reinforcement Theory of Criminal Behavior* (1966), os quais defenderam que a conduta criminosa deriva de uma série de **estímulos contínuos** na vida do indivíduo, sendo produto de suas **experiências passadas**. Por exemplo, indivíduos que sofreram abusos na infância são mais propensos a praticar abusos.

Nesse cenário, o processo de aprendizagem é otimizado pelos **princípios psicológicos de condicionamento operante**, operacionalizando-se por meio das consequências da própria ação, de molde a subordinar o comportamento criminoso ao grau de vantagens e desvantagens a ele associadas (VIANA, 2017, pp. 256-267). Assim, determinada conduta pode ser reforçada mediante estímulos positivos, como gratificações, ou estímulos negativos, como o castigo.

2.4. Teoria do Reforço Diferencial

A teoria do reforço diferencial, defendida por **Jeffery**, pauta-se na ideia de que o comportamento delitivo é um comportamento operante, que está em um processo contínuo de interação com o meio, norteado pelo **condicionamento**, notadamente pelas **ideias**

de privação e saciedade. Sustenta, assim, responderem de forma distinta ao crime as pessoas privadas de algo daquelas saciadas, podendo-se citar como exemplo os crimes patrimoniais e o homicídio motivado pela traição do parceiro (VIANA, 2017, p. 257).

O autor reconhece a **importância de fatores não sociais** no comportamento humano, incorporando no modelo de aprendizagem fatores biológicos e bioquímicos.

Em um regaste ao classicismo, sustenta que o **crime ocorre em função da não punição de crimes passados**, de sorte que o crime há de ser inibido pela certeza quanto à punição por sua prática.

2.5. Teoria da Neutralização

A teoria da neutralização, propugnada por **David Matza** e **Gresham Sykes** a partir dos estudos da delinquência juvenil, compreende a **racionalização da conduta delitiva** pelo emprego das técnicas de neutralização pelo delinquente com o escopo de justificar sua conduta desviante (autojustificação).

O comportamento criminoso também deriva de um processo de aprendizagem a partir da interação social, em que o criminoso, comungando dos valores dominantes na sociedade, emprega técnicas capazes racionalizar e justificar sua violação e neutralizar a sua culpa.

Conforme ensina Lima Júnior (2017, p. 130), o criminoso se vê como vítima das circunstâncias sociais e enxerga seu agir como proibido, mas não como criminoso. Entende que a vítima é merecedora do mal a que é submetida e, portanto, culpada pelo delito, critica os órgãos de controle social (policiais, membros do ministério público e magistrados) e enaltece os grupos marginais a que pertence.

Nesse sentido, Eduardo Viana (2017, pp. 258-259) sumariza as **cinco técnicas de neutralização** adotadas pela delinquência à luz da teoria em estudo, a saber:

a) **Negação da responsabilidade**: O criminoso percebe sua conduta desviante como algo acidental, resultado das circunstâncias que o atravessam, como, por exemplo, lares desestruturados, bairros violentos etc. Resume-se na expressão "não foi culpa minha" (*It was not my fault*);

b) **Negação da lesão (negação da ilicitude)**: O autor do fato parte da premissa de que sua conduta não causou dano à vítima, encarando-a como mera travessura. Por exemplo, temos o furto de uso, o vandalismo, o conflito entre gangues. Sintetiza-se na frase "eu imaginei que minha conduta não faria mal a ninguém";

c) **Negação da vítima**: Neste caso, o autor julga que o dano seria uma punição à vítima, merecedora do castigo. Por exemplo, o ataque a minorias sociais, como os comportamentos homofóbicos; a conduta do personagem literário Robin Wood. Expressa-se no termo "ele teve o que merecia";

d) **Condenação dos condenadores**: Trata-se da conduta de reprovar quem o reprova (*rejection of the rejectors*), chamando a polícia, os promotores, os juízes de hipócritas, parciais, corruptos, inescrupulosos. Assim pode ser sintetizada: "todo mundo pega no meu pé";

e) **Apelo à lealdade**: Justifica-se o comportamento desviante com base em valores éticos superiores ou de uma subcultura. Por exemplo, temos o terrorismo que se justifica no patriotismo. Resume-se na assertiva: "Eu não fiz isto por mim mesmo".

TEORIAS DA APRENDIZAGEM SOCIAL (*SOCIAL LEARNING*)

- **Teoria da associação diferencial (Edwin Sutherland):** *Aprendizagem do comportamento criminoso* pela *interação e comunicação* com outras pessoas e *associação à conduta desviante.*
- **Teoria da identificação diferencial (Daniel Glaser)**: *Aprendizagem do comportamento criminoso* pela *identificação diferencial* com criminosos tomados como *referência (teoria dos papeis).*
- **Teoria do condicionamento operante (Ronald Akers e Robert Burgess):** Comportamento cirminoso resulta de uma série de *estímulos contínuos* na vida do indivíduo, sendo produto de suas *experiências passadas.*
- **Teoria do reforço diferencial (Jeffery):** Comportamento criminoso é um *comportamento operante*, que resulta de um *contínuo processo de interação com o meio*, norteado por *condicionamentos*, notadamente as ideias de *privação* e *saciedade*.
- **Teoria da neutralização (David Matza e Gresham Sykes):** *Aprendizagem do comportamento criminoso* pela *interação social* e emprego de técnicas pelo autor para *racionalizar* e *justificar* sua violação, *neutralizando* a sua culpa (negação da responsabilidade, negação da lesão, negação da vítima, condenação dos condenadores, apelo à lealdade).

3. TEORIA DA ANOMIA

A palavra **anomia**, de origem grega (*a* = ausência; *nomos* = lei), significa ausência de lei, sendo o termo adotado pela teoria em estudo para indicar a situação de **ausência ou decomposição das normas sociais**, ante ao fracasso dos mecanismos reguladores da vida em sociedade.

Essa teoria foi preconizada por **Robert King Merton**, com a publicação, em 1938, do artigo *Social Structre and Anomie* na *American Sociological* Review, sob a inspiração da doutrina de **Émile Durkheim** (autor das obras *A divisão do trabalho social, As regras do método sociológico* e *O suicídio*), explicando a criminalidade a partir de uma perspectiva sociológica, de modo a sustentar que determinada conduta é considerada criminosa por **violar** o **consciente coletivo**.

▸ Como esse assunto foi cobrado em concurso?

(VUNESP - 2015 - PC-CE - Delegado de Polícia Civil de 1a Classe) Sobre a teoria da "anomia", é correto afirmar:

a) é classificada como uma das "teorias de conflito" e teve, como autores, Erving Goffman e Howard Becker.

b) foi desenvolvida pelo sociólogo americano Edwin Sutherland e deu origem à expressão white collar crimes.

c) surgiu em 1890 com a escola de Chicago e teve o apoio de John Rockefeller.

d) iniciou-se com as obras de Émile Durkheim e Robert King Merton, e significa ausência de lei.

e) foi desenvolvida por Rudolph Giuliani, também conhecida como "Teoria da Tolerância Zero".

Gabarito: D

(VUNESP - 2014 - PC-SP - Médico Legista) O fundador da escola denominada "positivismo criminológico" e o teórico inspirador da Teoria da Anomia são, respectivamente:

a) V. Lizt e Kardec.

b) Carrara e Parsons.

c) Beccaria e Ohlin.

d) Feuerbach e Merton.
e) Lombroso e Durkheim.
Gabarito: E

A teoria estrutural-funcionalista da anomia opera, assim, uma **mudança paradigmática**, com o deslocamento da perspectiva positivista biopsicológica e caracterológica da delinquência para uma concepção sociológica, despatologizando o delito, de sorte a compreende-lo com a noção da normalidade do desvio como fenômeno social.

▸ Como esse assunto foi cobrado em concurso?

(**CESPE – 2013 – DPF – Delegado**) Julgue o item a seguir, relacionados aos modelos teóricos da criminologia. A teoria funcionalista da anomia e da criminalidade, introduzida por Emile Durkheim no século XIX, contrapunha à ideia da propensão ao crime como patologia a noção da normalidade do desvio como fenômeno social, podendo ser situada no contexto da guinada sociológica da criminologia, em que se origina uma concepção alternativa às teorias de orientação biológica e caracterológica do delinquente.

Gabarito: Certo

Sob essa ótica, a pena ostenta a **finalidade** precípua de **satisfação da consciência coletiva** e **preservação da sociedade**.

O fenômeno criminal é explicado a partir da análise das estruturas cultural e social, sob o argumento de que a **estrutura cultural** estabelece os fins ou metas culturais (p. ex. riqueza, sucesso, *status social*) e os meios institucionalizados considerados legítimos (p. ex. trabalho) para alcançá-los, porém a **estrutura social** não propicia o acesso igualitário a tais meios, induzindo o manejo de meios ilegítimos que importarão na violação das regras sociais em vigor, de sorte a resultar o comportamento desviante. Em resumo, a **escassez dos meios institucionalizados** e o consequente **abandono das regras sociais** importarão na denominada **anomia**.

Considerando tal cenário, Merton cunhou **cinco formas de adaptação** do indivíduo aos meios institucionalizados e metas culturais (SUMARIVA, 2017, p. 73), a saber:

a) **Conformidade ou comportamento modal**: O indivíduo aceita as metas culturais e os meios institucionalizados considerados legítimos para alcançá-las. Para Merton, é o modo de adaptação mais comum;

b) **Inovação**: O indivíduo aceita as metas culturais, mas não os meios institucionalizados. Considerando a escassez/indisponibilidade dos meios legítimos, rompe com o sistema, por meio de um comportamento desviado, para alcançar as metas culturais;

c) **Ritualismo**: O indivíduo renuncia às metas culturais, por acreditar ser incapaz de realizá-las, mas, em uma postura conformista, continua respeitando as regras sociais, agindo como uma espécie de ritual;

d) **Evasão ou retraimento**: O indivíduo renuncia às metas culturais e meios institucionalizados, apresentando postura derrotista e de resignação. Inserem-se neste grupo os mendigos, bêbados e drogados crônicos;

e) **Rebelião**: O indivíduo rejeita às metas culturais e meios institucionalizados, procurando, por inconformismo e revolta, estabelecer uma nova ordem social.

Face ao exposto, os defensores da teoria sustentam que o fracasso na conquista das metas culturais diante da escassez dos meios legítimos pode levar à anomia, ou seja, a manifestações comportamentais alheias às normas sociais (SUMARIVA, 2017, p. 73).

Saliente-se que o crime, desde que mantido dentro dos limites de tolerância, é considerado um fenômeno natural dentro na sociedade, pois está enraizado em todas as espécies de grupamentos sociais e auxilia na própria construção do consciente coletivo.

Por outro lado, em caso de incremento excessivo do índice de criminalidade, instalar-se-á o caos e a desordem social, com a subversão de valores e descrença no sistema normativo de condutas, ensejando o denominado **estado de anomia**. Percebe-se, assim, que o **aumento da criminalidade** se relaciona diretamente ao **descrédito no sistema normativo de condutas**.

Por sua vez, com a criação de espaços anômicos na sociedade e a perda das referências normativas pelos indivíduos, há o **enfraquecimento da solidariedade social**, fazendo com que as pessoas, livres dos vínculos sociais, apresentem **comportamentos antissociais** ou, até mesmo, **autodestrutivos**.

Lélio Calhau (2009, p. 73) cita como exemplo de situação de anomia a dificuldade de controle da ordem pública vivenciada pelo Haiti e pelo Iraque.

No que concerne à realidade brasileira, Lima Júnior (2017, p. 119) observa que o crescimento da criminalidade e da corrupção do aparelho estatal se associa ao discurso de impunidade, do qual resulta um espaço anômico em que o indivíduo, dissociado dos regramentos e vínculos sociais, passa a agir de forma criminosa.

▸ **Como esse assunto foi cobrado em concurso?**

(CESPE - 2013 - DPF- Delegado) Julgue o item a seguir, relacionados aos modelos teóricos da criminologia. As ideias sociológicas que fundamentam as construções teóricas de Merton e Parsons obedecem ao modelo da denominada sociologia do conflito.

Gabarito: Errado

(FCC - 2012 - DPE-PR - Defensor Público) Paulo, executivo do mercado financeiro, após um dia estressante de trabalho, foi demitido. O mundo desabara sobre sua cabeça. Pegou seu carro e o que mais queria era chegar em casa. Mas o horário era de rush e o trânsito estava caótico, ainda chovia. No interior de seu carro sentiu o trauma da demissão e só pensava nas dívidas que já estavam para vencer, quando fora acometido de uma sensação terrível: uma mistura de fracasso, com frustração, impotência, medo e etc. Neste instante, sem que nem porque, apenas querendo chegar em casa, jogou seu carro para o acostamento, onde atropelou um ciclista que por ali trafegava, subiu no passeio onde atropelou um casal que ali se encontrava, andou por mais de 200 metros até bater num poste, desceu do carro meio tonto e não hesitou, agrediu um motoqueiro e subtraiu a motocicleta, evadindo- se em desabalada carreira, rumo à sua casa. Naquele dia, Paulo, um pacato cidadão, pagador de impostos, bom pai de família, representante da classe média-alta daquela metrópole, transformou-se num criminoso perigoso, uma fera que ocupara as notícias dos principais telejornais. Diante do caso narrado, identifique dentre as Teorias abaixo, a que melhor analisa (estuda/explica) o caso.

a) Escola de Chicago.
b) Teoria da associação diferencial.
c) Teoria da anomia.
d) Teoria do labeling approach.
e) Teoria crítica.
Gabarito: C

TEORIA DA ANOMIA

- **Defensores**: Émile Durkheim, Robert King Merton.
- Explicação da criminalidade sob uma *perspectiva sociológica* (ruptura epistemológica com a visão positivista biopsicológica e caracterológica da delinquência; despatologização do delito).
- Anomia: Resulta da *escassez dos meios institucionalizados legítimos* (p. ex. trabalho) e do consequente *abandono das regras sociais* para o alcance das metas culturais (p. ex. riqueza, sucesso, *status social*).
- Pena: Finalidade de satisfação da consciência coletiva e preservação da sociedade.
- Cinco formas de adaptação de Merton: Conformidade ou comportamento modal; inovação; ritualismo; evasão ou retraimento; rebelião.

4. TEORIA DA SUBCULTURA DELINQUENTE

A **teoria da subcultura delinquente** foi concebida pelo sociólogo norte-americano **Albert K. Cohen** (1918-2014), tendo como marco a publicação, em 1955, da obra *Delinquent Boys*, indicando a existência, paralelamente à cultura predominante na sociedade, de **subculturas** que retratam os sentimentos e valores de determinado subgrupo social, das quais a conduta delitiva seria produto.

Paulo Sumariva (2017, p. 72) apresenta **três preceitos fundamentais** que servem de baliza a esse pensamento: a) "caráter pluralista e atomizado da ordem social" (existência de várias culturas dentro de uma mesma sociedade); b) "cobertura normativa da conduta desviada"; c) "semelhança estrutural, em sua gênese, do comportamento regular e irregular".

Verifica-se, assim, que o sistema social de normas e valores oficial definiria a conduta regular e adequada ao direito e o subcultural definiria a conduta irregular e delitiva.

Desse modo, diversamente da teoria ecológica, para a qual o crime seria produto da desorganização social ou da ausência de valores, para a teoria em estudo a conduta criminosa seria reflexo de um sistema de normas e valores, o subcultural.

Para a melhor compreensão dessa fundamentação teórica, faz-se mister colacionar as concepções apresentadas pelo autor José César Naves de Lima Jr. (2017, pp. 120-121) acerca dos seguintes termos:

a) **Cultura**: Trata-se do conjunto de valores, crenças, tradições, gostos e hábitos de um grupo social transmitido de geração em geração;

b) **Subcultura**: Corresponde à cultura dentro de outra cultura, que, embora aceite os valores predominantes da sociedade tradicional, expressa sentimentos e valores de seu próprio grupo. Ex.: *hooligans*; *skinreads*; bairros étnicos que compartilham linguagens, ideias e práticas culturais distintas da comunidade geral;

c) **Contracultura**: Consiste no conjunto de valores e comportamentos que se contrapõem ao modelo da sociedade tradicional. Ex.: movimento hippie nos anos 60.

Seu surgimento se deu nos EUA, após a segunda guerra mundial, período em que o país experimentou amplo crescimento econômico e avanços da ciência e da tecnologia. Nessa fase, a sociedade norte-americana, de base patriarcal e com valores culturais fundados no protestantismo, estabeleceu um padrão de valores pautado na ética do sucesso, o *American Dream*.

Todavia, a falta de acesso de parcela da população aos valores nele consubstanciados ensejou conflitos sociais, como a luta dos negros norte-americanos por direitos civis durante os anos 60.

Nesse contexto, surgiram as subculturas como uma espécie de reação das minorias menos favorecidas para sobrevivência nessa estrutura social de acentuada competitividade e escassas possibilidades. Assim, indivíduos com as mesmas dificuldades se associaram e desenvolveram um padrão de valores, que deu ensejo à subcultura delinquente.

São exemplo de subcultura delinquente nos EUA as **gangues de delinquência juvenil** localizadas em periferias das grandes cidades, em que o jovem passa aceitar os valores daquele grupo, sobrepondo-os, muitas vezes, aos valores dominantes na sociedade (CALHAU, 2009, p. 79).

A subcultura delinquente caracteriza-se por **três fatores** (SUMARIVA, p. 71):

a) **Não utilitarismo da ação**: Em muitos delitos, verifica-se ausência de motivação racional;

b) **Malícia da conduta**: Prazer em prejudicar o outro;

c) **Negativismo da conduta**: Oposição aos padrões da sociedade.

▸ Como esse assunto foi cobrado em concurso?

(MPE-SC - 2016 - MPE-SC - Promotor de Justiça - Matutina) No âmbito das teorias criminológicas, a teoria da subcultura delinquente, originariamente conhecida como "Escola de Chicago", assevera que a delinquência surge como resultado da estrutura das classes sociais, que faz com que alguns grupos aceitem a violência como forma de resolver os conflitos sociais.

Gabarito: Errado

(VUNESP - 2014 - PC-SP - Médico Legista) Escola Criminológica que tem como expoente Albert Cohen, e que procura equacionar por meio de respostas não criminais e não punitivas o comportamento geralmente juvenil que desafia os modelos de produção consumista:

a) Escola da Contracultura Contemporânea.

b) Teoria da Subcultura Delinquente.

c) Escola Socialista Cultural.

d) Teoria do Comunismo Consciente.

e) Teoria do Socialmente Razoável.

Gabarito: B

TEORIA DA SUBCULTURA DELINQUENTE

- **Defensor**: Albert K. Cohen.
- Conduta criminosa: Resulta de um sistema subcultural de normas e valores, paralelo à cultura predominante na sociedade.
- Características: não utilitarismo da ação, malícia e negativismo da conduta.

5. TEORIA DA ROTULAÇÃO SOCIAL, DO ETIQUETAMENTO, DA REAÇÃO SOCIAL, DO INTERACIONISMO SIMBÓLICO OU LABELLING APPROACH

Trata-se de teoria surgida nos EUA, em 1960, capitaneada por **Erving Goffman**, **Edwin Lemert** e **Howard Becker**, autores da Nova Escola de Chicago, a qual sustenta que a criminalidade é resultado de um **processo social de interação**, **seletivo** e **discriminatório**, que atribui a qualidade de conduta desviada a determinado comportamento e etiqueta seu autor como delinquente no interesse de um sistema social.

▸ Como esse assunto foi cobrado em concurso?

(CESPE - 2016 - PC-PE - Delegado de Polícia) Acerca dos modelos teóricos explicativos do crime, oriundos das teorias específicas que, na evolução da história, buscaram entender o comportamento humano propulsor do crime, assinale a opção correta.

a) O modelo positivista analisa os fatores criminológicos sob a concepção do delinquente como indivíduo racional e livre, que opta pelo crime em virtude de decisão baseada em critérios subjetivos.

b) O objeto de estudo da criminologia é a culpabilidade, considerada em sentido amplo; já o direito penal se importa com a periculosidade na pesquisa etiológica do crime.

c) A criminologia clássica atribui o comportamento criminal a fatores biológicos, psicológicos e sociais como determinantes desse comportamento, com paradigma etiológico na análise causal-explicativa do delito.

d) Entre os modelos teóricos explicativos da criminologia, o conceito definitorial de delito afirma que, segundo a teoria do labeling approach, o delito carece de consistência material, sendo um processo de reação social, arbitrário e discriminatório de seleção do comportamento desviado.

e) O modelo teórico de opção racional estuda a conduta criminosa a partir das causas que impulsionaram a decisão delitiva, com ênfase na observância da relevância causal etiológica do delito.

Gabarito: D

(MPDFT - 2015 - MPDFT - Promotor de Justiça Adjunto - Adaptado) Julgue o item a seguir: A teoria do etiquetamento, que teve em Howard Becker um de seus mentores, ocupou-se de indagar o porquê de certas pessoas serem tratadas como criminosas e de questionar os critérios de seleção das instâncias de controle social, dando primazia à investigação sobre os motivos que levam o delinquente a praticar o crime, bem como à retribuição proporcional como fundamento da pena.

Gabarito: Errado

Tanto o crime quanto a reação social, expressões interdependentes, são manifestações de processos de interação social, seletivos e discriminatórios. Ressalte-se, ainda, que o *status* social de delinquente pressupõe a atuação das instâncias oficiais de controle social.

Assim, a **etiqueta ou rótulo social** de delinquente produzida pela **criminalização primária** (primeira prática delitiva) sujeita o condenado à uma reação social, dando ensejo a um **processo de estigmatização** com sua consequente marginalização nos meios sociais (família, trabalho, escola etc.).

▸ Como esse assunto foi cobrado em concurso?

(NC-UFPR - 2014 - DPE-PR - Defensor Público) Em relação às distintas teorias criminológicas, a ideia de que o "desviante" é, na verdade, alguém a quem o rótulo social de criminoso foi aplicado com sucesso foi desenvolvida pela Teoria:

a) da anomia.

b) da associação diferencial.

c) da subcultura delinquente.

d) da ecologia criminal.

e) da reação social ou Labelling Approach.

Gabarito: E

Com isso, há a aproximação dos diversos indivíduos rotulados como delinquentes e gera-se a expectativa social de que a conduta desviante torne a ser praticada, fazendo com que o próprio indivíduo assim rotulado também se conceba como tal, perpetuando o comportamento criminoso, de modo a resultar na chamada **criminalização secundária** (reincidência). Evidencia-se, assim, o caráter criminógeno do cárcere (**função reprodutora da prisão**).

Desta feita, deslocando o foco do fenômeno delitivo para a reação social, busca a teoria compreender os **processos de criminalização**

(e estigmatização) a partir dos comportamentos definidos como crime, da seletividade penal e dos meios de reação social ao delito.

▸ **Como esse assunto foi cobrado em concurso?**

(FCC – 2017 – DPE-PR – Defensor Público) A criminologia da reação social:

a) concentra seus estudos nos processos de criminalização.

b) corresponde a uma teoria do consenso.

c) explica o comportamento criminoso como fruto de um aprendizado.

d) identificou as subculturas delinquentes.

e) explica a existência do homem criminoso pelo atavismo.

Gabarito: A

(VUNESP – 2014 – PC-SP – Perito Criminal) A Teoria do labelling approach, a qual explica que a criminalidade não é uma qualidade da conduta humana, mas a consequência de um processo em que se atribui tal estigmatização, também é denominada teoria:

a) da desorganização social.

b) da rotulação ou do etiquetamento.

c) da neutralização.

d) da identificação diferencial.

e) da anomia.

Gabarito: B

Paulo Sumariva (2017, p. 76) indica como consequências jurídicas dessa teoria, evidenciadas a partir da Reforma Penal de 1984, que alterou a Parte Geral do Código Penal, a progressão dos regimes de penas e as penas alternativas, numa tendência garantista de não intervenção ou de Direito Penal Mínimo.

▸ **Como esse assunto foi cobrado em concurso?**

(VUNESP – 2014 – PC-SP– Médico Legista) A Reforma Penal de 1984, que alterou integralmente a Parte Geral do Código Penal e editou a Lei de Execução Penal, especialmente em dispositivos como o cumprimento progressivo da pena privativa de liberdade, bem como a Lei nº 9.714/98, que reformulou o sistema de penas alternativas, são exemplos concretos da aplicação da teoria sociológica da criminalidade conhecida como:

a) justiça restaurativa.

b) gradient tendency.

c) labbelling approach.

d) teoria da anomia.

e) terceira escola.

Gabarito: C

(PGR - 2013 - PGR - Procurador da República - Adaptado) Julgue o item a seguir: Para a teoria do etiquetamento ou teoria do labelling approach, bastante utilizada nos estudos criminológicos contemporâneos, considera-se que as agências ou instâncias formais de controle não têm qualquer influência na perpetração do crime, decorrendo este de fatores ou falhas das agências ou instâncias informais de controle.

Gabarito: Errado

(PC-SP - 2012 - PC-SP - Delegado de Polícia) Assinale a alternativa incorreta. A Teoria do Etiquetamento:

a) é considerada um dos marcos das teorias de consenso.

b) é conhecida como Teoria do Labelling Aproach.

c) tem como um de seus expoentes Ervinh Goffman.

d) tem como um de seus expoentes Howard Becker.

e) surgiu nos Estados Unidos.

Gabarito: A

TEORIA DA ROTULAÇÃO SOCIAL, DO ETIQUETAMENTO, DA REAÇÃO SOCIAL, DO INTERACIONISMO SIMBÓLICO OU *LABELLING APPROACH*

- Defensores: Erving Goffman, Edwin Lemert e Howard Becker.
- Criminalidade: Resultado de um *processo social de interação, seletivo e discriminatório*, que atribui a qualidade de conduta desviada a determinado comportamento e etiqueta seu autor como delinquente no interesse de um sistema social.
- Deslocando o foco do fenômeno delitivo para a reação social, buscando compreender os *processos de criminalização* e *estigmatização*.

6. TEORIA CRÍTICA, RADICAL, MARXISTA OU NOVA CRIMINOLOGIA

Essa teoria surge na década de 1970, na Inglaterra, na Itália e nos Estados Unidos, compreendendo o delito, a partir de uma **perspectiva marxista**, como um fenômeno decorrente do **sistema de produção capitalista**, cuja definição atende aos **interesses da classe social dominante**.

Na Inglaterra, nasce em torno da *National Deviance* Conference, tendo como marco a obra *The New Criminology: for a social theory of deviance* (1973) e a coletânea *Critical Criminology* (1975), de **Ian Taylor**, **Paul Walton** e **Jock Young**.

Por sua vez, a criminologia crítica italiana tem como principal expoente a figura de **Alessandro Baratta**, que, juntamente com professores da Universidade de Bologna, como **Franco Bricola**, funda, em 1975, a revista *La Questione Criminale*. Em 1882, o autor publica a obra *Criminologia Crítica e Crítica ao Direito Penal. Introdução à Sociologia Jurídico-Penal.*

Já nos Estados Unidos, desenvolve-se a partir da escola criminológica de Berkley, com **Paul Takagi**, **Herman e Julia Schwendinger**, **Richard Quinney**, **William J. Chambliss** e **Tony Platt**, com a criação da organização *Union of Radical Criminologists* e sua revista *Crime and Social Justice*.

A criminologia crítica também teve grande influência na América Latina, destacando-se as contribuições de **Lola Aniyar**, **Rosa del Omo** e **Zaffaroni**.

Como **origem mediata**, pode-se citar o livro *Punishment and Social Structure* (*Punição e Estrutura Social*, 1939) de **George Rusche** e **Otto Kirchheimer**, que relaciona o nascimento da prisão ao surgimento do capitalismo mercantil, considerando-a uma forma específica de punição burguesa, ante a necessidade de disciplina da mão-de-obra em benefício dos interesses econômicos. Assim, baseia sua análise na ideia de que as condições de vida no cárcere devem ser inferiores às das categorias mais baixas dos trabalhadores livres (*less eligibility*), de modo a constranger ao trabalho e garantir os efeitos dissuasivos da pena.

▸ **Como esse assunto foi cobrado em concurso?**

(FCC - 2017 - DPE-PR - Defensor Público) As condições de vida no cárcere devem ser necessariamente piores do que as condições de vida dos trabalhadores livres. O princípio correspondente à assertiva acima é:

a) profecia autorrealizável.

b) mark system.

c) panoptismo.

d) cifra negra.

e) *less eligibility*.

Gabarito: E

(FCC – 2016 – DPE-ES – Defensor Público) Na história da administração penal, várias épocas podem ser destacadas, durante as quais vigoraram sistemas de punição completamente diferentes. Indenização (penance) e fiança foram os métodos de punição preferidos na Idade Média. Eles foram sendo gradativamente substituídos por um duro sistema de punição corporal e capital que, por sua vez, abriu caminho para o aprisionamento, em torno do século XVII. (RUSCHE, Georg; KIRCHHEIMER, Otto. Punição e estrutura social. 2.ed. Rio de Janeiro: Revan, 2004, p. 23) De acordo com o clássico trabalho de Rusche e de Kirchheimer de 1939, é correto afirmar:

a) A pena de prisão foi tida pelos autores como uma forma positiva de adaptação dos trabalhadores ao sistema produtivo, trazendo a ressocialização ao centro do sistema punitivo.

b) O surgimento da prisão como forma hegemônica de punição da modernidade foi uma conquista iluminista de humanização das penas frente à barbárie da Idade Média.

c) Os autores podem ser classificados como membros da Escola de Chicago, dominante no período de publicação da obra.

d) As relações entre mercado de trabalho, sistema punitivo e cárcere são próprios da criminologia crítica, que surgiu na década de 1960 e foi a principal escola de oposição a Rusche e Kirchheimer.

e) A pena de prisão é relacionada ao surgimento do capitalismo mercantil, com a consequente necessidade de disciplina da mão de obra para beneficiar interesses econômicos.

Gabarito: E

À luz dessa interpretação, nega o livre-arbítrio do indivíduo na prática delituosa, pelo fato de o mesmo se encontrar sujeito a um sistema de produção, e considera a criminalidade um problema insolúvel na sociedade capitalista.

Essa corrente parte da premissa de que a divisão de classes no sistema capitalista gera desigualdades e violência, apresentando a norma penal a finalidade de estabelecer um sistema de controle social e, com isso, assegurar uma estabilidade provisória por meio da contenção de confrontações violentas entre os grupamentos sociais.

Com base nessa ideia, visa à redução das desigualdades sociais e sustenta uma mudança de paradigma da criminalização, com uma intervenção mínima em relação às infrações das classes sociais menos favorecidas e uma ampliação da responsabilização das classes dominantes, como por exemplo, em relação a crimes do colarinho branco, abuso de poder, crime organizado, crimes contra a ordem tributária e o sistema financeiro (LIMA JÚNIOR, 2017, p. 124).

Em uma ruptura metodológica e epistemológica com a criminologia tradicional, essa teoria **abandona o paradigma etiológico-determinista** e busca analisar a própria definição do objeto e do papel de investigação criminológica, sendo, por tal razão, considerada uma **criminologia da criminologia** (CALHAU, 2009, p. 87).

Esse questionamento deu azo a três tendências da criminologia: o abolicionismo criminal, o minimalismo penal e o neorrealismo.

▸ Como esse assunto foi cobrado em concurso?

(PGR - 2013 - PGR - Procurador da República - Adaptado) Julgue o item a seguir: Para a teoria crítica, não há uma causa ontológica do crime, decorrendo o status de criminoso de um atributo imposto pelas classes dominantes com o objetivo de subjugar indivíduos integrantes dos baixos estratos sociais, por intermédio, dentre outros mecanismos opressivos, da manipulação das leis penais por parte dos detentores do poder econômico, o que é característico de um modelo capitalista de sociedade.

Gabarito: Certo

(MPE-SC - 2012 - MPE-SC - Promotor de Justiça - Adaptado). Julgue o item a seguir: III - A Criminologia Crítica, além da consideração de um determinismo econômico, introduz o contexto sociológico, político e cultural para explicar a delinqüência e também o próprio direito penal.

Gabarito: Certo

(MPE-PR - 2011 - MPE-PR - Promotor de Justiça) Examine as afirmações abaixo e após responda: I-A criminologia crítica parte da premissa de que a Criminologia não deve ter por objeto apenas o crime e o criminoso como institucionalizados pelo direito positivo, mas deve questionar também as bases estruturais econômicas e sociais que caracterizam a sociedade na qual vive o autor da infração penal. II-Entende a doutrina que cabe à criminologia crítica questionar os fatos como expressão da decadência dos sistemas sócio-econômicos e políticos. III-Conforme entendimento doutrinário, cabe à criminologia crítica reter como material de interesse para o Direito Penal apenas o que efetivamente mereça punição reclamada pelo consenso social, e denunciando todos os expedientes destinados a incriminar condutas que, apenas por serem contrárias aos poderosos do momento, política ou economicamente, venham a ser transformadas em crimes. IV- Na visão dos doutrinadores da criminologia crítica, o princípio do fim ou da prevenção da pena é questionado a partir do entendimento de que a ressocialização não pode ser obtida numa instituição como a prisão, que sempre seria convertida num microcosmo no qual se reproduzem e agravam as graves contradições existentes no sistema social exterior. V- No entendimento dos doutrinadores da criminologia crítica, o princípio da culpabilidade é questionado a partir da teoria das subculturas, segundo a qual o comportamento humano não representa a expressão de uma atitude interior dirigida contra o valor que tutela a norma penal, pois não existe apenas o sistema de valor oficial, mas uma série de subsistemas de valores decorrentes dos mecanismos de socialização e de aprendizagem dos grupos e do ambiente em que o indivíduo se encontra inserto.

a) todas as afirmativas estão corretas.

b) as afirmativas I, III, IV e V são as únicas corretas.

c) as afirmativas IV e V são as únicas corretas.

d) as afirmativas II e III são incorretas.

e) todas as afirmativas são incorretas.

Gabarito: A

TEORIA CRÍTICA, RADICAL, MARXISTA OU NOVA CRIMINOLOGIA

Defensores: Como origem mediata, George Rusche, Otto Kirchheimer. Na Inglaterra, Ian Taylor, Paul Walton e Jock Young. Nos EUA, Paul Takagi, Herman e Julia Schwendinger, Richard Quinney, William J. Chambliss e Tony Platt. Na Itália, Alessandro Baratta, Franco Bricola. Na América Latina, Lola Aniyar, Rosa del Omo e Zaffaroni.

Sob uma perspectiva marxista, compreende o delito como produto do *sistema de produção capitalista*, cuja definição atende aos *interesses da classe social dominante.*

Abandono do paradigma etiológico-determinista.

7. TEORIA DO DELITO COMO ELEIÇÃO

Trata-se de teoria perfilhada pela **Escola Clássica** do **século XVIII**, a qual sustenta o **livre-arbítrio** do indivíduo em relação à prática delituosa. Em outros termos, defende sua liberdade quanto à decisão de infringir ou não a determinação legal. Todavia, não busca estudar as causas do comportamento criminoso, faltando-lhe uma preocupação etiológica (LIMA JÚNIOR, 2017, p. 127).

Ademais, atribui uma **finalidade preventiva** à pena, a qual deve exercer um **efeito dissuasório** sobre as pessoas, de modo a fazer com que as mesmas, sob a coação psicológica da aplicação de uma sanção penal, se desestimulem a praticar o delito.

TEORIA DO DELITO COMO ELEIÇÃO

- **Defensores**: Escola Clássica (século XVIII).
- Conduta criminosa resulta do *livre-arbítrio* do indivíduo.
- Pena: Finalidade retribucionista e preventiva (efeito dissuasório).

8. TEORIA DAS PREDISPOSIÇÕES AGRESSIVAS

Trata-se de teoria defendida pela **Escola Positiva**, cujo principal expoente foi **Cesare Lombroso**, a qual, baseada no **positivismo antropológico**, **nega o livre-arbítrio** do indivíduo e sustenta o **determinismo biológico** e a figura do **criminoso nato**, atribuindo ao **atavismo** a etiologia do delito.

TEORIA DAS PREDISPOSIÇÕES AGRESSIVAS

- **Defensores**: Escola Positiva.
- Baseada no *positivismo antropológico*, *nega o livre-arbítrio* do indivíduo e sustenta o *determinismo biológico* e a figura do *criminoso nato*, atribuindo ao *atavismo* a etiologia do delito.

9. TEORIA BEHAVIORISTA OU DO COMPORTAMENTALISMO

A teoria behaviorista surgiu nos EUA, no início do século XX, sob a influência do pensamento de Descartes, Pavlov, Loeb e Comte, sendo defendida pelo psicólogo estadunidense **John Broadus Watson** (1878-1958), autor do artigo *Psicologia: como os behavioristas a veem* (1913) e da obra *Behavior* (1914).

O behaviorismo estuda os **comportamentos** de forma **funcional e reacional**, isto é, em termos de **estímulo e resposta**, com a finalidade de prevê-lo e controlá-lo (LIMA JÚNIOR, 2017, p. 128).

A palavra behaviorismo, de origem inglesa (*behaviorism*), significa comportamento ou conduta.

Trata-se, assim, de uma ciência do comportamento, de natureza objetiva e empírica, que parte da observação de atos de conduta e de sua descrição com base em estímulos e respostas.

O autor, considerando que o ser humano e os animais se adaptam ao meio ambiente pelo hábito e por fatores hereditários e que alguns estímulos fazem com que os organismos apresentem respostas, sustenta que, conhecendo-se a resposta, pode-se prever o estímulo e, com isso, controlar o comportamento.

Sob a perspectiva da criminologia, essa teoria procura modificar a conduta do criminoso por meio de reforços positivos. Manifesta-se, ainda, na fase da execução penal, por meio do esquema de recompensas e punições.

Paulo Sumariva (2017, p. 200) aponta, ainda, o **behaviorismo radical**, defendido pelo psicólogo americano **Burrhus Frederic Skinner** (1904-1990), que teve grande popularidade nos Estados Unidos e no Brasil. Embora influenciado por Watson, do qual herdou a ideia do comportamento, dele diferiu na medida em que defendeu ser o meio ambiente o responsável pela conduta humana, sustentando que mudando o ambiente seria possível modificar o indivíduo.

TEORIA BEHAVIORISTA OU DO COMPORTAMENTALISMO

- **Defensores**: John Broadus Watson, Burrhus Frederic Skinner.
- Estuda os *comportamentos* de forma *funcional e reacional*, isto é, em termos de *estímulo e resposta*, com a finalidade de prevê-lo e controlá-lo .
- Em sua vertente radical (Skinner), sustenta-se que o meio ambiente é o responsável pela conduta humana, podendo-se modificar o indivíduo a partir da mudança do meio ambiente.

10. TEORIA DOS INSTINTOS

Trata-se da **teoria freudiana do delito por sentimento de culpa**, a qual defende que os instintos delituosos, embora reprimidos pelo superego, não são destruídos, permanecendo latentes no inconsciente, onde são acompanhados por um sentimento de culpa e uma tendência a confessar. Assim, com a prática do comportamento delituoso, o sujeito supera o sentimento de culpa e realiza sua tendência à confissão (SUMARIVA, 2017, p. 79).

TEORIA DOS INSTINTOS

- **Defensor**: Sigmund Freud.
- Delito por sentimento de culpa.

Parte III

VITIMOLOGIA

Capítulo I

Origem, Conceito e Relevância

O **conceito de vítima** propugnado pela vitimologia alcança toda pessoa, física ou jurídica, ou ente coletivo prejudicado por uma conduta humana que constitua infração penal, adotando-se como paradigma o conceito criminológico de crime.

Apresenta, portanto, uma conotação mais ampla que a adotada pelo Direito Penal, para o qual vítima se confunde com o sujeito passivo da infração criminal. Segundo Guilherme de Souza Nucci (2017, p. 390), sujeito passivo é o titular do bem jurídico tutelado pelo tipo penal incriminador, dividindo-se em: a) **sujeito passivo formal ou constante**: é o Estado, titular do interesse jurídico de punir resultante da prática da infração penal; b) **sujeito passivo material ou eventual**: é o titular do bem jurídico ameaçado ou violado.

CONCEITO DE VÍTIMA	
DIREITO PENAL	VITIMOLOGIA
Confunde-se com o sujeito passivo da infração penal, que é o titular do bem jurídico tutelado pelo tipo penal incriminador.	Toda pessoa, física ou jurídica, ou ente coletivo prejudicado por uma conduta humana que constitua infração penal.

Sob a ótica da vitimologia, cabe trazer à colação o conceito de vítima apresentando por Paulo Sumariva (2017, p. 108), para quem "vítima é a pessoa que sofre danos de ordem física, mental e econômica, bem como a que perde direitos fundamentais, através de atos ou omissões que consistem em violação a normas penais, incluindo aquelas que prescrevem abuso de poder".

Ressalte-se, ainda, que a Declaração dos Princípios Fundamentais de Justiça Relativos às Vítimas da Criminalidade e de Abuso de Poder da Organização das Nações Unidas (ONU), de 29 de novembro de 1985, nos itens 1 e 2 de seu anexo, apresenta a definição de vítimas da criminalidade, a saber:

> *1. Entendem-se por "vítimas" as pessoas que, individual ou coletivamente, tenham sofrido um prejuízo, nomeadamente um atentado à sua integridade física ou mental, um sofrimento de ordem moral, uma perda material, ou um grave atentado aos seus direitos fundamentais, como consequência de atos ou de omissões violadores das leis penais em vigor num Estado membro, incluindo as que proíbem o abuso de poder.*
>
> *2. Uma pessoa pode ser considerada como "vítima", no quadro da presente Declaração, quer o autor seja ou não identificado, preso, processado ou declarado culpado, e quaisquer que sejam os laços de parentesco deste com a vítima. O termo "vítima" inclui também, conforme o caso, a família próxima ou as pessoas a cargo da vítima direta e as pessoas que tenham sofrido um prejuízo ao intervirem para prestar assistência às vítimas em situação de carência ou para impedir a vitimização.*

A doutrina atribui a autoria dos primeiros trabalhos sobre vítimas a **Hans Gross** (1901). Todavia, a gênese da vitimologia se deu após o fim da Segunda Guerra Mundial, a partir dos estudos de **Benjamin Mendelsohn**, tendo-se como marco histórico a conferência *Um horizonte novo na ciência biopsicossocial: a vitimologia* (1947) na Universidade de Bucareste, e de **Hans Von Henting**, com a publicação da obra *O criminoso e sua vítima* (1948).

▸ Como esse assunto foi cobrado em concurso?

(VUNESP – 2014 – PC-SP – Fotógrafo Técnico-Pericial) "Os primeiros estudos sobre a vitimologia datam de 1901, tendo como, estudioso do assunto,

a) Hans Gross.

b) Enrico Ferri.

c) Francesco Carrara.

d) Adolphe Quetelet.

e) Cesare Bonesana".

Gabarito: A

(VUNESP – 2014 – PC-SP – Atendente de Necrotério Policial) "Assinale a alternativa que contém os nomes dos precursores da vitimologia do século XX:

a) Hans von Hentig e Benjamin Mendelsohn.

b) Cesare Bonesana e Raffaele Garofalo.

c) Émile Durkheim e Cesare Lombroso.

d) Francesco Carrara e Enrico Ferri.

e) Michel Foucault e John Locke".

Gabarito: A

No ano de 1973, sob a presidência de **Israel Drapkin**, foi realizado o **1º Simpósio Internacional de Vitimologia** (SHECAIRA, 2017, p. 53).

▸ **Como esse assunto foi cobrado em concurso?**

(VUNESP – 2014 – PC-SP – Fotógrafo Técnico-Pericial) "Em 1973, houve o 1.º Simpósio Internacional de Vitimologia, em Jerusalém/Israel, sob a supervisão do famoso criminólogo chileno____________ . Os estudos impulsionaram a atenção comportamental, buscando traçarem perfis de vítimas potenciais, com a interação do direito penal, da psicologia e da psiquiatria. A alternativa que completa corretamente a lacuna é:

a) Osvaldo Loro;

b) Diego Ventura;

c) Cláudio Mensura;

d) Israel Drapkin;

e) Ibrain Neto".

Gabarito: D

No Brasil, tem-se como precursor do estudo **Edgard de Moura Bittencourt**, com a obra intitulada *Vítima* (1971).

Benjamin Mendelsohn, considerado o pai da vitimologia, define-a como a "ciência que se ocupa da vítima e da vitimização, cujo objeto é a existência de menos vítimas na sociedade, quando esta tiver real interesse nisso" (MENDELSOHN apud PENTEADO FILHO, 2012, p. 84).

Nas palavras de Eduardo Viana (2017, p. 102), "compete à Vitimologia o estudo científico das vítimas do delito". Por sua vez, Paulo Sumariva (2017, p. 106) conceitua vitimologia como a "disciplina que estuda a vítima enquanto sujeito passivo do crime, sua participação no evento delitivo e os fatores de vulnerabilidade e vitimização, no fenômeno da criminalidade".

Em síntese, a **relevância do estudo da vitimologia** se dá por:

a) examinar o papel da vítima no processo criminal moderno;

b) a partir da análise da relação da vítima com o autor do fato, permite constatar a existência de conduta dolosa ou culposa do agente, bem como verificar o grau de responsabilidade ou contribuição da vítima, ainda que involuntária e inconscientemente, para a prática da infração penal, repercutindo na adequação típica e na aplicação da sanção penal;

c) contribuir para a compreensão do fenômeno criminal, permitindo seu enfrentamento a partir da observação da vítima e dos danos produzidos;

d) verificar a necessidade de assistência jurídica, moral, psicológica e terapêutica da vítima;

e) preocupar-se com a reparação do dano ou, até mesmo, a indenização da vítima;

f) permitir estudar a criminalidade real, a partir de informes de vítimas de delitos não conhecidos pelos órgãos oficiais (cifra negra).

Deve-se atentar para a advertência feita por Shecaira (2017, p. 52) de que, muitas vezes, manipuladas, as vítimas passam a desempenhar uma perversa interlocução punitiva, típica do movimento da Lei e da Ordem, dando ensejo ao advento de leis penais mais severas como medidas supostamente compensatórias.

Como esse assunto foi cobrado em concurso?

(MPE-SC - 2016 - MP-SC - Promotor de Justiça) Considerou correta a seguinte assertiva "Enquanto a criminologia pode ser identificada como a ciência que se dedica ao estudo do crime, do criminoso e dos fatores da criminalidade, a vitimologia tem por objeto o estudo da vítima e de suas peculiaridades, sendo considerada por alguns autores como ciência autônoma".

(VUNESP - 2013 - PC-SP - Escrivão de Polícia) "Assinale a alternativa correta, a respeito da Vitimologia.

a) O comportamento da vítima em nada contribui para a ocorrência do crime contra si praticado.

b) A Vitimologia estuda o papel da vítima no episódio danoso, o modo pelo qual participa, bem como sua contribuição na ocorrência do delito.

c) A Vitimologia nasceu como ramo das ciências jurídicas, por conta das observações feitas pelos estudiosos a respeito do comportamento da vítima perante o ordenamento jurídico em vigor.

d) A Vitimologia surgiu, como ramo da Criminologia, em 1876, por meio da obra "O Homem Delinquente", de Cesare Lombroso.

e) O comportamento da vítima sempre contribui para a ocorrência do crime contra si praticado".

Gabarito: B

Capítulo II

Evolução Histórica do Papel da Vítima no Direito Penal

A valoração conferida à vítima pelo Direito Penal variou ao longo da história da civilização ocidental, vislumbrando-se três fases distintas: período da vingança privada, período da vingança pública e período humanista.

1. PERÍODO DA VINGANÇA PRIVADA, DE PROTAGONISMO DA VÍTIMA OU IDADE DO OURO DA VÍTIMA

Na primeira fase da vingança privada, período que se desdobrou desde a Antiguidade até o final da Alta Idade Média, conhecido como "idade do ouro", vislumbrava-se uma conotação individualista, vivenciando-se o protagonismo da vítima, que era detentora do direito de punir (autotutela), consoante o princípio de talião.

Nesse período, a própria vítima era responsável por promover a reparação do dano e punir o autor do fato, ostentando a resposta ao crime caráter vingativo e punitivo.

2. PERÍODO DA VINGANÇA PÚBLICA OU DE NEUTRALIZAÇÃO DO PODER DA VÍTIMA

No período conhecido como Baixa Idade Média (século XII), diante da crise do sistema feudal, do advento do monopólio estatal do direito de punir e da adoção do procedimento inquisitivo, o direito penal assume um caráter publicístico, de modo que há uma neutralização do poder da vítima, a qual tem sua importância reduzida no conflito criminal, face à sua substituição pela pessoa do soberano, sendo relegada a um papel coadjuvante no sistema.

Nessa fase, a resposta penal, dotada de imparcialidade, assume a finalidade de prevenção geral, prestando-se à tutela da ordem coletiva e não propriamente da vítima.

3. PERÍODO HUMANISTA OU DE REVALORIZAÇÃO DO PAPEL DA VÍTIMA

Desde a Escola Clássica, passou-se a perceber a importância da revalorização do papel da vítima no Direito Penal. Todavia, a questão somente passou a ter um contorno sistemático a partir do momento em que passou a ser abordada pela Criminologia.

Com efeito, a partir da década de 1950, diante do sofrimento imposto aos grupos vulneráveis (judeus, ciganos, homossexuais etc.) pelo movimento nazifascista durante a Segunda Guerra Mundial, verificou-se um redescobrimento do papel da vítima, sendo sua importância retomada com uma visão mais humanitária por parte do Estado, voltada à tutela de seus direitos e garantias, destacando-se a criação das Nações Unidas e da Declaração Universal dos Direitos do Homem.

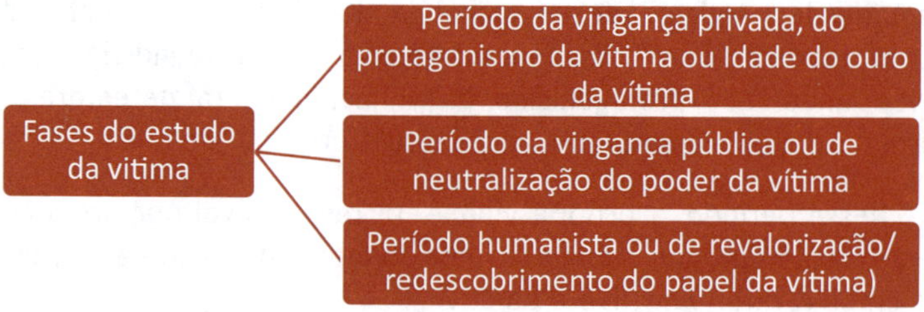

Capítulo III

Classificação das Vítimas

A doutrina aponta como principal classificação acerca das vítimas a categorização desenvolvida por **Benjamin Mendelsohn**, com base na existência de participação ou provocação da vítima (PENTEADO FILHO, 2014, p. 85):

a) **Vítimas ideais**: Tratam-se das vítimas completamente inocentes, que não apresentam participação ou sua participação é insignificante na produção do resultado;

b) **Vítimas menos culpadas que os criminosos**: Consistem nas vítimas *ex ignorantia*, que, por negligência, colaboram para a ocorrência do crime;

c) **Vítimas tão culpadas quanto os criminosos**: Tratam-se de vítimas cuja participação é essencial para a prática do crime. Exemplo: torpeza bilateral no crime de estelionato, dupla suicida, aborto consentido, rixa, eutanásia, etc.;

d) **Vítimas mais culpadas que os criminosos**: Tratam-se das vítimas provocadoras que dão causa à infração penal;

e) **Vítimas como únicas culpadas**: Tratam-se das vítimas agressoras, simuladas ou imaginárias.

Sintetizando a classificação das vítimas proposta, o autor as sumariza em três grupos, quais sejam:

a) **Vítimas inocentes ou ideais**: Consistem nas vítimas cujo comportamento não concorre para a prática da infração penal;

b) **Vítimas provocadoras**: Tratam-se das vítimas, que, voluntária ou imprudentemente, incitam ou colaboram para a ação delituosa; e

c) **Vítimas agressoras, simuladoras ou imaginárias**: Também denominadas de pseudovítimas, consistem nas vítimas supostas, as quais, acreditando ser vítimas de uma ação criminosa, praticam conduta que justifica a legítima defesa da pessoa que as agride.

▸ **Como esse assunto foi cobrado em concurso?**

(VUNESP - 2014 - PC-SP - Delegado de Polícia) "Um dos primeiros autores a classificar as vítimas de um crime foi Benjamin Mendelsohn, que levou em conta a participação das vítimas no delito. Segundo esse autor, as vítimas classificam-se em ________; vítimas menos culpadas que os criminosos; ________; vítimas mais culpadas que os criminosos e ________. Assinale a alternativa que preenche, correta e respectivamente, as lacunas do texto.

a) vítimas inocentes ... vítimas inimputáveis ... vítimas culpadas;

b) vítimas primárias ... vítimas secundárias ... vítimas terciárias;

c) vítimas ideais ... vítimas tão culpadas quanto os criminosos ... vítimas como únicas culpadas;

d) vítimas tão participativas quanto os criminosos ... vítimas passivas ... vítimas colaborativas quanto aos criminosos;

e) vítimas passivas em relação ao criminoso ... vítimas prestativas ... vítimas ativas em relação aos criminosos".

Gabarito: C

Por sua vez, **Hans von Hentig** elaborou a seguinte classificação:

1º grupo - criminoso - vítima - criminoso, de forma sucessiva: O criminoso, diante da hostilização sofrida no sistema penitenciário e da repulsa social que encontra fora do cárcere, torna a delinquir, tornando-se reincidente;

2º grupo - criminoso - vítima - criminoso, de forma simultânea: É exemplificado pelo caso do usuário de drogas que se torna traficante;

3º grupo - criminoso - vítima, de forma imprevisível: Aponta-se como exemplo a hipótese de linchamento do criminoso por populares.

Por derradeiro, impende destacar a classificação geral apresentada por Paulo Sumariva (2017, p. 109):

a) **Vítima nata**: Trata-se do indivíduo que tem predisposição e age, consciente ou inconscientemente, para se tornar vítima de crimes;

b) **Vítima potencial**: Corresponde ao indivíduo que, por meio de seu comportamento, temperamento ou estilo de vida, atrai o criminoso e facilita a prática da infração penal, sendo, com frequência, vítima dos mesmos delitos;

c) **Vítima eventual ou real**: Refere-se ao indivíduo que em nada contribui para a ocorrência da infração penal;

d) **Vítima falsa ou simuladora**: Consiste na pessoa que, consciente de que não foi vítima de delito algum, por vingança ou interesse pessoal, imputa a alguém a prática de um crime contra si;

e) **Vítima voluntária**: É a vítima que consente e participa da prática criminosa. Exemplo: roleta russa;

f) **Vítima acidental**: Refere-se à pessoa que, por vezes, em razão de negligência ou imprudência, pratica conduta em seu próprio detrimento.

▸ Como esse assunto foi cobrado em concurso?

(VUNESP - 2014 - PC-SP - Atendente de Necrotério Policial) "Do ponto de vista vitimológico, vítima falsa é:

a) consente com a prática do delito.

b) tolera a lesão sofrida pelo temor de perseguição por seu algoz.

c) se autovitimiza com o fim de obter benefícios para si.

d) detém predisposição permanente e inconsciente para se tornar vítima.

e) deixa de comunicar o crime sofrido às autoridades competentes".

Gabarito: C

(VUNESP - 2014 - PC-SP - Atendente de Necrotério Policial) "Buscam incansavelmente a reparação judicial pelos danos sofridos ou a punição dos autores, comunicando o fato criminoso às autoridades públicas. Trata-se de vítimas:

a) incansáveis.

b) desatentas.

c) conscientes.

d) persistentes.

e) atuantes.

Gabarito: E

Benjamin Mendelsohn	Hans von Hentig	Geral
• Vítimas inocentes (ideais) • Vítimas menos culpadas que os criminosos • Vítimas tão culpadas quanto os criminosos • Vítimas mais culpadas que os criminosos (provocadoras) • Vítimas como únicas culpadas (agressoras, simuladoras ou imaginárias)	• 1º grupo – criminoso – vítima – criminoso, de forma sucessiva • 2º grupo – criminoso – vítima – criminoso, de forma simultânea • 3º grupo – criminoso – vítima, de forma imprevisível	• Vítima nata • Vítima potencial • Vítima eventual ou real • Vítima falsa ou simuladora • Vítima voluntária • Vítima acidental

Ressalte-se que a importância dessas classificações está relacionada à **vítimo-dogmática**, que, nas palavras de Sumariva (2017, p. 112), consiste no estudo, baseado na autorresponsabilidade, da contribuição da vítima para a ocorrência da infração penal, a qual pode acarretar a atenuação da sanção penal ou, até mesmo, a isenção de responsabilidade do autor do fato.

Capítulo IV

Processos de Vitimização

Nas palavras de Edmundo de Oliveira (2001, p. 103-104), processo de vitimização (*iter victimae*) é o "conjunto de etapas que se operam cronologicamente no desenvolvimento da vitimização".

Não bastasse o prejuízo oriundo do crime, relacionado à **vitimização primária**, muitas vezes, a vítima também é tratada com desconfiança ou descaso pelas agências de controle estatal da criminalidade e tem sua intimidade exposta no curso do processo (*strepitus judicii*), sofrendo danos psíquicos, físicos, sociais e econômicos como consequência da reação formal e informal do fato, ao que se dá o nome de **sobrevitimização, revitimização ou vitimização secundária**. Tal fato contribui para que as vítimas deixem de noticiar os crimes às autoridades responsáveis, incrementando a **cifra oculta**. Por fim, verifica-se, ainda, a estigmatização e abandono pelo Estado e pelo próprio grupo social.

Considerando tal quadro, a doutrina predominante sistematiza o processo de vitimização em três segmentos, as quais podem assim ser sintetizadas:

1. **Vitimização primária**: Refere-se aos danos materiais, físicos e psicológicos causados diretamente pela prática do delito;

2. **Vitimização secundária, revitimização ou sobrevitimização**: Corresponde ao sofrimento adicional sofrido pela vítima, decorrente do tratamento a ela conferido pelas instituições formais (polícia, ministério público, judiciário etc.) e informais (mídia, meio social em que se insere etc.) de controle social. Como consequência, tem-se a perda de credibilidade da vítima nas instâncias formais de controle social, implicando no incremento da cifra negra.

▸ **Como esse assunto foi cobrado em concurso?**

(VUNESP - 2014 - PC-SP - Atendente de Necrotério Policial) "A sobrevitimização, ou revitimização, também é conhecida na doutrina por vitimização:

a) secundária.

b) primária.

c) quaternária.

d) quintenária.

e) terciária".

Gabarito: A

(VUNESP - 2014 - PC-SP - Perito Criminal) "Entende-se por vitimização secundária ou sobrevitimização aquela:

a) provocada pelo cometimento do crime e pela conduta violadora dos direitos da vítima, proporcionando danos materiais e morais, por ocasião do delito.

b) que não concorreu, de forma alguma, para a ocorrência do crime.

c) que, de modo voluntário ou imprudente, colabora com o ânimo criminoso do agente.

d) que ocorre no meio social em que vive a vítima e é causada pela família, por grupo de amigos etc.

e) causada pelos órgãos formais de controle social, ao longo do processo de registro e apuração do delito, mediante o sofrimento adicional gerado pelo funcionamento do sistema de persecução criminal.

Gabarito: E

(VUNESP - 2015 - PC-PE - Delegado de Polícia) "Quando a vítima, em decorrência do crime sofrido, não encontra amparo adequado por parte dos órgãos oficiais do Estado, durante o processo de registro e apuração do crime, como, por exemplo, o mau atendimento por um policial, levando a vítima a se sentir como um "objeto" do direito e não como sujeito de direitos, caracteriza:

a) vitimização estatal ou oficial.

b) vitimização secundária.

c) vitimização terciária.

d) vitimização quaternária.

e) vitimização primária".

Gabarito: B

3. **Vitimização terciária**: Resulta da humilhação e da falta de amparo à vítima, tanto pelo Estado, quanto pelos familiares e grupo social a que pertence. Esse aspecto está presente

sobretudo em crimes contra a dignidade sexual, em que a discriminação e a vergonha fazem, por vezes, que a vítima deixe de levar o fato ao conhecimento das autoridades públicas.

Como esse assunto foi cobrado em concurso?

(VUNESP - 2013 - PC-SP - Investigador de Polícia) "Entende(m)-se por vitimização terciária:

a) os danos materiais e morais diretamente causados pelo delito, em face da vítima.

b) a conduta de terceiros ou de eventos oriundos da natureza.

c) o aborrecimento e o temor causados pela necessidade de comparecer aos órgãos encarregados de persecução criminal para o formal registro da ocorrência bem como para a indicação de seu algoz.

d) a discriminação que a vítima recebe de seus familiares, amigos e colegas de trabalho, em forma de segregação e humilhação, por conta do delito por ela sofrido.

e) a sobrevitimização, como o suicídio ou a autolesão".

Gabarito: D

Vitimização primária	• Prejuízo oriundo diretamente do delito.
Vitimização secundária, revitimização ou ou sobrevitimização	• Sofrimentos adicionais advindos no curso do processo decorrentes do tratamento dado pelas instâncias formais e informais de controle social.
Vitimização terciária	• Humilhação e abandono pelo Estado e pelo próprio grupo social.

Em acréscimo à classificação tradicional, Sumariva (2017, p. 107) fala ainda em:

a) **Vitimização indireta**: Trata-se do sofrimento suportado por pessoas relacionadas intimamente à vítima do delito, as quais, embora não sejam lesadas diretamente pela conduta criminosa, partilham de seu sofrimento, haja vista a relação de afeto mantida com a vítima;

b) **Heterovitimização**: Corresponde à "autorecriminação da vítima" pelo crime, por meio da busca de razões que poderiam responsabilizá-la pela prática delituosa. Ex: deixar a porta do automóvel destrancada.

Por fim, trata o autor do processo emocional por ele denominado de **revitimização**, por meio do qual a vítima torna-se novamente vítima. Esse processo divide-se em dois tipos:

a) **Heterovitimização secundária**: É oriunda da relação com outras pessoas ou instituições;

b) **Autovitimização secudária**: Decorre de sentimento de culpa, ainda que inconsciente, pela ocorrência da infração penal.

Observação:

Deve-se atentar que Paulo Sumariva trabalha o termo "revitimização" com significado diverso do adotado pela doutrina majoritária, a qual o concebe como expressão sinônima de vitimização secundária. Nesse sentido, vimos que o termo foi cobrado em concurso público como sinônimo de sobrevitimização ou vitimização secundária.

Capítulo V

Vitimologia e Justiça Criminal

1. PREVENÇÃO VITIMÁRIA DA DELINQUÊNCIA

Determinados grupos de indivíduos, em razão de suas características pessoais, personalidades e profissões, são mais suscetíveis de se tornarem vítimas de delitos.

Nessa senda, Penteado Filho (2016, p. 79) afirma ser certa para a criminologia a existência de **vítimas latentes ou potenciais** ("**potencial de receptividade vitimal**"). Em acréscimo, Antonio García-Pablos de Molina aduz (2013, p. 151) que as estatísticas de risco demonstram que crianças, adolescentes, idosos, marginalizados, estrangeiros etc. pertencem a grupamentos humanos propensos a se converterem em vítimas de delito. Salienta ainda o autor haver situações nas quais o cidadão, legitimamente, porém nem sempre de forma consciente, contribui para a própria vitimização.

Face à constatação desses fatores de vulnerabilidade e da identificação de grupos sociais com maior risco de vitimização, torna-se relevante a instituição de "**programas de prevenção vitimária**" com o escopo de informar e conscientizar tais indivíduos acerca dos riscos assumidos, estimulando a defesa de seus interesses. Para tanto, Molina aponta com estratégia eficaz a realização de campanhas pelos meios de comunicação e a organização de atividades comunitárias.

▸ **Como esse assunto foi cobrado em concurso?**

(**PGR - 2013 - PGR - Procurador da República - Adaptado**) Julgue o item a seguir: Para a moderna vitimologia, nem sempre a vítima possui um papel neutro ou involuntário na dinâmica do fato criminoso, razão pela qual existiriam fatores de predisposição vitimal, podendo-se, através de estudos empíricos, efetuar uma melhor prevenção do crime, não por intermédio da abstenção do infrator, mas por uma mudança de atitude da vítima em potencial.

Gabarito: Certo

2. POLÍTICA SOCIAL E PROGRAMAS ASSISTENCIAIS E DE PROTEÇÃO ÀS VÍTIMAS

Como emanação do princípio da dignidade da pessoa humana, previsto expressamente como um dos fundamentos da República Federativa do Brasil (art. 1º, inc. III, CRFB), deve o Poder Público dar o devido amparo às vítimas, diretas e indiretas, de infrações penais, haja vista sofrerem, além das perdas materiais, danos físicos, psicológicos e morais, a ensejar a necessidade de assistência e, até mesmo, de proteção estatal.

Assim, faz-se mister que as vítimas recebam assessoramento jurídico e atendimento multidisciplinar por assistente social, psicólogo, médico, bem como haja a implementação de políticas públicas em prol das vítimas da criminalidade.

Pode-se citar como exemplo de norma constitucional de caráter assistencial o art. 245 da CRFB, o qual preceitua que: "A lei disporá sobre as hipóteses e condições em que o Poder Público dará assistência aos herdeiros e dependentes carentes de pessoas vitimadas por crime doloso, sem prejuízo da responsabilidade civil do autor do ilícito".

No plano infraconstitucional, deve-se citar a Lei nº 11.340/06 (Lei Maria da Penha), que, em seu Título III, trata da assistência à mulher em situação de violência doméstica e familiar, prevendo medidas integradas de prevenção (art. 8º), a assistência de forma articulada e conforme os princípios e as diretrizes previstos na Lei Orgânica da Assistência Social, no Sistema Único de Saúde, no Sistema Único de Segurança Pública, entre outras normas e políticas públicas de proteção e, quando for o caso, emergencialmente (art. 9º) e normas que regulam o atendimento pela autoridade policial diante da iminência ou da prática de violência doméstica e familiar (art. 10).

Além disso, tem-se a Lei nº 12.845/2013, que dispõe a respeito do "atendimento obrigatório e integral de pessoas em situação de violência sexual".

Por sua vez, como programa de proteção às vítimas, a Lei nº 9.807/1999 estabelece normas para a organização e a manutenção de programas especiais de proteção a vítimas e a testemunhas ameaçadas, instituindo, no âmbito do Ministério da Justiça, com atribuições para a execução da política de direitos humanos, o Programa Federal de Assistência a Vítimas e a Testemunhas Ameaçadas, regulamentado pelo Decreto nº 3.518/2000 (art. 12).

3. PAPEL DA VÍTIMA NA POLÍTICA CRIMINAL E NO CONTROLE SOCIAL FORMAL

Face à revalorização da vítima nas últimas décadas, há de se tomar cautela a fim de se evitar a adoção de um discurso pró-vitima que leve à implementação de uma política criminal punitivista e antigarantista, com a criação de tipos penais excessivamente severos. Esse cuidado afigura-se ainda mais necessário ante à sensação de medo e insegurança, fomentada pela mídia, que paira em nossa sociedade

Saliente-se, ainda, que a participação da vítima e sua colaboração com a investigação criminal é de irrefutável importância para o controle social formal. Para tanto, é necessária a credibilidade dos órgãos estatais, devendo-se evitar a chamada vitimização secundária, que, muitas vezes, ante ao descaso e desinteresse dos agentes do Estado (policiais, delegados de polícia, promotores, defensores públicos, juizes etc.), faz com que a vítima deixe de levar ao conhecimento das autoridades públicas a ocorrência criminal, incrementando a cifra negra.

▸ Como esse assunto foi cobrado em concurso?

(VUNESP - 2014 - PC-SP - Fotógrafo Técnico Pericial) Os estudos vitimológicos permitem estudar a criminalidade real, por meio dos registros efetuados pela própria vítima. A falta desses registros gera a(o) chamada(o):

a) gráfico incompleto.

b) estatística branca.

c) cifra negra.

d) ponto obscuro.

e) incongruência estatística.

Gabarito: C

Por fim, ressalte-se a posição de destaque ostentada pela vítima no sistema processual penal. Na fase pré-processual, pode a vítima requerer a instauração de inquérito policial (art. 5º, II, CPP), prestar declarações (art. 6º, inc. IV, CPP) e requerer diligências (art. 14, CPP).

Dando início à fase processual, pode a vítima oferecer queixa-crime nos crimes de ação penal de iniciativa privada (art. 30, CPP) e, nos crimes de ação penal pública, em caso de inércia do Ministério Público, propor ação penal privada subsidiária da pública. Por sua vez, nos crimes de açao penal pública condicionada à representação do ofendido, cabe à vítima o oferecimento da representação criminal como condição de procedibilidade para a propositura da ação penal pelo Ministério Público (art. 24, CPP). Pode, ainda, a vítima requerer medidas assecuratórias, como o sequestro (art. 127, CPP) e a hipoteca legal (art. 134, CPP), formular quesitos e indicar assistente técnico na realização do exame de corpo de delito (art. 159, § 3º, CPP) e prestar declarações (art. 201, CPP). Assegura-se à vítima, ainda, o direito de intervir no processo como assistente de acusação (art. 268, CPP).

Registrem-se importantes acréscimos trazidos pela Lei nº 11.690/2008, a qual passou a assegurar à vítima, no art. 201 do CPP, os seguintes direitos: a) de ser comunicada dos atos processuais relativos ao ingresso e à saída do acusado da prisão, à designação de data para audiência e à sentença e respectivos acórdãos que a mantenham ou modifiquem (§ 2º); b) de ser comunicada no endereço por ela indicado, admitindo-se opção pelo meio eletrônico (§ 3º); c) espaço reservado antes e durante a audiência (§ 4º); d) encaminhamento a atendimento multidisciplinar, especialmente nas áreas psicossocial, de assistência jurídica e de saúde, a expensas do ofensor ou do Estado (§ 5º); e) preservação da intimidade, vida privada, honra e imagem, podendo, inclusive, ser determinado o segredo de justiça em relação aos dados, depoimentos e outras informações constantes dos autos a seu respeito para evitar sua exposição aos meios de comunicação (§ 6º).

Outra mudança trazida pela mesma lei é a possibilidade de o juiz, ao constatar que a presença do réu poderá ocasionar humilhação, temor, ou sério constrangimento à testemunha ou à vítima, determinar a inquirição por videoconferência, e na impossibilidade desta, determinar que o réu seja retirado (art. 217, CPP).

Se o Ministério Público não apelar no prazo legal, tanto nos crimes de competência do Tribunal do Júri quanto do juiz singular, poderá interpor apelação a vítima, ou em caso de seu óbito ou declaração de ausência, o cônjuge, o ascendente, o descendente ou o irmão (art. 598 c/c art. 31, CPP).

A legislação processual penal também revela preocupação com a reparação dos danos sofridos pela vítima, prevendo o art. 387, inc. IV, do CPP, que o juiz, ao proferir a sentença condenatória, fixará o valor mínimo para reparação dos danos causados pela infração, considerando os prejuízos sofridos pelo ofendido. Por sua vez, o art. 63 do CPP prevê que, após o trânsito em julgado da sentença penal condenatória, pode a vítima, no juízo cível, promover-lhe a execução pelo valor fixado nos termos do inc. IV do *caput* do art. 387 deste Código, sem prejuízo da liquidação para a apuração do dano efetivamente sofrido.

Nesse mesmo sentido, o arrependimento posterior permite a redução da pena em caso de reparação do dano ou restituição da coisa à vítima, nos crimes praticados sem violência ou grave ameaça à pessoa (art. 16, CP).

Por fim, merece destaque a Lei nº 9.099/95, que institui o modelo consensual de justiça criminal, implementando, no âmbito dos Juizados Especiais Criminais (JECRIM), medidas despenalizadoras, tais como a composição civil (nos crimes de ação penal privada e de ação penal pública condicionada à representação) e a transação penal (nos crimes de ação penal pública), de modo a aproximar e permitir o diálogo entre a vítima e o autor, visando à pacificação social do conflito.

Capítulo VI

Síndrome de Estocolmo, Síndrome de Londres e Síndrome da Mulher de Potifar

1. SÍNDROME DE ESTOCOLMO

A **síndrome de Estocolmo**, também conhecida como **Vinculação Afetiva de Terror ou Traumática**, consiste em um estado psicológico particular pelo qual algumas pessoas que são privadas de sua liberdade desenvolvem relações de afinidade/afetividade com seus algozes.

A designação refere-se ao assalto ocorrido em 23 de agosto de 1973 à agência bancária do Kreditbanken na praça de Norrmalmstorg, no centro da capital sueca, em que as vítimas, mantidas como reféns por seis dias, desenvolveram uma identificação com os autores do fato, chegando, inclusive, a defendê-los.

A expressão "Síndrome de Estocolmo" foi concebida pelo criminólogo e psicólogo **Nils Bejerot**, que colaborou com a polícia durante o sequestro

Paulo Sumariva (2017, p. 111) explica que a síndrome se desenvolve a partir de tentativas da vítima de se identificar com o sequestrador ou conquistar sua simpatia, seja como defesa, seja como meio de retaliação ou violência.

Ressalte-se que, em razão dessa síndrome, a atividade investigativa pode ser dificultada, diante da ocultação pela vítima de informações relevantes acerca da empreitada criminosa.

2. SÍNDROME DE LONDRES

Contrariamente à síndrome de Estocolmo, na qual os reféns desenvolvem uma relação de afinidade com seus algozes, na

Síndrome de Londres passa a existir uma animosidade entre os reféns e os sequestradores, face ao comportamento hostil dos primeiros.

Assim, as vítimas passam a discutir e discordar dos sequestradores, de modo a gerar uma desafeição que pode comprometer a negociação policial, culminando em sua morte.

Ressalte-se que a denominação Síndrome de Londres refere-se ao atentado terrorista ocorrido na Embaixada Iraniana, localizada na cidade de Londres, no período de 30 de abril a 5 de maio de 1980, em que seis terroristas árabes iranianos mantiveram como reféns dezesseis diplomatas e funcionários iranianos, três cidadãos britânicos e um libanês. Dentre os reféns, havia um funcionário iraniano chamado Abbas Lavasani, o qual passou a discutir com os terroristas dizendo que jamais se dedicaria ao Aiatolá e que seu compromisso era com a justiça da revolução islâmica. O clima de tensão entre Lavasani e os terroristas se acirrou até que, em dado momento, os sequestradores executaram Lavasini como forma de dar credibilidade às suas ameaças.

Como esse assunto foi cobrado em concurso?

(MPE-GO - 2014- MPE-GO - Promotor de Justiça Substituto - Adaptado) Julgue o item a seguir: A "síndrome de Londres" se evidencia quando a vítima, como instinto defensivo, passa a apresentar um comportamento excessivamente lamurioso, demasiadamente submisso e com pedido contínuo de misericórdia.

Gabarito: Errado

3. SÍNDROME DA MULHER DE POTIFAR

A figura criminológica conhecida como síndrome da mulher de Potifar consiste na conduta de uma pessoa rejeitada por outra imputar falsamente a esta a prática de crime contra a dignidade sexual.

Essa teoria tem origem na passagem bíblica contida no capítulo 39 do livro de Gêneses, que narra a história de José, décimo primeiro filho de Jacó, o qual fora vendido pelos irmãos aos ismaelitas, devido a ciúmes e inveja de sua relação com o pai. Então, o mesmo foi levado para o Egito, onde foi comprado pelo oficial do faraó e capitão da guarda do palácio real chamado Potifar. Este, por sua vez, agradou-se de José e tornou-o administrador de seus bens, deixando sob seus cuidados sua casa e tudo o que possuía. José era atraente e de boa aparência e, depois de certo tempo, a esposa de Potifar passou a cobiçá-lo e convidou-o para com ela ter relações sexuais, sendo, no entanto, rejeitada. Em face da negativa de José, a mesma inventou para Potifar que José havia tentado abusar dela. Então, José foi enviado à prisão onde eram mantidos os prisioneiros do rei.

Paulo Sumariva (2017, p. 111) adverte que os julgadores devem levar em consideração a figura criminológica da síndrome da mulher de Potifar quando da apreciação de acusações por crimes contra a dignidade sexual, em que, na maioria das vezes, tem-se apenas como prova a palavra da vítima contra o autor do fato, como forma de analisar a verossimilhança de sua narrativa.

Ressalte-se, ainda, que a teoria em estudo também é importante para a análise de eventual adequação típica da conduta aos delitos de calúnia (art. 138, CP) ou de denunciação caluniosa (art. 339, CP), face à falsa veiculação da acusação de crime.

A despeito de a nomenclatura da teoria se referir ao gênero feminino ("mulher"), também é possível sua incidência em caso de vítimas do sexo masculino, haja vista que, após a reforma promovida pela Lei nº 12.015, de 7 de agosto de 2009, passou-se a ter como sujeito passivo do crime de estupro tanto a mulher quanto o homem.

Cabe atentar, todavia, que não se pode admitir, sob pena de se contribuir para a vitimização secundária, que, com base em dita teoria, as autoridades públicas se neguem a registrar e apurar notícias de crimes contra a dignidade sexual praticados sem a presença de testemunhas, devendo-se destacar ser esta uma característica típica do *modus operandi* de delitos dessa natureza.

> ▸ **Como esse assunto foi cobrado em concurso?**
>
> **(MPE-GO – 2014– MPE-GO – Promotor de Justiça Substituto – Adaptado)** Julgue o item a seguir: A figura criminológica conhecida como "síndrome da mulher de potifar" pode ser utilizada como técnica de aferição da credibilidade da palavra da vítima nos crimes de conotação sexual.
>
> **Gabarito: Certo**

Síndrome de Estocolmo ou Vinculação Afetiva de Terror ou Traumática	Síndrome de Londres	Síndrome da mulher de Potifar
• Estado psicológico particular pelo qual algumas pessoas que são privadas de sua liberdade desenvolvem relações de afinidade/afetividade com seus algozes.	• Relação de animosidade desenvolvida entre reféns e seus sequestradores, face ao comportamento hostil dos primeiros.	• Conduta de uma pessoa rejeitada por outra imputar falsamente a esta a prática de crime contra a dignidade sexual.

Parte IV

PREVENÇÃO CRIMINAL E REAÇÃO SOCIAL

Capítulo I

Prevenção Criminal

1. CONCEITO

A **prevenção criminal** representa o conjunto de medidas, públicas ou privadas, adotadas com o escopo de impedir a prática de delitos, abarcando tanto as **políticas sociais** para a redução da delinquência, quanto as **políticas criminais** com a formulação de respostas penais adequadas.

Ressalte-se que, em um Estado Democrático de Direito, o saber criminológico deve apresentar um viés prevencionista, voltando-se precipuamente a evitar o cometimento do crime. Dessarte, Eduardo Viana (2017, p. 338) ressalta a importância de, mais que incrementar o aparelho estatal repressivo, "enfrentar os **fatores criminógenos de risco** com medidas de cunho não penal" para o controle da criminalidade.

Garcia-Pablos de Molina (2003, p. 982) sistematiza as diferentes acepções do termo prevenção em três categorias:

a) **Prevenção como dissuasão**: Significa dissuadir o potencial infrator por meio do efeito intimidatório da pena, operando sobre seu processo motivacional (dissuasão);

b) **Prevenção como intervenção seletiva no cenário do crime**: Trata-se da dissuasão mediata ou indireta, alcançada por meio de instrumentos não penais que alterem o cenário do crime, modificando alguns de seus fatores ou elementos (espaço físico, desenho arquitetônico e urbanístico, atitude da vítima etc.), de modo a aumentar os riscos e diminuir os benefícios para o infrator;

c) **Prevenção como prevenção especial**: A prevenção do delito não seria um objetivo autônomo da sociedade e dos poderes públicos, mas sim o efeito último perseguido pelos programas de ressocialização e reinserção, que teria como destinatário não o infrator potencial, mas o apenado, com o escopo precípuo de evitar sua reincidência (e não de evitar a criminalidade). Verifica-se em tal acepção um déficit etiológico (implica em uma intervenção tardia no problema criminal), social (aponta uma marca cega, individualista e ideológica na eleição de seus destinatários e no desenho dos correspondentes programas) e comunitário (concede um protagonismo desmedido às instâncias oficiais do sistema legal).

A seguir, conclui o autor que o conceito criminológico de prevenção não deve ser compreendido como simples dissuasão, pois, em se tratando o crime de um problema comunitário, de interesse de todos, a prevenção ostenta um **caráter exigente e pluridimensional**.

De acordo com Nestor Sampaio Penteado Filho (2016, p. 95), a **prevenção criminal** dá-se por meio da adoção de um conjunto de medidas, diretas ou indiretas, com o escopo inibitório do fenômeno criminal:

a) **Medidas prevencionistas diretas (profilaxia direta):** Direcionam-se à infração penal em formação (*in itinere*);

b) **Medidas prevencionistas indiretas (profilaxia indireta):** Recaem de forma indireta sobre o crime, atuando sobre suas causas e tendo como alvo o indivíduo e o meio em que habita. Em relação ao indivíduo, deve-se analisar sua personalidade, caráter e temperamento, como motivadores de sua conduta. Por sua vez, quanto ao meio social, deve-se conjugar medidas sociais e político-econômicas que propiciem uma melhoria na qualidade de vida das pessoas, como a urbanização das cidades, desfavelização e o acesso ao emprego, à educação pública e gratuita e à medicina.

2. MODELOS TEÓRICOS DE PREVENÇÃO DO DELITO

2.1. Modelo clássico

O modelo clássico fundamenta a prevenção da criminalidade no **efeito intimidatório** advindo do **rigor e severidade** da **pena** abstratamente prevista para o delito.

São apontadas as seguintes **críticas** a esse modelo: a) a capacidade preventiva de determinado meio não depende de sua natureza penal ou não penal, mas dos efeitos que produz; b) a intervenção penal possui elevados custos à sociedade; c) a pena, em verdade, reflete o fracasso do Estado no enfrentamento efetivo das mazelas sociais; d) trata-se de uma demonstração simplória do processo motivacional e do mecanismo dissuasório da pena (MOLINA; GOMES, 2008, p. 404-405).

2.2. Modelo neoclássico

Por sua vez, o modelo neoclássico foca no **efetivo funcionamento do ordenamento jurídico** e em sua **percepção pelo potencial infrator.**

Em relação ao modelo em estudo, são apontadas as **críticas** a seguir: a) a efetividade do sistema penal não enfrenta efetivamente as causas do crime; b) ignora outras variáveis que devem ser consideradas na análise do incremento da criminalidade, para além da efetividade ou não do sistema penal (MOLINA; GOMES, 2008, p. 408).

3. CLASSIFICAÇÕES

Convém destacar a sistematização de Medina Ariza (apud VIANA, 2017, pp. 340-341), que propõe três modelos de classificação da prevenção criminal, a saber: dimensão clássica, dimensão política e dimensão pluridimensional.

3.1. Dimensão clássica

De acordo com García-Pablos Molina (2003, p. 984), essa classificação se pauta em diferentes critérios, a saber: maior ou menor relevância etiológica dos respectivos programas, seus destinatários, os instrumentos e mecanismos utilizados, âmbito e fins perseguidos.

a) **Prevenção primária:**

Considerada a genuína prevenção, realiza-se de **médio a longo prazo** e com **elevado custo**, tem como **destinatária** toda a **população** e busca enfrentar a **origem da criminalidade**, mediante a criação dos pressupostos idôneos à neutralização das causas do delito.

Efetiva-se pelo **controle social e formal** (excetuando-se o Direito Penal) e pela **concretização** pelos administradores públicos de **políticas sociais, econômicas e culturais**, de modo a garantir o atendimento das necessidades básicas do indivíduo, como o acesso à educação, moradia, trabalho, saúde, saneamento básico e lazer.

De acordo com José César Naves de Lima Júnior (2017, p. 94), a prevenção primária apresenta um enfoque etiológico, pois visa reduzir situações carenciais consideradas criminógenas com a finalidade de que as pessoas resolvam seus conflitos sem violência.

Como esse assunto foi cobrado em concurso?

(CESPE - 2016 - PC-PE - Delegado de Polícia) A criminologia reconhece que não basta reprimir o crime, deve-se atuar de forma imperiosa na prevenção dos fatores criminais. Considerando essa informação, assinale a opção correta acerca de prevenção de infração penal.

a) Para a moderna criminologia, a alteração do cenário do crime não previne o delito: a falta das estruturas físicas sociais não obstaculiza a execução do plano criminal do delinquente.

b) A prevenção terciária do crime implica na implementação efetiva de medidas que evitam o delito, com a instalação, por exemplo, de programas de policiamento ostensivo em locais de maior concentração de criminalidade.

c) No estado democrático de direito, a prevenção secundária do delito atua diretamente na sociedade, de maneira difusa, a fim de implementar a qualidade dos direitos sociais, que são considerados pela criminologia fatores de desenvolvimento sadio da sociedade que mitiga a criminalidade.

d) Trabalho, saúde, lazer, educação, saneamento básico e iluminação pública, quando oferecidos à sociedade de maneira satisfatória, são considerados forma de prevenção primária do delito, capaz de abrandar os fenômenos criminais.

e) A doutrina da criminologia moderna reconhece a eficiência da prevenção primária do delito, uma vez que ela atua diretamente na pessoa do recluso, buscando evitar a reincidência penal e promover meios de ressocialização do apenado.

Gabarito: D

(VUNESP - 2014 - PC-SP- Fotógrafo Técnico Pericial) A prevenção criminal______________ destina-se a atuar na educação, emprego, moradia e segurança, onde o Estado deve garantir o exercício dos direitos sociais a todos. Assinale a alternativa que preencha corretamente a lacuna.

a) secundária.

b) terciária.

c) primária.

d) quaternária.

e) especial.

Gabarito: C

(VUNESP – 2013 – PC-SP – Prova: Perito Criminal) As melhoras da educação, do processo de socialização, da habitação, do trabalho, do bem-estar social e da qualidade de vida das pessoas de uma determinada comunidade são os elementos essenciais de um programa de prevenção:

a) terciária.

b) quinária.

c) secundária.

d) primária.

e) quaternária.

Gabarito: D

b) **Prevenção secundária:**

A prevenção secundária, direcionada aos **potenciais ou eventuais criminosos**, realiza-se de **curto a médio prazo** e volta sua atenção para o momento e local onde o fenômeno criminal se manifesta, isto é, onde os índices de criminalidade são mais elevados, com foco nos **grupos que apresentam maior risco de sofrer ou protagonizar o problema criminal**, manifestando-se pela **política legislativa penal** e pela **ação policial** com o escopo de **prevenção geral**. Diversamente da prevenção primária, esta prevenção é operacionalizada pela **política criminal** e pelo **controle social jurídico-penal**.

García-Pablos Molina (2003, p. 985) cita como exemplos de prevenção secundária a prevenção policial (p. ex. policiamento ostensivo em locais de maior concentração de criminalidade, como comunidades carentes dominadas pelo tráfico de drogas), o controle dos meios de comunicação, de ordenação urbana e a utilização do desenho arquitetônico como instrumento de autoproteção.

Face ao crescimento do índice de criminalidade e do clamor público fomentado pela mídia, José César Naves de Lima Junior (2017, p. 95) destaca que a prevenção secundária é a mais presente nas ações do Estado, vislumbrando-se nos investimentos para incremento quantitativo e qualitativo das polícias, bem como na adoção de políticas públicas dirigidas a grupos de risco (alcóolatras, usuários de drogas) ou vulneráveis (vítimas de violência doméstica e familiar, homossexuais e outras minorias).

> **Como esse assunto foi cobrado em concurso?**
>
> **(CESPE - 2013 - DPF- Delegado)** No que se refere à prevenção da infração penal, julgue o próximo item. Ações como controle dos meios de comunicação e ordenação urbana, orientadas a determinados grupos ou subgrupos sociais, estão inseridas no âmbito da chamada prevenção secundária do delito.
>
> **Gabarito: Certo**

c) **Prevenção terciária:**

A prevenção terciária atua após a prática do delito e tem como destinatária a **população carcerária**, assumindo **caráter punitivo e ressocializador** com o escopo de **evitar a reiteração criminosa**.

Tal como a prevenção secundária, esta prevenção é operacionalizada pela **política criminal** e pelo **Direito Penal**.

Tal prevenção tem se revelado ineficiente na prática, haja vista atuar tardiamente, vale dizer, após a prática do delito. Além disso, as precárias condições da vida carcerária e o conjunto informal de regras existentes no universo prisional, seja da administração penitenciária ou dos detentos, implica na própria despersonalização e reificação dos prisioneiros. O caráter criminógeno do cárcere pode ser evidenciado pela análise do índice de reincidência e da constatação da ocorrência de delitos até mesmo durante o período de encarceramento, como homicídios e lesões corporais entre os presos, tráfico de drogas, extorsão etc., tendo-se por pano de fundo, muitas das vezes, a corrupção estrutural que permeia o ambiente carcerário.

▸ **Como esse assunto foi cobrado em concurso?**

(CESPE – 2017 – PC-GO – Delegado de Polícia Substituto) Considerando que, para a criminologia, o delito é um grave problema social, que deve ser enfrentado por meio de medidas preventivas, assinale a opção correta acerca da prevenção do delito sob o aspecto criminológico.

a) A transferência da administração das escolas públicas para organizações sociais sem fins lucrativos, com a finalidade de melhorar o ensino público do Estado, é uma das formas de prevenção terciária do delito.

b) O aumento do desemprego no Brasil incrementa o risco das atividades delitivas, uma vez que o trabalho, como prevenção secundária do crime, é um elemento dissuasório, que opera no processo motivacional do infrator.

c) A prevenção primária do delito é a menos eficaz no combate à criminalidade, uma vez que opera, etiologicamente, sobre pessoas determinadas por meio de medidas dissuasórias e a curto prazo, dispensando prestações sociais.

d) Em caso de a Força Nacional de Segurança Pública apoiar e supervisionar as atividades policiais de investigação de determinado estado, devido ao grande número de homicídios não solucionados na capital do referido estado, essa iniciativa consistirá diretamente na prevenção terciária do delito.

e) A prevenção terciária do crime consiste no conjunto de ações reabilitadoras e dissuasórias atuantes sobre o apenado encarcerado, na tentativa de se evitar a reincidência.

Gabarito: E

(VUNESP – 2014 – PC-SP – Atendente de Necrotério Policial) A prevenção terciária consiste em:

a) programas destinados a crianças e adolescentes de resistência ao consumo de drogas e à violência doméstica.

b) atuação, por meio de ações policiais, sobre os grupos que apresentam maior risco de sofrer ou de praticar delitos.

c) atuação, por meio de punição exemplar do delinquente em público, como meio de intimidação aos demais criminosos.

d) programas destinados a prevenir a reincidência, tendo por público-alvo o preso e o egresso do sistema prisional.

e) programas destinados a criar os pressupostos aptos a neutralizar e inibir as causas da criminalidade.

Gabarito: D

Prevenção primária	Prevenção secundária	Prevenção terciária
•Direcionada à toda população, efetiva-se pelo controle social e formal (não penal) e pela concretização de políticas sociais, econômicas e culturais, promovendo maior segurança e qualidade de vida.	•Direcionada aos potenciais criminosos, efetiva-se pela política legislativa penal e pela ação policial voltada aos grupos de risco, com o escopo de prevenção geral.	•Direcionada à população carcerária, com caráter punitivo e ressocializador, efetiva-se pela política criminal e controle jurídico-penal, a fim de evitar a reincidência.

3.2. Dimensão política

No que concerne à dimensão política, Eduardo Viana (2017, pp. 340-341) sintetiza os três modelos existentes de prevenção, a saber:

a) **Modelo tradicional ou conservador:**

A prevenção deve voltar-se à **dissuasão geral e especial**, sob o efeito intimidatório da pena de prisão, devendo-se adotar, para aumentar a efetividade desta, estratégias situacionais de vigilância e incapacitação.

b) **Modelo liberal**:

A prevenção deve voltar-se tanto ao âmbito **individual** quanto ao âmbito **social**, haja vista considerar o crime um **problema social**, devendo-se adotar estratégias de tratamento individual ou intervenção familiar comunitária.

c) **Modelo radical**:

A prevenção deve visar à redução das **desigualdades sociais**, uma vez que o crime é considerado uma **construção histórica e social**, produto dos grupos detentores de poder, refletindo, assim, as desigualdades inerentes às estruturas sociais vigentes.

Modelo tradicional ou conservador	Modelo liberal	Modelo radical
• Dissuasão geral e específica (aumento da probabilidade de prisão).	• Prevenção no âmbito individual e social (crime é um problema social).	• Prevenção mediante o combate às desigualdades sociais (crime é uma construção histórica e social).

3.3. Dimensão pluridimensional

Por derradeiro, Eduardo Viana (2017, pp. 341-342) sumariza a dimensão pluridimensional, dividida em quatro categorias:

a) **Prevenção por meio do sistema de justiça penal:**

A prevenção se exerce sob a **ameaça de um castigo**, leia-se, pelo efeito intimidatório da pena, valendo-se das estratégias de **dissuasão** (fazer com que o criminoso reconheça que o crime é um mal com consequências graves), **incapacitação ou inocuização** (retirar o criminoso de circulação mediante sua segregação ao cárcere) e **reabilitação** (adequar o preso ao convívio social).

b) **Prevenção situacional do delito**:

A prevenção situacional do delito, inspirada nas **teorias** criminológicas da **eleição racional** e das **atividades cotidianas**, é exercida pela **redução das oportunidades que influenciam na concretização da vontade delitiva**, mediante a modificação do cenário do crime, incrementando os riscos, dificuldades ou custos, e reduzindo as expectativas e lucros associados à pratica delitiva.

Pode-se citar como exemplo a instalação de ofendículos e a contratação de vigilantes.

Paulo Sumariva (2017, p. 161) aponta as seguintes modalidades de prevenção situacional:

b.1) ***Prevenção situacional da recompensa***: Visa reduzir as recompensas ou ganhos decorrentes das condutas criminosas, minimizando os estímulos para sua prática. Ex.: Substituição do dinheiro em moeda por cartão magnético; tinta antifurto lançadas em cédulas subtraídas de caixas eletrônicos.

b.2) ***Prevenção situacional do sentimento de culpa do infrator***: Dá-se pela adoção de medidas, como campanhas educativas, que reforcem a condenação moral da conduta desviante e influenciem positivamente o comportamento do indivíduo, em conformidade com as regras e normas de conduta, visando um comportamento pró-social. Ex.: Proibição da embriaguez ao volante e campanhas educativas como "motorista da vez", "se dirigir, não beba", "se beber, não dirija" etc.

▸ Como esse assunto foi cobrado em concurso?

(VUNESP - 2014 - PC-SP- Fotógrafo Técnico Pericial) A modalidade preventiva que cuida da diminuição das oportunidades que influenciam na vontade delitiva, dificultando a prática do crime, é chamada de prevenção:

a) geral.
b) qualitativa.
c) especial.
d) quantitativa.
e) situacional.

Gabarito: E

c) **Prevenção comunitária**:

A prevenção visa ao **enfrentamento de comportamentos antissociais da sociedade**, exercendo-se por meio da adoção de programas com estratégias orientadas a alterar as condições sociais e instituições sociais (ex.: famílias, clubes, organizações etc.) que neles repercutem, vinculando-se às explicações da **sociologia urbana**.

d) **Prevenção evolutiva ou de desenvolvimento**:

Essa prevenção procura **elidir o desenvolvimento do comportamento criminoso individual**, mediante a **redução dos fatores de risco** e **ampliação dos fatores de proteção** revelados a partir de estudos de desenvolvimento humano.

Prevenção por meio do sistema de justiça penal	Prevenção situacional do delito	Prevenção comunitária	Prevenção evolutiva ou de desenvolvimento
• Exercida sob a ameaça de um castigo,valendo-se das estratégias de dissuasão, incapacitação ou inocuização e reabilitação.	• Reduzem-se as oportunidades de prática do delito. Modalidades: a) prevenção situacional da recompensa; b) prevenção situacional do sentimento de culpa do infrator.	• Enfrentam-se os comportamentos antissociais da sociedade, mediante a adoção de programas com estratégias orientadas a modificar as condições sociais e instituições sociais.	• Elide-se o desenvolvimento do comportamento criminoso individual, mediante a redução dos fatores de risco e ampliação dos fatores de proteção.

Capítulo II

Fatores Sociais da Criminalidade

Partindo de uma abordagem sociológica, a doutrina tradicional identifica fatores sociais que influenciariam a criminalidade, sendo, assim, identificados como fatores sociais criminógenos, cujo conhecimento revelar-se-ia fundamental para nortear a implementação de políticas públicas de cunho social com o escopo de prevenção da criminalidade.

Registre-se que muitos dos conceitos apresentados correspondem a vetustas categorizações, que, apesar de retrógrados, conforme veremos, ainda figuram em questões de variados certames públicos.

Isto posto, limitar-nos-emos a uma abordagem expositiva dos seguintes fatores sociais criminógenos sumarizados por Paulo Sumariva (2017, pp. 207-211) e Penteado Filho (2016, pp. 119-127):

1. SISTEMA ECONÔMICO

Desigualdades sociais e precária situação econômica, caracterizada pelo baixo poder aquisitivo popular decorrente da arbitrária política salarial, má distribuição de renda, inflação e especulação do mercado.

2. POBREZA E MISÉRIA

A pobreza e a miséria, considerada uma forma extrema de pobreza, em que há ausência de condições mínimas para a sobrevivência, por vezes, ensejam um sentimento de exclusão e revolta social.

Embora a pobreza não seja um fator condicionante extremo da criminalidade, haja vista, por exemplo, a prática dos crimes de colarinho branco pela elite da sociedade, as estatísticas criminais demonstram que a maioria de autores de crimes patrimoniais é pobre.

▸ **Como esse assunto foi cobrado em concurso?**

(VUNESP - 2014 - PC-SP - Fotógrafo Técnico Pericial) Pode-se citar como um dos fatores sociais desencadeantes da criminalidade:

a) as condições favoráveis de habitação ou moradia.

b) o desemprego, no caso dos crimes do colarinho branco.

c) a migração, pela facilidade de adaptação em hábitos e culturas locais.

d) o crescimento populacional ordenado e planejado.

e) a pobreza, no caso dos crimes contra o patrimônio.

Gabarito: E

3. FOME E DESNUTRIÇÃO

A fome refere-se à falta do que comer no dia-a-dia, impulsionando o indivíduo à prática delituosa como forma de sobrevivência. É tida por J. Maxwell e W. Bonger como um fator determinante para alguns delitos.

Por sua vez, a desnutrição, que pode ser um fator predisponente ou determinante da criminalidade, caracteriza-se pela falta ou inadequada alimentação na vida do indivíduo, acarretando danos psicossomáticos em sua formação.

Ressalte-se que a jurisprudência brasileira tem reconhecido a incidência do **estado de necessidade** (art. 24, CP) em caso de **furto famélico**, isto é, aquele cometido para saciar a fome, desde que a defesa prove o atendimento aos seguintes pressupostos: a) fato praticado para mitigar a fome; b) único e derradeiro recurso do agente (inevitabilidade do comportamento lesivo); c) subtração da coisa seja capaz de contornar diretamente a emergência; d) insuficiência dos recursos obtidos pelo trabalho ou impossibilidade de trabalhar (CUNHA, 2017, p. 273).

4. HABITAÇÃO

Nos países emergentes ou em desenvolvimento, verifica-se a proliferação das favelas, em que há precárias condições de vida (saneamento básico, higiene, estrutura para acesso etc.).

No estado do Rio de Janeiro, merece destaque o domínio de comunidades por associações voltadas à exploração do tráfico de drogas ou por milícias, que sujeitam aquele grupamento social ao seu alvedrio estabelecendo regras paralelas na localidade.

5. EDUCAÇÃO

A educação informal (familiar, social) e formal (escolar) exerce importante função na formação da personalidade humana, permitindo trocas simbólicas com outros indivíduos, acesso à diversidade cultural e inserção no mercado de trabalho.

A ausência ou restrição de conhecimento torna o indivíduo vulnerável a práticas ilícitas para sobrevivência na sociedade.

6. MAL VIVÊNCIA

É definida por Hilário Veiga de Carvalho, em 1973, como um grupo polimorfo de indivíduos marginalizado, que vive em situação de parasitismo, sem aptidão para o trabalho, por razões de ordem biológica ou pela exclusão social.

Em síntese, resulta da adoção, deliberada ou desafortunada, de um modo de vida marginal. Ex.: andantes, mendigos, prostitutas etc.

Os fatores para a mal vivência dividem-se em:

a) **Fatores biológicos**:

a.1. ***Mal vivência étnica*** – Inadaptação às regras mínimas sociais de convívio. Ex.: Ciganos;

a.2. ***Mal vivência constitucional ou orgânica*** – Não fixação da moradia em um lugar específico em função de uma instabilidade socioeconômica. Ex.: andarilhos, tropeiros etc.

a.3. ***Mal vivência de neuróticos*** - Indivíduos com debilidade mental que adotam um vida nômade.

b) **Fatores mesológicos:**

b.1. ***Infância abandonada*** - Caracteriza-se por crianças órfãs e que vivem em lares abandonados ou desfeitos.

Registre-se o reflexo do incremento do índice de aprisionamento feminino nos últimos anos sobre a infância, visto que, por vezes, com o encarceramento da mulher, a família é desfeita.

Outrossim, merece destaque a exploração sexual e econômica da mão-de-obra infantil de baixo custo, inclusive, como pedintes para maior sensibilização da população. Verifica-se, assim, um número crescente de crianças moradoras de rua e viciadas em drogas, marginalizadas e, por vezes, "criminalizadas".

b.2. ***Nomadismo*** - Fluxo migratório de desempregados em função de crise econômica.

b.3. ***Desemprego*** - Oriundo da instabilidade econômica do mercado, da globalização e dos avanços tecnológicos que ensejam a substituição ou redução da mão-de-obra humana.

O desemprego suscita uma instabilidade pessoal e familiar, haja vista resultarem do trabalho as verbas alimentares indispensáveis à sobrevivência do indivíduo.

Pode ser classificado em desemprego **cíclico** (vincula-se às flutuações da atividade econômica), **tecnológico** (produzido pela automação, com a finalidade de redução de custos e aumento da velocidade de produção) e **de estação** (ocorre em razão da entressafra na produção agrícola e pastoril).

A dificuldade de acesso ao emprego, muitas vezes, desloca o indivíduo para a economia informal, com a ocupação de subempregos que, por vezes, impulsionarão o indivíduo a prática de infrações penais, merecendo destaque, nesse ponto, funções como a de apontador do jogo do bicho, "flanelinha" (vigia de veículos em espaços públicos urbanos), camelôs (muitas vezes envolvidos em crimes de sonegação fiscal, contrabando, violação de marcas, patentes e direitos autorais) e o exercício irregular de profissões (art. 47, LCP).

▸ Como esse assunto foi cobrado em concurso?

(VUNESP - 2014 - PC-SP - Fotógrafo Técnico Pericial) Entende-se por mal vivência:

a) o jovem que sai de casa antes de completar dezoito anos.

b) o grupo polimorfo de indivíduos que vivem à margem da sociedade.

c) a família que discute constantemente.

d) o homem que bate na mulher.

e) o filho que agride os pais.

Gabarito: B

(VUNESP - 2014 - PC-SP - Atendente de Necrotério Policial) Entende-se por __________um grupo polimorfo de indivíduos que existe à margem da sociedade, em situação de ____________, sem aptidão para o trabalho, por razões de ordem biológicas ou pela exclusão social. Assinale a alternativa que preenche, correta e respectivamente, as lacunas do trecho.

a) parasitismo ... espírito de rebeldia.

b) mimetismo ... pleno emprego.

c) mimetismo ... espírito de rebeldia.

d) mal vivência ... parasitismo.

e) mal vivência... pleno emprego.

Gabarito: D

7. MEIOS DE COMUNICAÇÃO

Os diversos meios de comunicação, como televisão, rádio, jornais, filmes e mídias digitais, exercem função pedagógica sobre a sociedade, podendo o fomento e a divulgação da violência repercutir na criminalidade.

▸ Como esse assunto foi cobrado em concurso?

(VUNESP - 2014 - PC-SP - Fotógrafo Técnico Pericial) Os meios de comunicação em massa, sobretudo a televisão,

a) apenas divulgam notícias, não criando qualquer estereótipo de comportamento.

b) em hipótese alguma, são fatores que influenciam na criminalidade.

c) cumprem a Constituição Federal, apresentando programação que respeita valores éticos da pessoa humana.

d) influenciam na criminalidade, acobertados por um discurso de "liberdade de imprensa", exibindo sexo e violência.

e) influenciam na criminalidade ao ajudar na formação social e cultural do indivíduo.

Gabarito: D

8. MIGRAÇÃO

Além das dificuldades de adaptação oriundas da diversidade cultural em relação à população local, nos países em desenvolvimento, acresce-se a limitada absorção da mão-de-obra imigrante pelo mercado de trabalho, que geralmente já enfrenta a problemática do desemprego.

9. CRESCIMENTO POPULACIONAL

O crescimento populacional de forma desorganizada é apontado como um fator criminógeno, articulando-se diretamente ao crescimento do índice de desemprego e subembrego e, consequentemente, de pobreza e miséria.

10. PRECONCEITO

Preconceito é a preconcepção de uma ideia, positiva ou negativa, despida de análise crítica, em relação a uma coisa ou a uma pessoa. Geralmente, é veiculado por julgamentos desfavoráveis ou generalizações apressadas, dando ensejo à discriminação.

A discriminação é campo fértil para conflitos sociais, sendo obstáculo para a convivência pacífica entre as pessoas.

Assim, devem ser combatidas todas as formas de discriminação em razão da raça, cor, etnia, origem, religião, sexo e orientação sexual.

11. POLÍTICA

A organização política da sociedade exerce influência na vida dos diversos grupos sociais e, consequentemente, no fenômeno criminal, conforme maior ou menor grau de liberdade que gozem seus cidadãos, haja vista a imitação pelo povo das elites governantes.

▸ Como esse assunto foi cobrado em concurso?

(VUNESP - 2014 - PC-SP - Atendente de Necrotério Policial) A respeito dos fatores condicionantes e desencadeantes da criminalidade, é correto afirmar que:

a) apenas os jovens pobres cometem crimes, o que não é o caso dos jovens de classes sociais mais abastadas.

b) a desagregação familiar vivida por uma criança ou adolescente necessariamente o conduzirá a uma carreira criminosa na vida adulta.

c) de acordo com as estatísticas, a mulher comete menos crimes que o homem.

d) não há qualquer constatação de aumento na prática de crimes em períodos de guerras ou revoluções.

e) a baixa produtividade escolar, o analfabetismo e o precoce abandono escolar são características raramente observadas nos criminosos de classes sociais baixas.

Gabarito: C

(VUNESP - 2014 - PC-SP - Fotógrafo Técnico Pericial) Os fatores que contribuem para a criminalidade de cunho social são:

a) biológicos e mesológicos.

b) ambientais e locais.

c) oportunistas e costumeiros.

d) ocasionais e cotidianos.

e) relevantes e irrelevantes.

Gabarito: A

Capítulo III

Programas de Prevenção do Delito

Paulo Sumariva (2017, pp. 162-163) elenca os principais programas de prevenção do delito, a saber:

1. PROGRAMAS DE PREVENÇÃO ESPACIAL OU GEOGRÁFICA

Sob inspiração da **teoria ecológica ou da desorganização social** oriunda da Escola de Chicago, partem da premissa de que o crime é um produto social do urbanismo, ou seja, da interação entre meio ambiente, população e organização, haja vista a maior concentração da criminalidade em áreas deterioradas, sem infraestrutura, desorganizadas socialmente e que acomodam grupamentos humanos mais conflitivos.

Assim, como forma de prevenção criminal propõem a intervenção no espaço urbano por meio de políticas públicas de **melhoria de infraestrutura, reordenação e saneamento urbano**.

2. PROGRAMAS DE REMODELAÇÃO DA CONVIVÊNCIA URBANA

Correlacionando a criminalidade aos fatores urbanísticos e arquitetônicos, propõem a intervenção nos cenários criminógenos, com a **interposição de barreiras que aumentem os riscos para o infrator** e com o **fomento do controle social informal** pelo desenvolvimento do senso de comunidade, responsabilidade e solidariedade entre os habitantes da localidade.

3. PROGRAMAS DE ORIENTAÇÃO COMUNITÁRIA

Considerando o delito um problema social, atribuem à **comunidade** o controle social, por meio da adoção de **alternativas reconciliatórias** e de **reforma social**.

4. PROGRAMAS DE PREVENÇÃO VITIMÁRIA

Reconhecendo a existência de **vítimas potenciais**, consideradas mais suscetíveis de serem alvos de delitos face a suas condições sociais, físicas, idade, sexo ou origem, propõem **campanhas de conscientização** quanto aos riscos assumidos em suas atitudes e mudança de mentalidade.

Como exemplo, pode-se citar a grande incidência de idosos vítimas de delitos de estelionato, como o "golpe do bilhete premiado", ou de extorsão, como o "falso sequestro". Tendo em vista a reiteração de tais delitos sob a mesma ou similar roupagem, viabiliza-se a realização de programas voltados ao esclarecimento da sociedade, sobretudo de idosos, de que, em verdade, tais condutas consubstanciam verdadeiros golpes adotados com a finalidade de delas obter valores pecuniários indevidamente.

5. PROGRAMAS POLÍTICO-SOCIAIS DE PREVENÇÃO

Destinam-se à **prevenção primária** da criminalidade, implementando-se por meio da adoção de **políticas sociais progressivas e inclusivas**, que assegurem igualdade de oportunidades, qualidade de vida e bem-estar social, atuando, assim, sobre as origens da criminalidade.

6. PROGRAMAS DE PREVENÇÃO DA REINCIDÊNCIA

Estão voltados à **prevenção terciária** da criminalidade, recaindo sobre o **condenado** a fim de reeducá-lo e, com isso, evitar a sua reincidência.

Capítulo IV

Modelos de Reação ao Delito

Os modelos de reação social ao delito apresentam programas para a implementação da política criminal, visando à composição do conflito social e ao controle da criminalidade para manutenção da ordem e da paz social.

Há três modelos de reação da sociedade face à prática delitiva, quais sejam, o dissuasório, o ressocializador e o restaurador.

1. MODELO CLÁSSICO, DISSUASÓRIO OU RETRIBUTIVO

Para esse modelo, a pena apresenta finalidade exclusivamente **retributiva**, devendo ser proporcional ao dano causado e ostentar caráter intimidatório, para a reprovação com a retribuição do mal causado e a prevenção de futuros delitos.

Não há, aqui, preocupação com a ressocialização do condenado ou a reparação dos danos causados pela infração penal.

Apresenta como protagonistas o Estado e o delinquente, assumindo a vítima e a sociedade posição secundária.

2. MODELO RESSOCIALIZADOR

De acordo com esse modelo, considerado **humanista**, a pena, com caráter utilitário, apresenta a finalidade de **prevenção especial positiva**, destinando-se à **reinserção social** mediante uma intervenção positiva na pessoa do condenado, não se restringindo à noção de castigo, de retribuição do mal causado.

3. MODELO RESTAURADOR, INTEGRADOR, CONSENSUAL DE JUSTIÇA PENAL OU JUSTIÇA RESTAURATIVA

A justiça restaurativa busca o restabelecimento do *status quo ante* dos protagonistas do conflito criminal, com a **composição de interesses** entre as partes envolvidas no conflito criminal e a **reparação do dano** sofrido pela vítima, mediante **acordo, consenso, transação, conciliação, mediação ou negociação**, propiciando a restauração do controle social abalado pela prática do delito, a assistência ao ofendido e a recuperação do delinquente.

▸ **Como esse assunto foi cobrado em concurso?**

(VUNESP - 2015 - PC-SP- Atendente de Necrotério Policial) O modelo restaurador de reação ao delito, também conhecido por modelo integrador ou de justiça restaurativa, tem por objetivo(s):

a) aplicar pena ao condenado, buscando desestimulá-lo à prática de novos delitos.

b) buscar a recuperação do delinquente, proporcionar assistência à vítima e restabelecer o controle social abalado pela prática do delito.

c) punir o delinquente, como meio de castigá-lo e retribuir-lhe o mal pelo delito praticado.

d) proteger os bens jurídicos violados pela prática delitiva.

e) reinserir o condenado à sociedade por meio da religião e da laborterapia.

Gabarito: B

Por conceber o crime como um conflito interpessoal, a solução do conflito deve advir das próprias partes nele envolvidas, de forma flexível e informal, por meios alternativos ao castigo, majorando a possibilidade de pacificação social do problema e reduzindo os efeitos deletérios e estigmas oriundos da tradicional persecução criminal.

Assim, a atuação das partes no processo restaurativo deve compreender a exposição dos fatos e sentimentos pela vítima e a **assunção da culpa** pelo ofensor, de forma voluntária e confidencial, pelo processo de compreensão do mal praticado, garantindo-se a assistência jurídica necessária.

Esse modelo baseado na confissão do delito, mediante a assunção de culpa pelo autor do fato, em que se acorda quanto à quantidade de pena (inclusive a prisional), a perda de bens, a reparação dos danos e a forma de execução da pena é denominado pela doutrina de **justiça criminal negociada** (SUMARIVA, 2017, p. 162).

Como esse assunto foi cobrado em concurso?

(FAURGS - 2016 - TJ-RS - Psicólogo Judiciário) Para a aplicação do processo de Justiça Restaurativa, é imprescindível que:

a) o delito tenha consequências exclusivamente patrimoniais.

b) o infrator e a vítima tenham vínculos afetivos.

c) o infrator admita sua culpa.

d) a vítima tenha menos de 16 anos.

e) a vítima reconheça sua responsabilização parcial sobre o delito.

Gabarito: C

A comunidade também exerce um papel relevante na justiça restaurativa, sendo fundamental o engajamento à resolução de conflitos e a aceitação (e não estigmatização) do ofensor na comunidade.

Todavia, há divergência doutrinária em relação ao alcance da justiça restaurativa em razão da natureza e gravidade do delito e da primariedade do autor do fato. Uma corrente sustenta a ampla possibilidade de conciliação e mediação do conflito criminal. Por outro lado, uma segunda corrente, a qual se filia o autor José César Naves de Lima Júnior (2017, p. 101), restringe seu alcance aos autores primários e a crimes de menor gravidade, afastando seu cabimento em relação a delitos como o de homicídio, latrocínio etc.

Dada a importância e atualidade da temática, o assunto será melhor aprofundado no Capítulo I da Parte VI desta obra.

Como esse assunto foi cobrado em concurso?

(CESPE - 2017 - PC-GO - Delegado de Polícia Substituto) Em busca do melhor sistema de enfrentamento à criminalidade, a criminologia estuda os diversos modelos de reação ao delito. A respeito desses modelos, assinale a opção correta.

a) De acordo com o modelo clássico de reação ao crime, os envolvidos devem resolver o conflito entre si, ainda que haja necessidade de inobservância das regras técnicas estatais de resolução da criminalidade, flexibilizando-se leis para se chegar ao consenso.

b) Conforme o modelo ressocializador de reação ao delito, a existência de leis que recrudescem o sistema penal faz que se previna a reincidência, uma vez que o infrator racional irá sopesar o castigo com o eventual proveito obtido.

c) Para a criminologia, as medidas despenalizadoras, com o viés reparador à vítima, condizem com o modelo integrador de reação ao delito, de modo a inserir os interessados como protagonistas na solução do conflito.

d) A fim de facilitar o retorno do infrator à sociedade, por meio de instrumentos de reabilitação aptos a retirar o caráter aflitivo da pena, o modelo dissuasório de reação ao crime propõe uma inserção positiva do apenado no seio social.

e) O modelo integrador de reação ao delito visa prevenir a criminalidade, conferindo especial relevância ao ius puniendi estatal, ao justo, rápido e necessário castigo ao criminoso, como forma de intimidação e prevenção do crime na sociedade.

Gabarito: C

(CESPE – 2016 – PC-PE – Delegado de Polícia) No que se refere aos métodos de combate à criminalidade, a criminologia analisa os controles formais e informais do fenômeno delitivo e busca descrever e apresentar os meios necessários e eficientes contra o mal causado pelo crime. A esse respeito, assinale a opção correta.

a) A criminologia distingue os paradigmas de respostas conforme a finalidade pretendida, apresentando, entre os modelos de reação ao delito, o modelo dissuasório, o ressocializador e o integrador como formas de enfrentamento à criminalidade. Em determinado nível, admitem-se como conciliáveis esses modelos de enfrentamento ao crime.

b) Como modelo de enfrentamento do crime, a justiça restaurativa é altamente repudiada pela criminologia por ser método benevolente ao infrator, sem cunho ressocializador e pedagógico.

c) O modelo dissuasório de reação ao delito, no qual o infrator é objeto central da análise científica, busca mecanismos e instrumentos necessários à rápida e rigorosa efetivação do castigo ao criminoso, sendo desnecessário o aparelhamento estatal para esse fim.

d) O modelo ressocializador de enfrentamento do crime propõe legitimar a vítima, a comunidade e o infrator na busca de soluções pacíficas, sem que haja a necessidade de lidar com a ira e a humilhação do infrator ou de utilizar o ius puniendi estatal.

e) A doutrina admite pacificamente o modelo integrador na solução de conflitos havidos em razão do crime, independentemente da gravidade ou natureza, uma vez que o controle formal das instâncias não se abdica do poder punitivo estatal.

Gabarito: A

(FGV - 2015 - TJ-RO - Psicólogo) A Justiça Restaurativa:

a) propõe o crime como ato que viola a norma estatal, considerando a pena como reação correta à conduta delitiva;

b) centraliza no Estado o papel definidor do tipo penal, cabendo a ele a atribuição da sanção segundo a norma instituída;

c) pensa o crime pelo viés comutativo na atribuição de pena proporcional ao mal praticado, considerando o processo intimidatório como primordial no controle da conduta do infrator;

d) considera a infração pela lógica distributiva, destinando serviços e benefícios a cada infrator de forma desigual, visando recuperar o infrator e reintegrá-lo à sociedade;

e) concebe o crime como violação à pessoa e às relações interpessoais, valorizando a reparação dos danos causados à vítima, à sociedade, ao ofensor e às relações interpessoais.

Gabarito: E

Capítulo **V**

Teorias Legitimadoras da Pena

Tratando-se a pena de um instrumento de controle social, faz-se mister uma breve digressão histórica do discurso jurídico-penal de legitimação da pena ou, mais amplamente, do Direito Penal, analisando as correntes político-criminais legitimadoras da pena, as quais se dividem em teorias absolutas, teorias relativas ou teorias unitárias, ecléticas ou mistas.

Teorias absolutas	Teorias relativas	Teorias mistas, unitárias ou ecléticas
•Pena como retribuição pelo crime cometido.	•Pena como meio para a realização do fim utilitário de prevenção criminal.	•Combinação das teorias anteriores. Adotada pelo Código Penal (art. 59).

1. TEORIAS ABSOLUTAS OU RETRIBUTIVAS

As **teorias absolutas, da retribuição ou da expiação** vislumbram a pena como uma retribuição, uma compensação do mal causado pelo crime, fundamentando-a, de maneira tautológica, na própria prática do delito, de modo a concebe-la como um fim em si mesmo (lógica da autojustificação), independentemente de razões preventivas ou utilitárias (PRADO, Luiz Regis, 2005, p. 181). Assim, a pena se justifica *quia peccatum est* ("pune-se porque pecou").

As teorias retributivas dividem-se em três vertentes:

a) **Teoria da retribuição divina (Stahl, Bekker)** – O Estado exerce uma delegação divina.

b) **Teoria da retribuição moral (Kant)** – A pena presta-se a atender a um imperativo moral categórico, incondicional, ante à necessidade absoluta de justiça. Vislumbra o princípio talional (olho por olho, dente por dente) como parâmetro de justiça.

c) **Teoria da retribuição jurídica (Hegel, Pessina)** – A pena é uma exigência da razão, justificando-se a partir de um processo dialético inerente à ideia de direito, vale dizer, na medida em que o delito é uma violência ao direito, a pena seria uma violência que anularia a primeira violência, ou seja, a pena seria a negação da negação do direito e, consequentemente, a sua afirmação. Além disso, considera que, em se tratando o criminoso de um ser racional, a pena já estaria implicada na sua vontade manifesta no ato praticado, consubstanciando, em realidade, seu direito.

A doutrina penal contemporânea critica a teoria absoluta, sob o argumento de que não explica quando é necessário punir nem estabelece limites ao poder de punir, bem como apresenta barreiras constitucionais intransponíveis, em especial a dignidade da pessoa humana, e concentra na pena todo o controle social, contrapondo-se à crescente relativização dos modos de atuação dos sistemas penais contemporâneos, com as penas alternativas, transações penais e políticas de descriminalização e despenalização (QUEIROZ, 2010, p. 102).

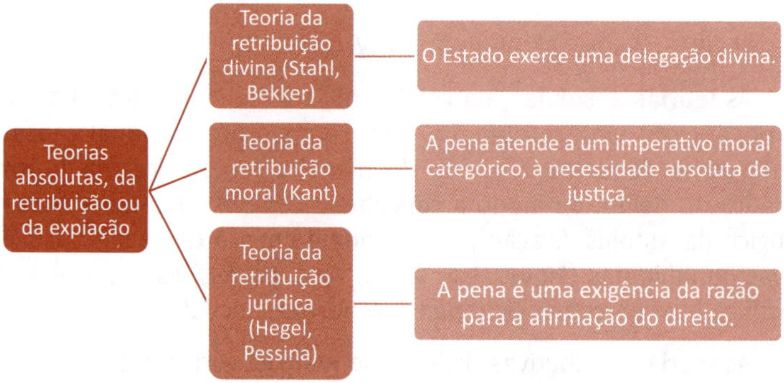

▸ Como esse assunto foi cobrado em concurso?

(CESPE - 2015 - DEPEN - Agente Penitenciário Federal - Área 3) Julgue o item a seguir, referentes às teorias da finalidade da pena. A teoria justificacionista absoluta concebe a pena como uma finalidade em si mesma, por caracterizar a pena pelo seu intrínseco valor axiológico.

Gabarito: Certo

(MPE-SC – 2012 – MPE-SC – Promotor de Justiça – Adaptado) Julgue o item a seguir: IV – A Teoria da Retribuição, também chamada absoluta, concebe a pena como o mal injusto com que a ordem jurídica responde à injustiça do mal praticado pelo criminoso, seja como retribuição de caráter divino (Stahl, Bekker), ou de caráter moral (Kant), ou de caráter jurídico (Hegel, Pessina).

Gabarito: Certo

2. TEORIAS RELATIVAS (PREVENTIVAS OU UTILITÁRIAS)

As **teorias relativas** fundamentam a pena com base em uma **finalidade preventiva**, por razões de utilidade social. Em outros termos, justificam a pena na necessidade de evitar a prática futura de delitos (*poena relata ad effectum*), como um instrumento preventivo de garantia social. Assim, "pune-se para que não se peque".

▸ Como esse assunto foi cobrado em concurso?

(CESPE – 2015 – DEPEN – Agente Penitenciário Federal – Área 3) Julgue o item a seguir, referentes às teorias da finalidade da pena. A teoria justificacionista relativa pode ser de caráter geral ou especial e considera a pena como meio para a realização do fim utilitário da prevenção de futuros delitos.

Gabarito: Certo

Classificam-se em **gerais** ou **especiais**, ambas se subdividindo em vertentes **positivas** ou **negativas**:

2.1. Teorias da prevenção geral

A pena se destina a todos os integrantes da sociedade, não se restringindo ao autor da infração penal. Subdivide-se em:

a) **Teoria da prevenção geral negativa** – Capitaneada por **Anselm Ritter von Feuerbach e Bentham**, pauta-se na **função pedagógica ou formativa do Direito Penal**, assentando-se na noção de **exemplaridade**, que se traduz na **conformidade espontânea à lei**. Apresentando como destinatários os cidadãos em geral, extrai seu fundamento na produção de efeitos inibitórios em relação à prática de infrações penais, ou seja, têm por escopo evitar a prática do crime a partir da **coação psicológica** exercida pela ameaça de aplicação de uma sanção penal (**efeito intimidatório**).

b) **Teoria da prevenção geral positiva, integradora ou estabilizadora** - Visualiza a pena como um **instrumento de estabilização normativa** e de **integração social**, implicando no **fortalecimento geral da confiança normativa** como um efeito positivo.

Régis Prado (2005, p. 182) aponta **três efeitos** principais da fundamentação da pena na **prevenção geral positiva**, vale dizer: o efeito de **aprendizagem**, consistente em indicar às pessoas as regras sociais básicas cujas violações não são toleradas pelo Direito Penal; o efeito de **confiança**, a partir da percepção pelo sujeito de que o Direito se impõe; e o efeito de **pacificação social**, produzido a partir da intervenção estatal diante de uma infração normativa para o restabelecimento da paz jurídica violada.

Essa teoria desdobra-se em duas vertentes:

b.1) **Vertente eticizante (Welzel)** - Sustenta que o Direito Penal promove uma integração social, na medida em que enfatiza **valores ético-sociais** e a atitude de **respeito à vigência da norma**, visando à **conscientização jurídica da população** com o escopo de tutelar os bens jurídicos mais relevantes.

b.2) **Vertente sistêmica (Günther Jakobs)** - Sob inspiração da **teoria dos sistemas** de **Niklas Luhmann**, visualiza o direito como um instrumento de **estabilização do sistema e integração social**, afirmando que a aplicação da pena reforça simbolicamente a confiança da população na vigência da norma. Em outros termos, o sistema, desequilibrado com a prática do crime, deve ser reequilibrado por meio da aplicação da pena. Portanto, a pena assume uma função preventiva, na medida em que assegura a validade da norma. Tal perspectiva é alvo de críticas pela doutrina, visto que desvia o enfoque do direito como instrumento para a tutela de bens jurídicos e solução de conflitos, para um direito voltado

> essencialmente para o sistema social, aproximando-se a modelos de direito penal máximo, indiferente à tutela da pessoa humana (QUEIROZ, 2010, p. 107).

São apresentadas as seguintes críticas pela doutrina à teoria da prevenção geral: ausência de comprovação empírica e ausência de proporcionalidade da pena com a gravidade do fato (irracionalidade da sanção penal).

▶ **Como esse assunto foi cobrado em concurso?**

(MPE-PR – 2016 – MPE-PR – Promotor Substituto) Considere as seguintes afirmações acerca do funcionalismo sistêmico, teoria basilar do intitulado Direito Penal do Inimigo, assinalando a alternativa correta:

I – O funcionalismo sistêmico se constrói da necessidade de exclusão, típica de um Estado de exceção, como regra ou normalidade, visando atender-se às exigências político-criminais da sociedade pós-moderna, cujo extrato é o postulado: vigência da norma e identidade social.

II – A origem da palavra funcionalismo provém do núcleo função, que significa ação própria de uma pessoa e daquilo que é funcional, ou seja, eficaz, prático. Nesse sentido o indivíduo funcionalista é aquele que está de acordo com o pensamento afirmativo de que o homem tem que cumprir obrigações que produzam utilidade.

III – O sistema funcional possui como finalidade a assimilação individual e não a pré-exemplaridade difusa. Nesta perspectiva, o sistema penal serve como expectativa normativa cognitiva para que o indivíduo não pratique determinada ação ou omissão.

IV – Os principais traços do funcionalismo sistêmico são: a) a ausência de uma percepção meramente positivista que abarque todo o contexto social; b) a ressocialização e a prevenção geral detém conteúdo efetivo, vinculado a preceitos não concretistas e metafísicos, cujos direcionamentos não são guiados por observações científicas do real e c) a prevenção defendida não se funda na proporcionalidade, que é contrária à mera retribuição, deixando ainda de levar em conta o neorretribucionismo determinado pela neutralização.

V – Uma crítica possível ao sistema funcionalista é a de que nesse sistema a verdade e a validade normativa se limitam a apenas duas possibilidades de reação, o aprender e o não aprender que na relação de interconexão com as expectativas cognitivas, transformam-se em expectativas normativas cognitivas resultantes em um sistema normativo contrário aos preceitos do Estado Democrático e Social de Direito, eis que no processo se desconsidera o sujeito enquanto destinatário de garantias fundamentais.

a) Apenas as afirmativas I, II e V estão incorretas;

b) Apenas as afirmativas III, IV estão incorretas;

c) Apenas as afirmativas II e V estão incorretas;

d) Apenas a afirmativa IV está incorreta;

e) Todas as afirmativas estão incorretas.

Gabarito: D

(MPDFT - 2015 - MPDFT - Promotor de Justiça Adjunto - Adaptado) Julgue o item a seguir: O funcionalismo sistêmico, adotado por Günther Jakobs, enxerga, na violação da norma, a expressão simbólica da falta de fidelidade ao Direito, o que ameaça à integridade e a estabilidade sociais, e defende que a lesão a bens jurídicos específicos não é o que justifica a incidência da pena, cuja função é de prevenção positiva, representando a reação social ao delito, com reforço da vigência dos valores violados.

Gabarito: Certo

(FCC - 2015 - DPE-SP - Defensor Público) A teoria:

a) da prevenção especial negativa tem um papel determinante na doutrina do direito penal do inimigo de Günther Jakobs.

b) materialista da pena, que remonta ao pensamento de Eugeny Pasukanis, confere à prisão um papel positivo de integração do preso nas relações de produção das sociedades capitalistas contemporâneas.

c) garantista da pena, de Luigi Ferrajoli, apresenta a pena como mecanismo de redução do excesso de sofrimento causado pela prisão, mas sem fins preventivos.

d) agnóstica da pena, elaborada por Eugenio Raúl Zaffaroni, revelou que a pena não tem qualquer função dentro do sistema de controle social forjado pelo direito penal.

e) unificadora da pena, desenvolvida por Claus Roxin, mescla as teorias preventivas e retributivistas com forte influência nas categorias da teoria do delito.

Gabarito: A

2.2. Teorias da prevenção especial ou individual

A **prevenção especial ou individual**, que tem **von Liszt** como principal representante, atua especialmente sobre o sujeito do delito, a fim de evitar que volte a cometer crimes.

Observe-se que, enquanto a prevenção geral atua na fase de cominação da pena, a prevenção especial incide na execução penal.

As teorias da prevenção especial subdividem-se em:

a) **Teoria da prevenção especial negativa** - Visa à **inocuização** ou **neutralização** do condenado mediante seu encarceramento, quando outros meios menos lesivos não se mostrarem suficientes a sua ressocialização.

Sob o enfoque da prevenção especial negativa, a pena de prisão tem a sua eficácia neutralizadora relativizada, pois não impede a prática de delitos durante o período de encarceramento, haja vista o déficit empírico constatado diante do reiterado cometimento de homicídios e lesões corporais intramuros pelos detentos, bem como de outros crimes com a produção de efeitos para além das fronteiras do cárcere, a exemplo do crime de tráfico de drogas configurado com a entrada e comercialização de substâncias entorpecentes no sistema carcerário.

▸ Como esse assunto foi cobrado em concurso?

(CESPE - 2015 - DPE-PE- Defensor Público) A respeito do objeto de estudo do direito penal, do direito penal do autor e das teorias da pena, julgue o item seguinte. O discurso da teoria da prevenção geral negativa é criticado porque confunde o direito em geral e toda a ética social com o poder punitivo.

Gabarito: Certo

(CESPE - 2015 - DEPEN - Agente Penitenciário Federal - Área 3) Julgue o item a seguir, referentes às teorias da finalidade da pena. A função preventiva especial, em razão do caráter abstrato da previsão legal dos delitos e das penas, enfoca o delito e não o infrator individualmente.

Gabarito: Errado

(CESPE - 2015 - DEPEN - Agente Penitenciário Federal - Área 3) Julgue o item a seguir, referentes às teorias da finalidade da pena. A teoria utilitarista da prevenção geral negativa age para garantir a segurança social, com a concepção de que a reintegração social é medida necessária para impedir ou, ao menos, diminuir a reincidência criminosa dos condenados à pena privativa de liberdade.

Gabarito: Errado

(VUNESP - 2014 - PC-SP - Médico Legista). Aqueles que atribuem à pena privativa de liberdade função de prevenir a infração penal unicamente através da segregação do delinquente são adeptos da teoria que defende a função _______ da pena. Completa corretamente a lacuna:

a) retributiva

b) preventiva especial positiva

c) preventiva geral negativa

d) preventiva geral positiva

e) preventiva especial negativa.

Gabarito: E

b) **Teoria da prevenção especial positiva** - Visa à **ressocialização** ou **reinserção social** do condenado.

Para que a execução penal seja propícia à reintegração social, Lima Júnior (2017, p. 168) assevera que a mesma deva ter como norte o princípio da dignidade da pessoa humana, sendo necessária a estruturação de uma equipe administrativa interdisciplinar especializada, cuja gestão caberá à direção da respectiva unidade, devendo atender a critérios de vocação, profissionalização e antecedentes pessoais, nos termos do art. 77 da LEP. Ademais, incumbe ao Ministério Público, conforme disposto nos arts. 67 e 68 da LEP, a fiscalização da execução penal, devendo visitar mensalmente os estabelecimentos prisionais, registrando sua presença em livro próprio.

Nesse sentido, o artigo 1º da LEP dispõe como objetivo da execução penal, além de dar efetividade à decisão criminal, proporcionar condições para a harmônica integração social do condenado e do internado.

Outrossim, cabe trazer à colação o art. 5º, § 2º, da CRFB, o qual aduz que "os direitos e garantias expressos nesta Constituição não excluem outros decorrentes do regime e dos princípios por ela adotados, ou dos tratados internacionais em que a República Federativa do Brasil seja parte".

Em sequência, o § 3º do artigo 5º do mesmo diploma legal preceitua que "os tratados e convenções internacionais sobre direitos humanos que forem aprovados, em cada Casa do Congresso

Nacional, em dois turnos, por três quintos dos votos dos respectivos membros, serão equivalentes às emendas constitucionais".

O entendimento consolidado no Supremo Tribunal Federal (STF) é de que os tratados internacionais de direitos humanos ratificados e internalizados na ordem jurídica brasileira, porém não submetidos ao processo legislativo insculpido no artigo 5º, § 3º, da Constituição Federal, como é o caso da Convenção Americana sobre Direitos Humanos, apresentam caráter supralegal, ou seja, inferior à Constituição Federal, mas superior à legislação interna (STF – 1ª Turma, HC 94523, rel. Min. Carlos Britto, julg. 10/02/2009, DJe 13/03/2009). Por outro lado, os tratados e convenções internacionais sobre direitos humanos aprovados nos moldes do preceituado no art. 5º, § 3º, da CRFB apresentarão *status* equivalente às emendas constitucionais, cujo procedimento de aprovação encontra-se previsto no art. 60, § 2º, da CRFB, em norma de semelhante teor.

Isto posto, deve a legislação interna se compatibilizar com os tratados e convenções internacionais integrantes do Sistema Interamericano de Direitos Humanos e do sistema global de proteção dos direitos humanos (Sistema das Nações Unidas), de que o Brasil seja signatário. Desta feita, nortearão a execução penal as normas internacionais de direitos humanos consubstanciadas no Pacto Internacional de Direitos Civis e Políticos (1966), na Convenção Americana sobre Direitos Humanos ou Pacto de San José da Costa Rica (1969), na Convenção contra Tortura e outros Tratamentos ou Penas Cruéis, Desumanos ou Degradantes (1984), na Convenção Interamericana para Prevenir e Punir a Tortura (1985), nas Regras de Tóquio ou Regras Mínimas das Nações Unidas para a Elaboração de Medidas não Privativas de Liberdade (1990), nas Regras de Bangkok ou Regras das Nações Unidas para o Tratamento de Mulheres Presas e Medidas não Privativas de Liberdade para Mulheres Infratoras (2010) e nas Regras de Mandela ou Regras Mínimas das Nações Unidas Para o Tratamento de Presos (2015).

Todavia, conforme salienta Baratta (1990, p.1), "a realidade prisional apresenta-se muito distante daquilo que é necessário para fazer cumprir as funções de ressocialização e os estudos dos efeitos da cadeia na vida criminal (atestam o alto índice de reincidência) têm invalidado amplamente a hipótese da ressocialização do delinquente através da prisão".

Apontam-se também como críticas a essa teoria a ausência de limites à atuação estatal e da estipulação de critérios para orientar a intervenção estatal, bem como a violação da dignidade da pessoa humana ao se considerar a reinserção social como um fim legítimo a ser perseguido por meio da violência da pena.

Ademais, há de se destacar o caráter criminógeno do cárcere, o qual, sublinhe-se, é reconhecido expressamente na Exposição de Motivos da Parte Geral do Código Penal: "Uma política criminal orientada no sentido de proteger a sociedade terá de restringir a pena privativa de liberdade aos casos de reconhecida necessidade, como meio eficaz de impedir a ação criminógena cada vez maior do cárcere".

▸ Como esse assunto foi cobrado em concurso?

(CESPE - 2015 - DEPEN - Agente Penitenciário Federal - Área 3) Julgue o item a seguir, referentes às teorias da finalidade da pena. A teoria utilitarista da prevenção especial positiva da pena está direcionada para a coletividade, no sentido de que a imposição e a execução da pena são úteis, respectivamente, para intimidar e neutralizar os criminosos.

Gabarito: Errado

(VUNESP - 2014 - PC-SP- Fotógrafo Técnico Pericial) As finalidades da pena são "retribuição e prevenção", sendo assim, o objetivo da prevenção é o de:

a) retribuir ao infrator da lei o malefício causado à sociedade na medida proporcional do crime cometido (devolutiva).

b) evitar que o infrator da lei volte a delinquir (especial) e que a punição sirva de exemplo para que outros não pratiquem o mesmo ato (geral).

c) evitar que o cidadão se torne uma vítima, instruindo-o em relação aos perigos sociais (explicativa).

d) inibir que o infrator da lei cometa o crime somente por meio de exemplos preventivos (inibitória), sem que haja necessidade da aplicação efetiva da pena.

e) substituir a pena privativa de liberdade pelas penas restritivas de direitos, evitando que o infrator da lei seja levado ao cárcere (substitutiva).

Gabarito: B

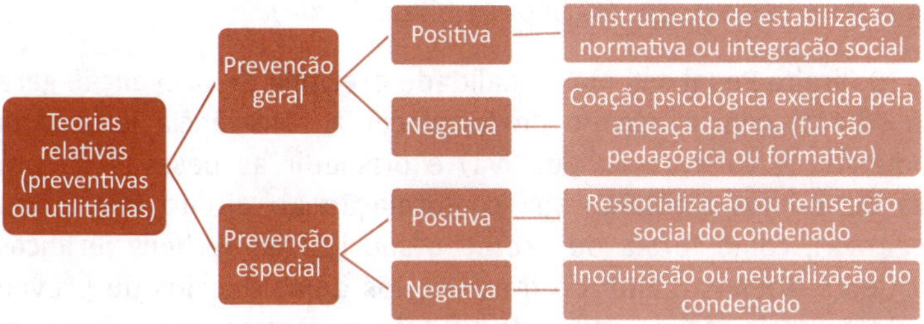

3. TEORIAS UNITÁRIAS, ECLÉTICAS OU MISTAS

As **teorias unitárias, ecléticas ou mistas**, majoritárias na atualidade, visam conciliar a finalidade de retribuição jurídica da pena com os fins de prevenção geral e especial, de sorte que a pena apenas será legítima se for justa e útil, isto é, além de justa, deve ser necessária para a preservação de bens jurídicos (QUEIROZ, 2010, p. 111).

Para a fixação da pena justa, a noção de retribuição jurídica afigura-se relevante, na medida em que extrai seu fundamento e seu limite do delito praticado, devendo ser proporcional à gravidade do injusto e da culpabilidade. Por sua vez, a pena justa melhor se prestará à prevenção geral e especial, na medida em que potencialmente compreendida e aceita pelos cidadãos e pelo autor do delito, o qual, a partir dela, encontrará a possibilidade de expiação e reconciliação com a sociedade. Falar-se-á, então, em uma neoretribuição que servirá de instrumento de prevenção e esta, por seu turno, encontrará na retribuição um limite que impedirá a sua degeneração.

É a teoria **adotada** pelo **Código Penal**, conforme se depreende da parte final do art. 59:

> O juiz, atendendo à culpabilidade, aos antecedentes, à conduta social, à personalidade do agente, aos motivos, às circunstâncias e consequências do crime, bem como ao comportamento da vítima, estabelecerá, conforme seja necessário e suficiente para **reprovação** e **prevenção** do crime.

Paulo Queiroz (2010, p. 112) preleciona que, dentre as teorias mistas, destacam-se a teoria dialética unificadora de Claus Roxin e o garantismo de Ferrajoli.

3.1. Teoria dialética unificadora (Claus Roxin)

O Direito Penal ostenta a finalidade precípua de **prevenção geral de delitos**, com o escopo de fortalecer a consciência jurídica da comunidade (**prevenção positiva**) e dissuadir as pessoas da prática de delitos mediante sua conformação ao direito (**prevenção negativa**), como forma de **proteção subsidiária de bens jurídicos**, incidente apenas diante do fracasso dos demais meios de prevenção e controle social, e atuando em três momentos, quais sejam, na cominação da pena, na individualização judicial e na execução penal. Nesta última etapa de individualização penal, embora remanesça a função de prevenção geral, atuará também a prevenção especial, com o intuito de assegurar a ressocialização do autor do fato.

3.2. Garantismo (Ferrajoli)

Sustenta que a única finalidade capaz de legitimar a intervenção penal é a **prevenção geral negativa**, compreendendo-se como tal não apenas a **prevenção de futuros delitos**, mas, precipuamente, a **prevenção do arbítrio de reações informais públicas e privadas**. Dessarte, concebe o Direito Penal como um sistema de garantias dos direitos fundamentais do cidadão perante o arbítrio estatal e da sociedade, à luz da tradição iluminista. Com isso, defende um direito penal mínimo, restrito às hipóteses de absoluta necessidade, em que a pena estaria justificada como um mal menor, face às reações não jurídicas que surgiriam em sua ausência.

A fundamentação da pena para evitar a generalização da vingança é criticada com base na observação da experiência prática, visto que o direito penal só atua em reduzido número de casos (cifra oculta) e a ampla quantidade de crimes impunes não implica na disseminação da vingança ilimitada.

▸ **Como esse assunto foi cobrado em concurso?**

(MPDFT - 2015 - MPDFT - Promotor de Justiça Adjunto - Adaptado) Julgue o item a seguir: O garantismo integral penal, do qual é adepto Luigi Ferrajoli, postula tanto a obediência a axiomas como a legalidade, anterioridade, a lesividade e a presunção de inocência, quanto a tutela dos interesses da vítima no desenrolar do processo penal, por ser ela uma parte necessitada da proteção do Estado, contexto no qual a pena tem a função de diminuir as reações informais e arbitrárias do particular ao delito.

Gabarito: Errado

Capítulo VI

Processos de Criminalização

A criminalização é o processo de seleção penal levado a cabo pelo conjunto de agências que formam o sistema penal, desenvolvendo-se em duas etapas, a saber, a criminalização primária e a criminalização secundária.

1. CRIMINALIZAÇÃO PRIMÁRIA

Criminalização primária é o "ato e o efeito de sancionar uma lei penal material que incrimina ou permite a punição de certas pessoas" (ZAFFARONI et al, 2015, p. 43). Em outros termos, é a edição de uma norma penal incriminadora.

Trata-se de um ato formal programático, em regra, oriundo de agências políticas (Poder Legislativo e Poder Executivo), cujo cumprimento incumbirá às agências de criminalização secundária (delegados de polícia, promotores, advogados, defensores públicos, juízes, agentes penitenciários).

2. CRIMINALIZAÇÃO SECUNDÁRIA

Criminalização secundária é o exercício da ação punitiva que se manifesta concretamente quando alguém pratica um ato criminalizado primariamente.

Observe-se que o sistema penal, com destaque para as agências policiais, atua de forma seletiva em relação à criminalização secundária, realizando, em função de uma própria limitação operacional, apenas ínfima parcela do programa primário, o que faz com que a impunidade seja a regra e a criminalização secundária a exceção.

Em regra, a criminalização secundária recai sobre fatos grosseiros que sejam de mais fácil detecção e sobre pessoas que causem menos problemas, isto é, incapazes de acessar positivamente o poder político e econômico e os meios de comunicação de massa, o que viola o princípio constitucional da isonomia (ZAFFARONI et al, 2015, p. 46).

Por outro lado, as pessoas selecionadas pelo sistema penal passam a ser rotuladas como delinquentes, havendo sua exposição pública pelos meios de comunicação social, o que contribui para a preconceituosa construção de um estereótipo, associado à classe social, etnia, idade, gênero e aparência estética.

Esse estereótipo, por sua vez, passa a ser o principal critério seletivo na criminalização secundária, o que justifica a existência de certa uniformidade estética da população carcerária, representada por caracteres que foram considerados pelo determinismo biológico como causas do delito, quando, em verdade, seriam causas da criminalização. Observe-se, porém, a possibilidade de virem a se tornar causas do delito na hipótese em que a pessoa assumir o papel vinculado ao estereótipo, comportamento esse denominado de **desvio secundário ou efeito reprodutor da criminalização**.

Desta feita, tornam-se mais **vulneráveis à criminalização secundária** pessoas cujas características se enquadrem nos estereótipos criminais, que apenas consigam efetuar crimes grosseiros de fácil detecção ou que tenha assumido o papel inerente a seu estereótipo. Ressalte-se que a vulnerabilidade ao poder punitivo será proporcional à maior ou menor correspondência com o estereótipo. Por outro lado, pessoas que não se enquadrem no estereótipo precisarão fazer um esforço considerável para se submeter ao risco criminalizante, havendo sua criminalização em razão de um comportamento grotesco ou trágico (ZAFFARONI et al, 2015, p. 50).

Capítulo VII

Estatística Criminal e Cifras Criminais

A partir do século XIX, passa a haver um tratamento científico da estatística criminal, a qual ganha relevo para o estudo do fenômeno da criminalidade, com o escopo de relacionar os ilícitos cometidos a fatores de criminalidade e, com isso, nortear as políticas criminais.

Não obstante, na análise dos dados oficiais, é necessário atentar para o fato de que muitas infrações penais, pelas mais variadas razões, não chegam ao conhecimento das autoridades oficiais, podendo levar a uma distorção dos resultados estatísticos acerca da realidade fenomênica.

Isto posto, pode-se extrair desse quadro os seguintes conceitos:

a) **Criminalidade real**: Refere-se ao número efetivo de crimes ocorridos em determinado local dentro de um espaço delimitado de tempo;

b) **Criminalidade revelada, aparente ou registrada**: Trata-se do número de crimes que chegam ao conhecimento do Estado;

c) **Cifras ocultas (ou cifras negras)**: Corresponde ao percentual de crimes que não chega ao conhecimento do Estado. Tem-se, assim, que a cifra oculta corresponde, matematicamente, ao resultado da diferença entre a criminalidade real e a criminalidade revelada.

Dessarte, conclui-se que a criminalidade real é sempre maior que a criminalidade revelada, aparente ou registrada. Saliente-se, ainda, que o índice da cifra oculta variará conforme o tipo de delito e a classe social do delinquente.

Diante dessa constatação, a doutrina concebeu os conceitos de cifra negra, cifra dourada, cifra cinza, cifra amarela e cifra verde

(SUMARIVA, 2017, pp. 127-134), cuja definição variará, basicamente, de acordo com o tipo de crime cometido, o bem jurídico tutelado pelo tipo penal violado, a classe social a que pertença o autor do fato e a instância de resolução do conflito.

1. CIFRA NEGRA

A expressão **cifra negra**, **cifra ou zona escura**, ***dark number*** ou ***ciffre noir*** corresponde ao número de crimes não levados ao conhecimento das autoridades públicas, ou seja, à diferença entre a criminalidade real e a criminalidade revelada.

O emprego do termo relaciona-se aos **crimes do colarinho azul (*blue collar crimes*)**, que, em alusão à gola do macacão azul utilizado como uniforme pelos operários nas fábricas, refere-se à **criminalidade de rua**, aos **delitos praticados por indivíduos economicamente menos favorecidos**, como os crimes patrimoniais, crimes contra a vida etc.

Ressalte-se, conforme veremos a seguir, que a expressão crimes do colarinho azul contrapõe-se à expressão crimes do colarinho branco, a qual, reportando-se às camisas brancas utilizadas pelos executivos, representa a criminalidade da elite.

Importante assinalar que a cifra negra denota a **seletividade** do sistema penal, que elege os fatos a serem definidos como crimes e as pessoas que devem ser rotuladas como criminosas, fazendo com que o mesmo se movimente apenas em determinados casos.

Pode-se apontar, exemplificativamente, como fatores responsáveis pela cifra negra, vale dizer, pela não comunicação de crimes pelas vítimas às autoridades oficiais e, consequentemente, por sua não apuração e impunidade, o elevado risco de vitimização secundária com o destrato e desconfiança de sua palavra pelas autoridades oficiais, a descrença na justiça, a possibilidade de perder dias de trabalho comparecendo à delegacia ou ao fórum para prestar declarações, o temor de sofrer represálias pelo autor do fato, a vergonha e a estigmatização social diante da repercussão do fato criminoso frequente em crimes contra a dignidade sexual, a dependência psicológica e/ou financeira do autor do fato etc.

Em adição a tais mazelas, também se pode citar como fatores que podem fazer com que um crime deixe de ser investigado ou julgado as falhas na legislação (conceitos legais dúbios ou lacunosos, em flagrante violação ao princípio da taxatividade; penas desproporcionais à conduta praticada; imunidades parlamentares e do Presidente da República etc.) e as próprias deficiências relativas à investigação criminal (falta de estrutura material e humana dos órgãos responsáveis pela investigação criminal; burocratização do inquérito policial; corrupção; politização da polícia com a remoção de autoridades policiais por interesses políticos em investigações; omissão do Ministério Público no controle externo da atividade policial etc.) e à persecução penal em juízo (morosidade da justiça e prescrição penal; falta de efetividade dos programas de proteção às vítimas e testemunhas; atraso tecnológico da Justiça; falta de cooperação internacional etc.).

▸ Observação:

A doutrina utiliza em um sentido amplo a expressão cifra negra como sinônima de cifra oculta, significando o percentual de crimes não revelados ou apurados pelo Estado. Todavia, deve-se atentar que o termo cifra negra também é utilizado em um sentido estrito quando circunscrito à criminalidade do colarinho azul, em contraposição à cifra dourada, que, por sua vez, refere-se à criminalidade do colarinho branco.

▸ Como esse assunto foi cobrado em concurso?

(FCC - 2009 - DPE-SP - Defensor Público) A expressão 'cifra negra' ou oculta, refere-se:

a) às descriminantes putativas, nos casos em que não há tipo culposo do crime cometido.

b) ao fracasso do autor na empreitada em que a maio ria têm êxito.

c) à porcentagem de presos que não voltam da saída temporária do semiaberto.

d) à porcentagem de crimes não solucionados ou punidos porque, num sistema seletivo, não caíram sob a égide da polícia ou da justiça ou da administração carcerária, porque nos presídios 'não estão todos os que são'.

e) à porcentagem de criminalização da pobreza e à globalização, pelas quais o centro exerce seu controle sobre a periferia, cominando penas e criando fatos típicos de acordo com seus interesses econômicos, determinando estigmatização das minorias.

Gabarito: D

(VUNESP - 2014 - PC-SP - Médico Legista) A expressão "cifra negra", em Criminologia, corresponde ao número de:

a) erros judiciais (decisões judiciais incompatíveis com a realidade dos fatos).

b) crimes ocorridos e não reportados à autoridade.

c) criminosos reincidentes.

d) prisões efetuadas injustamente.

e) crimes ocorridos em ambientes públicos, mas cuja autoria permanece ignorada.

Gabarito: B

(VUNESP - 2014 - PC-SP - Atendente de Necrotério Policial) Entende-se por cifras negras:

a) as ocorrências criminais não registradas nos órgãos policiais responsáveis, em prejuízo do interesse da sociedade.

b) somente os delitos praticados pelos criminosos de colarinho branco, em prejuízo da coletividade.

c) os crimes hediondos praticados com violência ou grave ameaça.

d) os crimes de menor potencial ofensivo praticados sem violência ou grave ameaça.

e) apenas os crimes praticados por policiais, que não são apurados, por temor de represália. Gabarito: A

2. CIFRA DOURADA

A cifra dourada, considerada uma espécie de cifra oculta, refere-se aos **crimes do colarinho branco** (*white-collar crimes*) não revelados ou apurados pelo Estado.

Por sua vez, a expressão crimes do colarinho branco, difundida por **Edwin Sutherland**, compreende os **delitos econômicos em sentido amplo**, como o crime de lavagem de capitais (Lei nº 9.613/98), os crimes contra o Sistema Financeiro Nacional (Lei nº 7.492/86), os crimes contra a ordem tributária, ordem econômica e as relações de consumo (Lei nº 8.137/90), os crimes contra a ordem econômica (Lei nº 8.176/91), os crimes contra a ordem previdenciária (Lei nº 8.176/91) e os crimes eleitorais (Lei nº 4.737/65), praticados por **pessoas de respeitabilidade e elevado *status* social (elite)**, valendo-se de seus conhecimentos técnicos, habilidade profissional e influência pessoal ou política.

Alessandro Baratta (2014, p. 102), analisando a escassa medida em que a criminalidade do colarinho branco é perseguida, aponta três ordens de fatores, a saber:

a) **Fatores de natureza social**: Contrariamente ao que se dá nas infrações típicas de classes sociais menos favorecidas, os autores dos denominados crimes do colarinho branco ostentam prestígio social, inexistindo um estereótipo que oriente as agências oficiais na perseguição das infrações penais e sendo escasso o efeito estigmatizante das sanções aplicadas. Assim, o fato criminoso é tido socialmente como uma prática generalizada, conhecida e tolerada por todos;

b) **Fatores de natureza jurídico-formal**: Refere-se à competência de comissões especiais e dos órgãos ordinários, para certos tipos de infrações, em dadas sociedades. Registre-se que as manobras criminosas nos delitos econômicos se valem de complexas estruturas societárias e de intrincados procedimentos financeiros, dificultando a individualização da conduta dos autores do fato e demandando a necessidade de minuciosa perícia técnica;

c) **Fatores de natureza econômica**: A capacidade econômica do autor do fato permite a contratação de advogados de renomado prestígio e, até mesmo, o exercício de pressões sobre os denunciantes.

Ressalte-se que, no julgamento da Ação Penal n. 470 (caso Mensalão) no STF, o Ministro Luiz Fux valeu-se das expressões cunhadas por Sutherland, proclamando em seu voto que "o desafio na seara dos crimes do colarinho branco é alcançar a plena efetividade da tutela penal dos bens jurídicos não individuais. Tendo em conta que se trata de delitos cometidos sem violência, incruentos, não atraem para si a mesma repulsa social dos crimes do colarinho azul".

▸ Como esse assunto foi cobrado em concurso?

(VUNESP - 2014 - PC-SP - Escrivão de Polícia) A criminologia moderna estuda o fenômeno da criminalidade por meio da estatística criminal. Nessa seara, a expressão "cifra dourada" designa.

a) o total de delitos registrados e de conhecimento do poder público que são elucidados.

b) as infrações penais praticadas pela elite, não reveladas ou apuradas; trata-se de um subtipo da "cifra negra", a exemplo do crime de sonegação fiscal.

c) as infrações penais de maior gravidade, como, por exemplo, o homicídio, que, ao ser elucidado, permite ao poder público planejar melhor suas ações e alterar a legislação

d) as infrações penais de menor potencial ofensivo, por enquadrar-se na Lei n.º 9.099/95, a exemplo do delito de perturbação do sossego alheio.

e) o percentual de delitos praticados pela sociedade de baixa renda que não chega ao conhecimento do poder público por falta de registro, e, portanto, não são elucidados.

Gabarito: B

(VUNESP - 2013 - PC-SP - Agente de Polícia) Os "crimes de colarinho branco" são delitos conhecidos na Criminologia por:

a) crimes contra a dignidade social.

b) crimes de menor potencial ofensivo.

c) cifras cinza.

d) cifras amarelas.

e) cifras douradas.

Gabarito: E

(PC-SP - 2010 - Escrivão de Polícia Civil) O termo cifra dourada é indicativo:

a) dos crimes praticados por membros da realeza.

b) da violência doméstica ocorrida nas classes altas e não relatadas à polícia.

c) dos crimes esclarecidos mediante à oferta de uma recompensa.

d) do número de jovens de alto poder aquisitivo envolvidos com o narcotráfico.

e) dos crimes denominados de "colarinho branco".

Gabarito: E

3. CIFRA CINZA

Trata-se do número de **crimes registrados na delegacia de polícia** e que são **solucionados em sede policial**, sem que haja a instauração de processo criminal para que o fato criminoso seja levado a julgamento.

Paulo Sumariva aponta como exemplo o não oferecimento ou retratação da representação criminal nos crimes de ação penal pública condicionada à representação, haja vista sua natureza jurídica, segundo a doutrina majoritária, de condição de procedibilidade (art. 5º, § 4º c/c art. 24, CPP).

Na mesma esteira, pode-se citar os crimes de ação penal de iniciativa privada, em relação aos quais a instauração de inquérito policial depende de requerimento das partes (art. 5º, § 5º, CPP) e o oferecimento da queixa-crime cabe ao ofendido ou a quem tenha qualidade para representá-lo (art. 30, CPP).

Nessa seara, abre-se espaço para a mediação pela polícia judiciária como forma alternativa de resolução de conflitos, que, à luz dos fundamentos da justiça restaurativa e sob a perspectiva de um sistema penal humanizado, dissonante da lógica punitiva-retributiva, promova o diálogo entre as partes para a busca de uma solução consensual e horizontalizada da contenda.

Tal concepção se afigura de irrefutável importância haja vista o grande montante de registros de ocorrências em delegacias de polícia versando sobre delitos de ameaça, lesão corporal, crimes contra a honra etc., que consubstancia um campo fértil para a conciliação pré-processual, de sorte a promover a desjudicialização do conflito e, com isso, desafogar a justiça.

Por outro lado, em relação aos crimes de violência doméstica e familiar contra a mulher, face à triste realidade em que as vítimas, sob a influência de seus companheiros e ante à dependência psicológica e/ou financeira dos mesmos, após registrar o fato criminoso muitas vezes retornavam à delegacia de polícia para manifestar o desejo de retratar-se quanto à representação criminal oferecida, o art. 16 da Lei nº 11.340/06 (Lei Maria da Penha) estabeleceu que nas ações penais públicas condicionadas à representação da ofendida de que trata a lei, só será admitida a renúncia à representação perante o juiz, em audiência especialmente designada com tal finalidade, antes do recebimento da denúncia e ouvido o Ministério Público.

Pela mesma razão, considerando a extrema gravidade das lesões corporais perpetradas contra a mulher no ambiente doméstico ou familiar, vale registrar que o art. 41 da Lei nº 11.340/06 afastou a incidência da Lei nº 9.099/95 em relação aos crimes praticados com violência doméstica e familiar contra a mulher, fazendo com que deixasse de se aplicar a tais delitos o art. 88 da Lei nº 9.099/95, que condiciona à representação da vítima os crimes de lesão corporal leve e culposa. Consequentemente, conforme entendimento consolidado na Súmula nº 542 do STJ, a ação penal relativa ao crime de lesão corporal resultante de violência doméstica contra a mulher passou a ser pública incondicionada.

Desta feita, considerando a situação de vulnerabilidade em que se encontra a mulher no ambiente doméstico e familiar, conclui-se que tais medidas são salutares para a redução do índice de cifra cinza face aos delitos de violência doméstica e familiar contra a mulher.

4. CIFRA AMARELA

Corresponde às ocorrências em que há **abuso e violência policial** contra o indivíduo, que deixam de ser levadas ao conhecimento dos órgãos públicos (delegacia de polícia, ouvidoria, corregedoria, ministério público etc.) por temor de sofrer represália.

▸ **Como esse assunto foi cobrado em concurso?**

(VUNESP - 2013 - PC-SP - Escrivão de Polícia Civil) São conhecidas por __________os crimes que não são registrados em órgãos oficiais encarregados de sua repressão, em decorrência de omissão das vítimas, por temor de represália. Assinale a alternativa que preenche corretamente a lacuna.

a) estatísticas azuis;

b) estatísticas brancas;

c) cifras douradas;

d) cifras negras;

e) cifras cinza.

Gabarito: D. Embora a questão não apresente dentre as alternativas a cifra amarela, a mesma foi inserida neste tópico para chamar a atenção para o fato de que, apesar de seu enunciado se referir aos crimes que deixam de ser registrados nos órgãos oficiais tendo em vista temor da vítima de sofrer represália, a questão não menciona decorrer o crime de abuso ou violência policial, razão pela qual a resposta correta é a letra D.

5. CIFRA VERDE

Consiste nas ocorrências relativas a **crimes contra o meio ambiente** que não chegam ao conhecimento dos órgãos policiais. Por exemplo, o crime de maus-tratos a animais (art. 32, Lei nº 9.605/99), o crime de pichação urbana (art. 65, Lei nº 9.605/99) etc.

Cifra negra	Cifra dourada	Cifra cinza	Cifra amarela	Cifra verde
•**Crimes do colarinho azul** não revelados ou apurados pelo Estado.	•**Crimes do colarinho branco** não revelados ou apurados pelo Estado.	•**Crimes registrados na delegacia de polícia** e que são **solucionados em sede policial**, sem que haja a instauração de processo criminal.	•Crimes em que há **abuso ou violência policial** contra o indivíduo não revelados ou apurados pelo Estado em função do temor de represálias.	•**Crimes contra o meio ambiente** não revelados ou apurados pelo Estado.

Capítulo VIII

Técnicas e Testes Criminológicos

1. TÉCNICAS DE INVESTIGAÇÃO

Conforme visto, a partir do advento da criminologia científica com a Escola Positiva, passou-se a adotar o **método empírico-indutivo**, pelo qual o estudo da criminologia se desenvolve a partir da observação da realidade fática.

Nesse tocante, faz-se mister perquirir as estratégias investigativas e seus procedimentos teórico-metodológicos, que dependerão da natureza e objeto concreto de pesquisa.

2. TÉCNICAS DE INVESTIGAÇÃO SOCIOLÓGICA

De acordo com Penteado filho (2016, p. 34-35), as técnicas de investigação sociológica podem ser desmembradas em três espécies:

a) **Investigação extensiva ou quantitativa**: Vale-se do emprego preponderante das técnicas quantitativas, permitindo o conhecimento em extensão do fenômeno criminal;

b) **Investigação intensiva ou qualitativa**: Vale-se do emprego predominante das técnicas qualitativas, permitindo o conhecimento em profundidade do fenômeno criminal, por meio de uma visão multilateral do objeto de estudo. Privilegia a abordagem direta das pessoas em seus próprios contextos de interação;

c) **Investigação-ação**: Dá-se por meio da intervenção direta dos cientistas (criminólogos, delegados de polícia, promotores de justiça, juízes etc.), com o objetivo de aplicação direta do conhecimento produzido.

Nesse ponto, o autor ressalta a técnica de investigação criminal denominada "**recognição visuográfica de local de crime**", desenvolvida em 1994, em São Paulo, por **Marco Antonio Desgualdo**, que visa à "reconstrução da cena do crime por meio da reconstituição de seus fragmentos e vestígios, levando o pesquisador experiente (delegado de polícia) a coletar elementos que possam construir um perfil criminológico do autor de um delito". A técnica, inicialmente aplicada aos crimes contra a vida de autoria ignorada, pretende reunir a maior gama de informações para a investigação do delito, tais como data, local e horário do fato, condições climáticas, informes de testemunhas e de pessoas que tiveram ciência do fato criminoso, dados sobre a vítima (identidade, hábitos, comportamentos etc.) e croqui descritivo. Em síntese, pretende promover uma "radiografia panorâmica do delito", permitindo a construção de um perfil psicológico-criminal de seu autor.

2.1. Perfilamento criminal (*criminal profiling*)

2.1.1. *Conceito e técnicas de perfilamento*

O perfilamento criminal é uma **técnica profissional de investigação criminal**, produto da aplicação de **conhecimentos multidisciplinares** (criminologia, psicologia, antropologia, sociologia, biologia etc.), pela qual se busca a construção de um **perfil psicológico-criminal do autor** não identificado de um ou mais delitos, bem como sua área de atuação, com o objetivo de auxiliar a investigação policial de **crimes violentos** sem motivos aparentes, sequenciais ou não, que deixem vestígios (PENTEADO FILHO, 2016, p. 40).

Em um sentido amplo, o perfil criminal é uma tentativa de fornecer pistas acerca da personalidade e do comportamento do criminoso, a partir das evidências deixadas pelo delito, operacionalizando-se por meio de um processo inferencial que envolve a análise de sua interação com a vítima e a cena do crime, de sua escolha de armas, do uso de linguagem, dentre outros fatores (PETHERICK, 2013, p. 65).

A criação do perfil atuará como um filtro, limitando a relação de suspeitos da prática delitiva, bem como viabilizará um interrogatório direcionado.

Por meio dessa arte, procede-se a uma "autópsia psicológica do autor de um delito", com o objetivo de responder a 3 (três) questões principais: 1) O que houve na cena do crime; 2) Razões pelas quais os fatos ocorreram; 3) O tipo de indivíduo envolvido. Para tanto, procura elucidar os 5 (cinco) pontos centrais da investigação criminal, vale dizer, quem praticou o crime, quando, onde, como e porquê (PENTEADO FILHO, 2016, p. 39-40).

2.1.2. *Histórico*

Conforme leciona Penteado Filho (2016, p. 36-41), o surgimento dos perfis criminais deu-se inicialmente na literatura, destacando-se seu uso pelo detetive fictício C. Auguste Dupin criado pelo romancista Edgar Allan Poe (1841), bem como sua presença na lógica dedutiva pelo conhecido personagem Sherlock Holmes, de Sir Arthur Conan Doyle.

A criação do perfil de Adoph Hitler pelo psiquiatra W. C. Langer, convocado pela OSS (*Office of Strategic Services*) é apontada como o primeiro uso dos perfis criminais.

No ano de 1957, houve a documentação dos perfis criminais, haja vista o pedido de ajuda de policiais do *New York City Police Department (NYCPD)* ao psiquiatra James Brussel para identificar o responsável por mais de trinta bombardeios ao longo dos últimos quinze anos, conhecido como *Mad Bomber*. A técnica também foi adotada em 1977 para a identificação do assassino conhecido como *Son of Sam*, acusado de efetuar disparos contra jovens casais parados em seus veículos na cidade de Nova Iorque.

No final da década de 60, houve a fundação da Unidade de Ciência Comportamental (*BSU – Behavioral Science Unit*) pelos agentes Mullany e Teten do FBI (*Federal Bureau of Investigation*), iniciando-se os primeiros estudos sistemáticos para determinar a personalidade e características comportamentais de *serial killers*. A partir de 1972, o FBI passou a desenvolver formalmente os perfis criminais; em 1978, foi estabelecido o Programa de Perfis Psicológicos (*Psychological Profiling Program*); e, em meados dos anos 80, foi estruturado o programa de captura de criminosos violentos – VICAP (*Violent Criminal Apprehension Program*), que contempla uma base de dados informatizada para análise comparativa de casos não elucidados.

A partir de então, criou-se a Análise de Investigação Criminal (*CIA - Criminal Investigative Analysis*), idealizada em quatro fases: 1) coleta de dados; 2) classificação e tipificação do crime; 3) reconstituição do crime; 4) elaboração de um perfil.

No ano de 1985, a técnica foi empregada pelo psicólogo David Canter da Universidade de Surrey, na Inglaterra, em colaboração com a polícia para a identificação da autoria de trinta estupros e dois homicídios. E, em 1994, Canter criou a primeira Academia Graduada de Psicologia Investigativa, na Universidade de Liverpool.

Registre-se, ainda, o emprego dos princípios geográficos na obra *Identificação Geoforense de Crimes em Série Localizados*, de Milton Newton e a criação dos perfis geográficos por D. Kim Rossmo.

Por fim, em contraposição ao método indutivo de regra adotado pelo FBI, impende destacar o processo de criação de perfis de Brent Turvey, denominado "análise de evidência comportamental" (*Behavioral Evidence Analysis*), que, valendo-se do método dedutivo, estrutura-se em quatro fases: 1ª) Análise forense ambivalente (em caso de pluralidade de interpretação das provas, deve-se seguir a mais provável); 2ª) Características da vítima; 3ª) Características da cena do crime; 4ª) Características do agressor.

Embora sua origem esteja relacionada aos homicídios em série, sua aplicabilidade a eles não se restringe, sendo documentada sua adoção em diversos países, como Suécia, Finlândia, Canadá, Alemanha e Holanda.

No Brasil, em 2007, o professor Marco Antonio Desgualdo, da Academia de Polícia de São Paulo, iniciou contato com agentes norte-americanos do FBI para a criação do projeto de perfilamento criminal, porém não logrou avanços face à ausência de apoio das autoridades governamentais. Em 2011, o projeto foi retomado por um grupo especial de professores daquela Academia, coordenados por Nestor Sampaio Penteado Filho, dando ensejo à criação da disciplina Perfilamento Criminal no curso de formação de policiais e de um curso de aperfeiçoamento em perfis criminais e à elaboração de um Programa de Pós-Graduação *latu sensu* em Perfilamento Criminal.

2.1.3. *Perfil geográfico do agressor*

O estudo da geografia criminal é quase tão antigo como a própria criminologia moderna, sendo a Escola de Chicago considerada pioneira na análise do comportamento espacial do agressor.

Conforme destaca Penteado Filho (2016, p. 46), a grande maioria das pessoas apresenta um "**ponto de ancoragem**", que pode ser sua residência, local de trabalho, casa de um parente ou amigo próximo, sendo que este "**porto seguro**" se situa em seu "**mapa mental**", o qual inclui **elementos espaciais** (caminhos, limites, bairros, pontos importantes e sinais) e **detalhes** como cores, sons, sensações, sentimentos e símbolos significativos.

Assim, o perfil geográfico se concentra na localização provável do infrator, fazendo uso da natureza não aleatória do comportamento criminal. Em outros termos, quando um indivíduo pratica um crime, deixa para trás uma impressão digital de seu mapa mental, a partir do qual podem ser decodificados alguns elementos. Assim, inserindo-se em um programa de computador locais de crimes praticados com o mesmo *modus operandi*, é possível definir a área de atuação policial.

Wayne Petherick (2013, p. 76) adverte que, tal como o perfil criminal, não se trata de uma panaceia de investigação, mas sim de importante ferramenta que auxilia a polícia e prioriza áreas de pesquisa.

Como ilustração, podemos citar investigação de que participamos, no ano de 2015, enquanto Delegada de Polícia Civil, lotada na 12ª Delegacia de Polícia, no bairro de Copacabana, no estado do Rio de Janeiro, na qual apurou-se a prática de crimes de furtos e roubos a residência de chineses e descendentes de chineses empresários, moradores da zona sul da cidade, da Barra da Tijuca e da Tijuca, por associação criminosa, cujos integrantes, jovens da classe média, residiam no estado de São Paulo. Foram registrados 28 assaltos a residências de chineses com o mesmo *modus operandi*, sendo esse perfil de vítima escolhido por ter o hábito de não guardar dinheiro ou joias em bancos.

A investigação foi iniciada a partir do registro de crime ocorrido em um edifício no bairro de Copacabana, situado a poucos metros de uma cabine da Polícia Militar. O porteiro, desconfiado de um homem que deixava o prédio carregando bolsas, interpelou-o, sendo por ele agredido. Após, o criminoso evadiu-se em carro dirigido por seu cúmplice, iniciando-se uma perseguição policial. Entretanto, os autores acabaram por ingressar na rua da delegacia e, com receio de serem capturados, abandonaram o veículo e fugiram a pé. A partir dos vestígios apurados no veículo apreendido, foi possível identificar que os mesmos estavam hospedados em um hotel carioca e, posteriormente, que eram moradores de São Paulo. Outrossim, o setor de inteligência da delegacia fez um cruzamento de dados e descobriu que vários apartamentos de chineses foram assaltados na cidade, identificando semelhanças entre os casos. Apurou-se, ainda, que, depois de levantarem as vítimas, eles ficavam uma semana na cidade para executar os roubos em série. Eles ligavam várias vezes para o alvo para se certificarem de que não havia ninguém em casa e entravam no prédio aproveitando-se de um descuido dos porteiros, sendo que um dos membros da associação criminosa era de procedência asiática e apresentava-se como parente das vítimas. Ao chegar ao apartamento, eles arrombavam as portas. Como não conheciam bem a cidade, utilizavam-se de aparelho GPS para localizar os endereços das vítimas. Alguns chineses montaram um grupo pelo Whatsapp para alertar os conterrâneos sobre os assaltos.

Ressalte-se que, no caso narrado, foi possível identificar a área de atuação da associação criminosa, bem como o local de residência dos autores do fato, a partir dos vestígios coligidos no curso investigatório. Ademais, o estudo das vítimas também se revelou de fundamental importância, permitindo levantar, inclusive, qual seria o próximo alvo, o que foi atestado pelo fato de, na ocasião da prisão dos membros da associação criminosa, seu endereço constar no aparelho de GPS por eles utilizado.

Outro exemplo a ser citado refere-se à investigação efetuada no ano de 2017, enquanto lotada na 20ª Delegacia de Polícia, no bairro de Vila Isabel, em que foi apurado, através do cruzamento de diversos registros de roubos de carga com o mesmo *modus operandi*, que os autores da associação criminosa, moradores da comunidade do Lins, abordavam suas vítimas, motoristas de caminhão contendo carga, na região da grande Tijuca e, após, obrigavam-nas a conduzir até a Estrada Grajaú-Jacarepaguá e adentrar no bairro do Lins, onde um grupo aguardava para efetuar a descarga das mercadorias. Igualmente, foi possível o levantamento da localidade onde o grupo habitava e atuava criminalmente e, ulteriormente, a identificação dos membros da associação criminosa.

2.1.4. *Perfil genético do agressor no Brasil*

A Lei nº 12.654, de 28 de maio de 2012, introduziu no ordenamento jurídico a possibilidade de coleta de material biológico para a obtenção do perfil genético, tendo o Decreto nº 7.950/13 instituído, no âmbito do Ministério da Justiça, o Banco Nacional de Perfis Genéticos e a Rede Integrada de Bancos de Perfis Genéticos, com o objetivo de subsidiar ações destinadas à apuração de crimes e à identificação de pessoas desaparecidas.

Vale ressaltar que, neste último caso, o p.ú. do art. 8º do Decreto nº 7.950/13 estabelece categoricamente que a comparação de amostras e perfis genéticos doados voluntariamente por parentes consanguíneos de pessoas desaparecidas devem ser utilizados exclusivamente para a identificação da pessoa desaparecida, vedando-se seu uso para outras finalidades.

De acordo com a inovação legislativa, são previstas duas situações em que há a obtenção do perfil genético:

a) **Obtenção do perfil genético para identificação criminal:**

A Lei nº 12.654/2012 trouxe a previsão, em seus arts. 1º e 2º, da coleta de perfil genético como forma de identificação criminal, a ser mantido em um banco de dados de perfis genéticos, com caráter sigiloso, gerenciado por unidade oficial de perícia criminal.

Nesse sentido, a lei em comento acrescentou um parágrafo único ao art. 5º da Lei nº 12.037/09, autorizando a "coleta de material biológico para a obtenção de perfil genético" na hipótese em que a identificação criminal for essencial às investigações policiais, segundo decisão motivada da autoridade judiciária competente, que decidirá de ofício ou mediante representação da autoridade policial, do Ministério Público ou da defesa (art. 3º, inc. IV, Lei nº 12.037/09).

Observe-se que, aqui, a lei não fez qualquer restrição quanto à espécie de infração penal, podendo a identificação do perfil genético ser feita para ser utilizada como prova em relação a qualquer delito ocorrido (LIMA, 2017, p. 79).

Neste caso, o material genético será confrontado com amostras biológicas (sangue, saliva, sêmen, pelos etc.) contidas nos vestígios materiais do crime, para a comprovação da autoria delituosa. Por exemplo, em caso de crime de estupro em que seja encontrado esperma no canal vaginal da vítima, referida amostra poderá ser confrontada com o perfil genético do suspeito, cuja conclusão será documentada em laudo pericial confeccionado por perito oficial.

Há expressa previsão legal de sua exclusão dos bancos de dados ao término do prazo prescricional do delito, entendimento esse que pode ser estendido, analogicamente, às hipóteses de absolvição ou decisão extintiva da punibilidade (PACELLI, 2012, p. 180-183).

Em consonância com as normas constitucionais e internacionais sobre direitos humanos, genoma humano e dados genéticos, a lei vedou expressamente que as informações genéticas contidas nesses bancos de dados revelem traços somáticos ou comportamentais das pessoas, excetuando-se a determinação genética de gênero.

Ressalte-se que, tendo em vista a gravidade da intervenção corporal, tal medida deverá ser adotada como *ultima ratio* na investigação criminal, quando a autoria não puder ser identificada por outros meios.

b) **Obtenção do perfil genético obrigatória na fase de execução penal, em caso de crime doloso praticado com grave violência à pessoa ou de crime hediondo ou equiparado:**

Além da hipótese anteriormente estudada, o art. 3º da Lei nº 12.654/2012 inseriu o art. 9º-A na Lei de Execução Penal (Lei nº 7.210/84), passando a dispor que os condenados por crimes dolosos, praticados com violência de natureza grave contra pessoa, ou por crime hediondo ou equiparado, serão submetidos, obrigatoriamente, à identificação do perfil genético, mediante extração de DNA - ácido desoxirribonucleico, por técnica adequada e indolor.

Neste caso, a fim de que sirva de prova em relação a fatos futuros, também haverá o armazenamento da identificação do perfil genético em um banco de dados sigiloso, cujo acesso poderá ser requerido ao juiz competente pela autoridade policial, federal ou estadual, em caso de inquérito instaurado.

Observe-se que, aqui, não há necessidade de prévia autorização judicial para a coleta do material biológico, sendo a autorização necessária apenas para posterior acesso ao banco de dados pela autoridade policial.

Tendo em vista a omissão legislativa, que fala apenas em "condenados", discute-se acerca da necessidade de trânsito em julgado da sentença penal condenatória. Nestor Távora (2017, p. 175) e Renato Brasileiro (2017, p. 79) defendem que, dada a excepcionalidade da medida, deve-se interpretar o dispositivo restritivamente, de modo a se autorizar a identificação genética apenas depois do trânsito em julgado da sentença penal condenatória.

Não há unanimidade quanto à compatibilidade da inclusão e manutenção de perfil genético de condenados em banco de dados estatal com os direitos da personalidade e prerrogativas processuais, consagrados pelo art. 5º da CRFB, sendo o tema objeto de discussão no STF no bojo do Recurso Extraordinário nº 973837, que teve sua repercussão geral reconhecida.

Comungamos do entendimento esposado pela doutrina garantista no sentido de que tal dispositivo deve ser interpretado à luz da Constituição, em respeito ao direito de liberdade e privacidade, à dignidade da pessoa humana e ao princípio da não autoincriminação em face de fatos futuros, do que se extrai as seguintes premissas:

a) o acusado não é obrigado a praticar comportamentos ativos que possam incriminá-lo (*nemo tenetur se detegere*), nem ser submetido a técnicas invasivas, ainda que indolores, sem o seu consentimento;

b) admite-se o recolhimento de material descartado pelo próprio acusado, de forma voluntária ou involuntária, para fins de submissão a exame de DNA para identificação do perfil genético (objeto passivo de prova). Ex.: vestes íntimas, placenta, saliva extraída de ponta de cigarro ou copo, esperma contido em preservativo e demais resíduos descartados.

Na mesma linha, o STF se manifestou em diversos julgados no sentido de que o acusado não é obrigado a fornecer material para realização de exame de DNA (STF, Pleno, HC 71.373/RS, Rel. Min. Marco Aurélio, j. 10/11/l 994, DJ 22/11/1996) e, noutro giro, reconheceu a validade dessa prova na hipótese em que a coleta do material se deu de forma não invasiva, como no exame de DNA realizado a partir da placenta expelida após o parto ou de um fio de cabelo encontrado no chão (STF, Pleno, Rcl-QO 2.040/DF, Rei. Min. Néri da Silveira, DJ 27/06/2003, p. 31).

OBTENÇÃO DE PERFIL GENÉTICO	
IDENTIFICAÇÃO CRIMINAL	EXECUÇÃO PENAL
Qualquer infração penal.	Crimes dolosos, praticados com violência de natureza grave contra pessoa, ou crimes hediondos ou equiparados.
Há necessidade de prévia autorização judicial para a coleta do material biológico.	A coleta do material biológico dá-se de forma automática com a condenação criminal, exigindo-se autorização judicial apenas para ulterior acesso ao banco de dados pela autoridade policial a fim de utilizá-lo de prova para fatos futuros.
Há expressa previsão legal de sua exclusão dos bancos de dados ao término do prazo prescricional do delito.	Não há previsão legal de sua exclusão dos bancos de dados.

3. TESTES DE PERSONALIDADE PROJETIVOS

Os testes de personalidade projetivos são aqueles que avaliam a personalidade do examinando a partir da interpretação das reações oriundas de estímulos preestabelecidos, delineando seu perfil psicológico (FARIAS JÚNIOR, 2015, p. 146).

TESTES DE PERSONALIDADE PROJETIVOS	
Técnica de Rorschach	Conhecido popularmente como "teste do borrão de tinta", consiste em uma técnica de avaliação psicológica desenvolvida pelo psiquiatra e psicanalista suíço Hermann Rorschach (1884-1922), pela qual há a apresentação ao examinando de pranchas contendo manchas de tinta abstratas e simétricas, para que responda com o que tais manchas se parecem.

TESTES DE PERSONALIDADE PROJETIVOS	
Teste PMK - Psicodiagnóstico Miocinético de Periculosidade Delinquencial	Trata-se de técnica criada pelo médico e psicólogo Emílio Mira y López (1896- 1964), baseada na teoria motora da consciência, pela qual há um correlato muscular ao fenômeno psíquico consciente. Estuda a personalidade do examinando a partir da análise de traços e desenhos feitos a lápis, visando avaliar aspectos como depressão e elação, tônus vital, impulsividade, explosão, ansiedade, emotividade.
Teste do Desenho ou HTP (*House, Tree, Person*)	Foi concebido no ano de 1948 por John N. Buck (1906-1983), com a finalidade de traçar a personalidade do indivíduo através da interpretação do desenho de uma árvore, de uma casa e de uma pessoa.
TAT ou teste de apercepção temática	Trata-se de teste formulado por Henry Murray (1893-1988), no qual são apresentadas 20 lâminas contendo quadros artísticos, com exceção de uma que permanece em branco, as quais servirão de ponto de partida para que o indivíduo construa histórias. Visa explorar a zona afetiva caracterológica da personalidade e as atitudes de reação às problemáticas da vida.

4. TESTES DE PERSONALIDADE PROSPECTIVOS

Os testes de personalidade prospectivos, mais profundos que os anteriores, visam traçar a personalidade do examinando, em caráter sigiloso, explorando suas intenções presentes e futuras, a fim de extrair suas crenças, suas potencialidades lesivas ou não, sua (in) sensibilidade moral, seu (des)temor à justiça e à pena, a razão da vida criminosa, o motivo pelo qual causa mal às vítimas etc. Dependem, assim, da habilidade do responsável e da sinceridade do examinando (FARIAS JÚNIOR, 2015, p. 149).

5. TESTES DE INTELIGÊNCIA

Em sentido amplo, compreende-se por inteligência a capacidade de entendimento, raciocínio, memorização e ação, em síntese, o conjunto de funções mentais que facilita o entendimento das coisas e dos fatos.

O conceito de **idade mental** foi concebido, em 1905, por **Alfredo Binet** e **Theodore Simon**, a fim de se determinar os diferentes níveis de inteligência.

O **teste de inteligência** visa medir o **quociente de inteligência - QI**, o qual pode ser obtido, conforme a fórmula criada por **Willian Stern**, no ano de 1912, pela divisão da idade mental pela idade cronológica e, consoante proposição de **Lewis Madison** em 1916, pela multiplicação do resultado por 100 (cem), a fim de suprimir a parte decimal.

$$QI = \frac{\text{(Idade Mental)}}{\text{(Idade Cronológica)}} \times 100$$

Enquanto a idade cronológica expressa o tempo vivido pelo indivíduo em anos, meses e dias, a idade mental se refere a seu nível intelectual.

Uma criança com nível mental considerado normal apresenta idade mental equivalente à idade cronológica, afirmando-se que a capacidade intelectual fica praticamente estagnada aos 15 anos de idade, razão pela qual, convencionou-se considerar até essa idade a idade cronológica.

Todavia, há indivíduos considerados superdotados, cujos níveis intelectuais superam os medianos, e considerados hipodotados, cujos níveis de intelectualidade estão abaixo da média.

Assim, os estudiosos elaboraram uma bateria de testes, a fim de aferir a capacidade intelectual do indivíduo, levando em consideração os diversos tipos de habilidades e aptidões sensoriais, podendo-se elencar os seguintes testes compendiados por Farias Júnior (2015, p. 151-152): testes de informação, de compreensão, raciocínio aritmético, memória para números, de semelhança, de arranjo de figuras, de completar figuras, de desenho de cubos, de números e símbolo, de arranjo de objetos e de vocabulário.

TESTES DE INTELIGÊNCIA	
Teste de informação	Apresenta-se um questionário ao examinando contendo perguntas acerca das notícias diuturnas, que qualquer pessoa de bom senso possa responder, a fim de testar seu conhecimento.
Teste de compreensão geral	Dá-se um provérbio para que o examinando interprete e analise seu significado ou pede-se que escolha uma dentre várias respostas possíveis a uma indagação.

TESTES DE INTELIGÊNCIA	
Teste de raciocínio aritmético	Formulam-se questões para avaliar o nível de habilidade de raciocínio do examinando, que variará conforme o grau e natureza da sua instrução.
Teste de memória para números	Visa aferir o nível de controle mental, atenção e habilidade para o exercício de certas tarefas.
Teste de semelhança	Apresentam-se palavras ao examinando, pedindo que aponte sua semelhança ou relação. Ex.: banana e laranja se relacionam/assemelham por ambas serem alimentos ou, mais especificamente, frutas. Neste caso, o examinador pode conferir maior valor à segunda resposta.
Teste de arranjo de figuras	Apresenta-se ao examinando, de forma desordenada, uma série de gravuras que compõem uma história, pedindo que as ordene. Ex.: policial em perseguição a criminoso.
Teste completar figuras	Pede-se ao examinando que complete uma figura selecionando a opção que completa seu sentido. Ex.: Figura em que uma parte é mutilada.
Teste do desenho de cubos	Pede-se para o examinando-se indicar a sequência de partes desenhadas para a recomposição da figura de um cubo. Permite identificar lesões no lobo central, impulsividade e outros traços comportamentais e distúrbios mentais.
Teste de número e símbolos	Pede-se ao examinando para associar determinados símbolos, a fim de aferir sua habilidade intelectual. Para melhor resultado no teste importa a acuidade visual, coordenação e velocidade motora. As pessoas mais velhas, neuróticos ou instáveis tendem apresentar pior desempenho.
Teste de arranjo de objetos	Pede-se ao examinando que recomponha um objeto, decomposto em três (um boneco, um perfil e uma mão) ou quatro peças (as três peças citadas mais um elefante).
Teste do vocabulário	Pede-se ao examinando que defina coisas, animais, homens etc., de forma a aferir sua habilidade de raciocínio, definição e vocabulário.

O teste considera como **pessoas normais** aquelas com QI entre 90 e 120. Abaixo de 90, teremos a **hipofrênicos ou oligofrênicos** (**idiota** = QI < 20; **imbecil** = 20 < QI < 50; **débil mental** = 50 < QI < 90) e acima de 120 a **hiperfrênicos ou superdotados** (super = 120 < QI < 140; genial: QI > 140).

Farias Júnior (2015, p. 153-154) destaca que os superdotados, assim como os idiotas, têm dificuldade de socialização, podendo praticar condutas de interesse criminal, e sintetiza as classificações propostas de acordo com os níveis de inteligência, apresentando a seguinte tabela de QI.

TABELA DO QI			
ESTADO MENTAL	QI	EVOLUÇÃO MENTAL	EVOLUÇÃO SOCIAL
Idiota	Abaixo de 20	Abaixo de 2 anos	Incapacidade de cuidar de si, não bastando a si próprio.
Imbecil	Entre 20 e 50	Entre 3 e 7 anos	Incapacidade de prover sua subsistência em condições normais.
Débil Mental	Entre 50 e 90	Entre 7 e 12 anos	Incapacidade de lutar pela vida em igualdade de condições com pessoas normais.
Normal	Entre 90 e 120	Entre 12 e 18 anos	Capacidade de prover a vida e manter relacionamento normal.
QI super	Entre 120 e 140	Entre 17 e 22 anos	Excepcional capacidade de assimilação. Impaciência e irritabilidade.
QI genial	Acima de 140	Acima de 22 anos	Assimilação muito rápida, o que o torna um desajustado ou inadaptado.

Capítulo IX

Classificação dos Criminosos

Embora a classificação dos criminosos tenha perdido importância na atualidade, o tema ainda é objeto de cobrança em concursos públicos, razão pela qual serão abordadas as principais classificações trazidas pela doutrina, conforme se extrai dos ensinamentos de Paulo Sumariva (2017, p. 145-155) e de Penteado Filho (2016, pp. 90-94). Vejamos:

1. CLASSIFICAÇÃO ETIOLÓGICA DE HILÁRIO VEIGA DE CARVALHO

Essa classificação leva em consideração a preponderância dos fatores biológicos (provenientes do indivíduo) ou mesológicos (provenientes do ambiente) para a prática da conduta criminosa, dividindo-se em cinco espécies, a saber:

1.1. Biocriminosos puros (pseudocriminosos)

São aqueles que apresentam apenas fatores biológicos, sendo, portanto, submetidos a tratamento psiquiátrico em manicômio judiciário. São considerados pseudocriminosos, pois falta-lhes capacidade de imputação penal (imputabilidade). Ex.: Psicopatas, esquizofrênicos, pessoas com grave retardo mental ou epiléticos, que durante a crise podem vir a praticar delitos.

1.2. Biocriminosos preponderantes

São aqueles portadores de uma anomalia biológica por si só insuficiente para desencadear a prática criminosa, mas que, mediante a interação com fatores mesológicos, são estimulados à criminalidade. São considerados de difícil correção, sendo potencial a reincidência. É o caso do ditado popular: "a ocasião faz o ladrão".

1.3. Biomesocriminosos

São aqueles que sofrem influência tanto de fatores biológicos quanto de fatores mesológicos, não se podendo identificar o fator preponderante para a conduta criminosa. São passíveis de correção, sendo a reincidência ocasional. Ex.: Pessoa que deseja um bem material e, não podendo tê-lo, decide por roubá-lo.

1.4. Mesocriminosos preponderantes

São aqueles fracos de caráter e de personalidade, cuja conduta criminosa sofre a influência preponderante de fatores mesológicos. É o caso da frase: "Maria vai com as outras". Sua correção é esperada, sendo a reincidência excepcional.

1.5. Mesocriminosos puros (pseudocriminosos)

São aqueles que praticam condutas reprováveis em uma determinada sociedade, mas aceitas no seu meio social. São considerados pseudocriminosos, pois falta-lhes o elemento anímico (*animus delinquendi*), emanando o crime do meio em que vivem. Ex. 1: Silvícola que, no meio civilizado, pratica ato considerado criminoso, mas aceitável em seu meio originário. Ex. 2: Nos EUA, uma pessoa pode ser presa por ingerir bebida alcoólica nas ruas, devendo consumi-las em bares ou levá-las para consumir em seu lar, enquanto no Brasil essa conduta é considerada normal.

CLASSIFICAÇÃO ETIOLÓGICA DE HILÁRIO VEIGA DE CARVALHO			
Classificação	Fator	Correção	Reincidência
Biocriminosos puros	Fator biológico	Pseudocriminosos	-
Biocriminosos preponderantes	Preponderância do fator biológico	Difícil	Potencial
Biomesocriminosos	Não se pode identificar o fator preponderante	Possível	Ocasional
Mesocriminosos preponderantes	Preponderância do fator mesológico	Esperada	Excepcional
Mesocriminosos puros	Fator mesológico	Pseudocriminosos	-

2. CLASSIFICAÇÃO NATURAL DE ODON RAMOS MARANHÃO

Abrahamsen define a conduta criminosa como a "soma de tendências criminais de um indivíduo com sua situação global, dividida pelo acervo de suas resistências" (apud MARANHÃO, 2012, p. 28).

Odon Ramos Maranhão (2012, p. 36) apresenta uma classificação tripartite de criminosos, de acordo com as caraterísticas de sua personalidade ao tempo do crime e sua participação na dinâmica do ato:

2.1. Criminoso ocasional

O criminoso ocasional apresenta personalidade normal, porém, em função de um poderoso fator desencadeante, há um rompimento transitório dos meios contensores dos impulsos.

2.2. Criminoso sintomático

O criminoso sintomático apresenta uma perturbação, transitória ou permanente, da personalidade, sendo mínimo ou nulo o fator desencadeante.

2.3. Criminoso caracterológico

O criminoso caracterológico apresenta um defeito constitucional ou formativo de caráter em relação a sua personalidade, sendo mínimo ou eventual o fator desencadeante e o ato ligado à natureza do caráter do agente.

CLASSIFICAÇÃO NATURAL DE ODON RAMOS MARANHÃO			
Classificação	Personalidade	Fator desencadeante	Natureza do ato
Criminoso ocasional	Normal	Poderoso	Ato consequente do rompimento transitório dos meios contensores dos impulsos
Criminoso sintomático	Com perturbação transitória ou permanente	Mínimo ou nulo	Ato vinculado à sintomatologia da doença
Criminoso caracterológico	Com defeito constitucional ou formativo de caráter	Mínimo ou eventual	Ato ligado à natureza do caráter do agente

3. CLASSIFICAÇÃO DE GUIDO ARTURO PALOMBA

3.1. Criminosos impetuosos

Agem em "curto-circuito", sem premeditação, em função de uma suspensão temporária do senso crítico, por amor à honra. Geralmente, são responsáveis por crimes passionais, alguns tipos de homicídio e lesões corporais.

3.2. Criminosos ocasionais

Agem em função da sobreposição de fatores pessoais e mesológicos, geralmente incorrendo na prática de delitos patrimoniais, como furto e estelionato.

3.3. Criminosos habituais

São considerados criminosos profissionais, que fazem da prática criminosa seu meio de vida, sendo excepcional sua correção. Praticam todo tipo de delito, desde roubos, tráfico de drogas a homicídios em série. Em função desses últimos, são conhecidos como "assassinos de aluguel ou justiceiros".

3.4. Criminosos fronteiriços

São os semi-imputáveis, que apresentam deformidades do senso ético-moral, distúrbio de afeto e de sensibilidade, encontrando-se na zona limítrofe entre a higidez e a insanidade mental.

3.5. Loucos criminosos

A conduta criminosa perpetrada pelos loucos criminosos pode advir de duas possibilidades, vale dizer a) de um processo lento e reflexivo fruto de uma obsessão doentia e invencível; b) de um impulso momentâneo, resultado de uma reação primitiva.

4. CLASSIFICAÇÃO DE CESARE LOMBROSO E DE ENRICO FERRI

Dada a similaridade das classificações propostas por tais autores da Escola Positiva, elas serão abordadas em conjunto, destacando-se cinco espécies de criminosos:

4.1. Criminoso nato

A expressão "criminoso nato" foi inicialmente concebida por Enrico Ferri, porém ganhou ampla difusão com Lombroso. O criminoso nato, considerado um indivíduo degenerado, é geneticamente determinado à delinquência, podendo ser identificado a partir de seus "caracteres físicos e fisiológicos, como o tamanho da mandíbula, a conformação do cérebro, a estrutura óssea e a hereditariedade biológica, referida como atavismo" (LOMBROSO, 2007, p. 195). Além disso, caracteriza-se pela debilidade do senso moral (analgesia ou hipalgesia física), precocidade e recidiva, sendo o criminoso com maior grau de periculosidade. A esse conceito também foi agregado o epiléptico.

4.2. Criminoso louco

É assim categorizado o criminoso considerado perverso, louco moral, alienado mental, que deve permanecer internado em manicômio. A sua periculosidade e readaptabilidade social variará conforme a enfermidade, vale dizer, se adquirida ou congênita, se curável ou incurável. Ferri acrescenta o semilouco ou fronteiriço.

4.3. Criminoso de ocasião ou ocasional

É o criminoso que apresenta uma predisposição hereditária e assume hábitos criminosos por influência de circunstâncias ambientais, apenas eventualmente praticando delitos. Resume-se no ditado "ocasião faz o ladrão". Para Ferri, "o delito é que procura o indivíduo". Em regra, sua conduta recai sobre crimes menos graves, sendo menor sua periculosidade e maior sua readaptabilidade.

4.4. Criminoso por paixão ou passional

É o criminoso que age impetuosamente, de forma impulsiva, empregando violência em razão de uma questão passional. Tem por característica ser nervoso, exaltado e irrefletido. Em regra, apresenta-se espontaneamente às autoridades policiais e com remorso por sua conduta, podendo chegar, inclusive, a tentar suicídio.

4.5. Criminoso habitual

A categoria de criminoso habitual, restrita à classificação de Ferri, designa o delinquente reincidente na conduta criminosa, que faz do comportamento criminoso seu meio de vida. Em geral, começa com crimes leves, como furtos, e, após a prisão, ingressa definitivamente na vida criminosa.

Ferri fala ainda nos **delinquentes culposos ou involuntários**, apresentando quatro modalidades, a saber: a) aqueles que apresentam **defeito de sensibilidade moral** (ex.: pessoas que dirigem veículos automotores em alta velocidade); b) os **imperitos**, ou seja, falta-lhes conhecimento para o exercício normal da função; c) os que apresentam **defeito de atenção e de associação de ideias**; d) aqueles que agem de forma inconsciente em virtude de **circunstâncias ambientais momentâneas** (emoção, tumulto etc.) ou de **cansaço ou esgotamento nervoso** (VIANA, 2017, pp. 68-69).

5. CLASSIFICAÇÃO DE RAFFAELE GAROFALO

Também integrante da Escola Positiva, Garofalo propôs a aplicação da pena de morte sem piedade aos criminosos natos ou sua expulsão do país, classificando os criminosos da seguinte forma:

5.1. Criminoso assassino

É o delinquente típico, apresentando sinais externos, comportamento egoísta e mentalidade próxima a de uma criança.

5.2. Criminoso enérgico ou violento

É o criminoso em que, embora presente o senso moral, falta compaixão. Há um falso preconceito.

5.3. Ladrão ou neurastênico

O ladrão ou neurastênico não apresenta probidade nem senso moral. Sua aparência é caracterizada por uma face móvel, olhos vivazes e nariz achatado.

Hilário Veiga de Carvalho	Odon Ramos Maranhão	Guido Arturo Palomba	Cesare Lombroso e Ferri	Raffaele Garofalo
• Biocriminosos puros • Biocriminosos preponderantes • Biomesocriminosos • Mesocriminosos preponderantes • Mesocriminosos puros	• Criminoso ocasional • Criminoso sintomático • Criminoso caracterológico	• Criminosos impetuosos • Criminosos ocasionais • Criminosos habituais • Criminosos fronteiriços • Criminosos loucos	• Criminoso nato • Criminoso louco • Criminoso de ocasião ou ocasional • Criminoso por paixão ou passional • Criminoso habitual (Ferri)	• Criminosos assassinos • Criminosos enérgicos ou violentos • Ladrões ou neurastênicos

Capítulo X

Exame Criminológico

O art. 8º da Lei 7.210/84 (Lei de Execução Penal) prevê a realização do exame criminológico, para a obtenção dos elementos necessários à adequada classificação e individualização da execução penal.

Nas palavras de Paulo Sumariva, o **exame criminológico** consiste em uma espécie de exame pericial realizado por psicólogos, psiquiatras e assistentes sociais do Sistema Prisional a que é submetido o condenado criminalmente, como forma de avaliar seu comportamento, sua personalidade, eventual arrependimento pela prática do delito, dentre outros (2017, p. 135).

Conforme salienta Rogério Sanches (2017, p. 24), muitas vezes, o exame criminológico é utilizado para o orientar os magistrados na apreciação de incidentes de progressão e livramento condicional.

Antes da edição da Lei nº 10.792/03, tal exame era considerado obrigatório para o condenado ao cumprimento de pena privativa de liberdade em regime fechado e facultativo para o condenado ao cumprimento de pena da mesma natureza em regime semiaberto.

Todavia, a supracitada lei derrogou o art. 112 da LEP, suprimindo a disposição legal de que a decisão acerca da progressão de regime deve ser precedida, quando necessário, de parecer da Comissão Técnica de Classificação e do exame criminológico. De outra banda, passou exigir, além do requisito temporal de cumprimento de 1/6 da pena, o bom comportamento carcerário, a ser comprovado pelo diretor do estabelecimento. Além disso, a decisão judicial deverá ser motivada e precedida de manifestação do Ministério Público e do defensor.

Frise-se que idêntico procedimento, ressalvando-se os respectivos prazos previstos em lei, será adotado na concessão de livramento condicional, indulto e comutação de penas.

Desta feita, atualmente prevalece nos **Tribunais Superiores** o entendimento de que o exame criminológico é **facultativo**, em **qualquer regime de cumprimento de pena**, devendo o magistrado fundamentar sua necessidade com base na análise das peculiaridades do caso concreto (gravidade da infração penal e condições pessoais do agente).

Nesse sentido, a **Súmula Vinculante 26 do STF**: *Para efeito de progressão de regime no cumprimento de pena por crime hediondo, ou equiparado, o juízo da execução observará a inconstitucionalidade do art. 2º da Lei nº 8.072, de 25 de julho de 1990, sem prejuízo de avaliar se o condenado preenche, ou não, os requisitos objetivos e subjetivos do benefício, podendo determinar, para tal fim, de modo fundamentado, a realização de exame criminológico.*

Na mesma linha, a **Súmula 439 do STJ**: *Admite-se o exame criminológico pelas peculiaridades do caso, desde que em decisão motivada.*

Destaque-se que, em observância ao princípio constitucional da presunção de inocência (art. 5º, inc. LVII, CRFB), **apenas os condenados definitivamente estão sujeitos ao exame criminológico** (LIMA JÚNIOR, 2017, 165).

Conforme o magistério de Alvino Augusto de Sá (2010, p. 4), o exame criminológico, para fins de instrução de pedidos de benefícios, realiza, em uma abordagem interdisciplinar, com a interlocução de estudos e exames jurídico, psiquiátrico, psicológico e social, um diagnóstico e um prognóstico criminológicos, concluindo acerca da conveniência ou não da concessão do benefício legal.

Negando a existência do prognóstico da reincidência, o autor ressalta que o exame há de centrar-se no **diagnóstico criminológico**, consistente em uma perícia acerca da dinâmica do ato criminoso.

Em uma visão desontologizada do crime, não pretende o exame estabelecer uma relação causalista entre os dados analisados, mas, a partir de uma análise interdisciplinar da conduta definida como crime pelo Direito Penal, buscar compreendê-la (e não explicá-la) e situá-la no complexo contexto do indivíduo.

Em relação a essa vertente do exame, Lima Júnior (2017, p. 167) pondera a dificuldade de se aferir se as características psicológicas constatadas no exame também estariam presentes à época do fato criminoso, bem como se foram os fatores psicológicos motivadores do delito. Outro problema é a possibilidade de se negar um benefício legal com base no histórico e características pessoais do preso, ensejando a incidência de um direito penal do autor na execução penal.

Por sua vez, o **prognóstico criminológico**, que se segue ao diagnóstico e dele se deduz, consubstancia a pressuposição dos técnicos acerca dos possíveis desdobramentos futuros da conduta do examinando, vale dizer, da probabilidade de reincidência.

Aponta-se como crítica ao prognóstico criminológico a impossibilidade de previsão de um comportamento futuro específico e o fato de o prognóstico ser produto de uma manifestação técnica oferecer ao judiciário um respaldo enganosamente seguro para fundamentar suas decisões.

Desta feita, Alvino de Augusto Sá (2010, p. 5) assevera que se deve incrementar o exame criminológico de entrada (para o autor, o único que continuaria previsto na legislação penal), a ser realizado em benefício do preso, com a finalidade de oferecer subsídios para a individualização da execução penal. Para tanto, não há necessidade do prognóstico criminológico, podendo o exame se restringir ao diagnóstico, o qual será remetido à Comissão Técnica de Classificação para planejamento da individualização.

Por fim, frise-se que o diagnóstico criminológico não se confunde com o diagnóstico de periculosidade, realizado no exame de sanidade mental, para a aferição do grau de imputabilidade do autor do fato. Da mesma forma, o prognóstico criminológico não se confunde com o parecer de cessação da periculosidade.

Parte V

MOVIMENTOS ATUAIS DE POLÍTICA CRIMINAL

Capítulo I

Abolicionismo Penal

Sua origem remonta à década de 90, com a criação do *Krum* (Associação Sueca Nacional para a Reforma Penal) na Escandinávia.

O abolicionismo parte da premissa de que o mal causado pelo sistema penal à sociedade é muito mais grave que o proporcionado pelo fato que gera sua intervenção.

Em sua vertente mais radical, defende o **fim das prisões e do próprio Direito Penal**, por considerá-lo um instrumento manejado pelos grupos sociais dominantes para definição das condutas criminosas, sendo o crime, portanto, uma realidade construída, de forma arbitrária ou por conveniência. Nas palavras de Lima Júnior (2017, p. 179), prega "verdadeiro **niilismo penal**, ou seja, descrença absoluta ou redução ao nada".

Em consonância com a **teoria do etiquetamento** ou ***labelling approach***, os abolicionistas também visualizam o crime como uma produção da sociedade, cabendo ao legislador criar o criminoso, daí ser preferível falar em **eventos criminalizáveis**. Salientam, ainda, o caráter **excludente** e **estigmatizante** do direito penal, que não previne, mas sim atua reativamente e, além de afastar o desviante do meio social, aplica-lhe um rótulo, impulsionando-o a uma vida criminosa.

Outrossim, sustentam a substituição do termo crime pela expressão **situação-problema** como forma de prestigiar os meios alternativos de solução de conflitos, como a conciliação, a compensação, a arbitragem, as medidas terapêuticas e pedagógicas, dentre outras.

Esse movimento ideológico parte da constatação de que, tradicionalmente, as condutas perpetradas pelas classes sociais menos abastadas sofrem maior rigor penal quando em cotejo às praticadas por representantes das classes privilegiadas, podendo-se citar como exemplo os crimes do colarinho branco praticados por políticos e empresários.

Outro aspecto que é apontado como crítica ao direito penal é o elevado índice da **cifra negra** (**zona obscura**, ***dark number*** ou ***ciffre noir***), vale dizer, apenas pequena parcela dos crimes relacionados a uma criminalidade de rua (por exemplo, crimes contra a pessoa, contra o patrimônio, contra a dignidade sexual) é comunicada às autoridades oficiais e os demais conflitos acabam se solucionando na informalidade. Destacam-se, dentre outros, os seguintes fatores: descrença na atividade investigatória e no sistema penal, temor de sofrer represálias dos criminosos, vergonha (crimes sexuais) etc. Como consequência, manifesta-se a **seletividade** do sistema penal, que apenas atuará em determinados casos, de acordo com a classe social a que pertence o autor do fato, operando uma espécie de eleição de ocorrências e de infratores.

Isto posto, a partir da **deslegitimação do sistema penal**, o abolicionismo sustenta a necessidade de abandono dessa programação criminalizante seletiva e do controle repressivo nos moldes em que é realizado, para a implementação de um **sistema alternativo** que busque a **solução informal de composição do conflito**, mediante a intervenção ativa das partes envolvidas.

Sintetizando os argumentos apontados pelos abolicionistas para a extinção do sistema penal, Eduardo Viana (2017, p. 329) enumera os seguintes fatores: a) o **sistema penal** é **anômico**, não cumprindo as normas penais sua função preventiva manifesta; b) o **sistema penal** é **seletivo** e **estigmatizante**; c) o **sistema penal marginaliza a vítima**, relegando-a a uma posição secundária no processo; d) a **irracionalidade da prisão**, que não cumpre as finalidades a que se propõe; e) o **sistema penal produz dor inutilmente**, de modo que, se as normas penais não cumprem sua função e a execução penal não recupera o desviante, as **penas** são **perdidas**.

Zaffaroni (1991, p. 98) aponta quatro vertentes do pensamento abolicionista, representadas por Louk Hulsman, Thomas Mathiesen, Nils Christie e Michel Foucault.

1. LOUK HULSMAN

Louk Hulsman (1923-2009), catedrático de Rotterdam e autor de *Penas Perdidas - O sistema penal em questão (1982)*, trata o abolicionismo sob uma **perspectiva fenomenológica**, estabelecendo suas críticas a partir da realidade do sistema.

Partindo da negativa da existência de uma realidade ontológica do crime (mas sim de uma realidade construída e modificável), propõe uma nova abordagem da infração, desvinculando-a do Direito Penal e analisando-a como situação-problema, como forma de valorizar a singularidade de cada fato e se distanciar da universalidade típica das leis e dos castigos.

Considera o sistema penal um problema em si mesmo, visto que é materialmente desigual, causador de sofrimento e expropriador dos direitos dos envolvidos nos conflitos, sobretudo das vítimas. Desta feita, sustenta a sua completa abolição, atribuindo a resolução dos conflitos não ao Estado, mas às próprias partes neles envolvidas (infratores e vítimas), abrindo espaço para o diálogo face a face e criatividade das partes, visando a uma solução consensual e, portanto, efetiva.

Essa linha de pensamento salienta o caráter lesivo e discriminatório da Justiça Criminal, atenta para as cifras negras que são elucidadas às raias da informalidade, sustenta a substituição terminológica da palavra crime para a expressão situação-problema e, ainda, defende a criação de novas formas de enfrentamento do fenômeno criminal, com a desinstitucionalização do poder punitivo estatal.

Em resumo, Lima Júnior (2017, p. 181) assevera que o abolicionismo nessa vertente apresenta duas posturas:

a) **Abolicionismo institucional** - É o movimento social que abrange as mudanças pessoais na percepção, atitude e comportamento daqueles que se empenham nas transformações do sistema penal, visando à extinção da Justiça Criminal, reconhecida como um instrumento ilegítimo de controle social da situação-problema, por oferecer uma resposta inefetiva, dissociada da realidade dos fatos.

b) **Abolicionismo acadêmico** - Refere-se à abordagem acadêmica do fenômeno criminal e da Justiça Penal em uma perspectiva crítica, que, em contraposição ao discurso jurídico dominante, questione sua falta de independência em relação às práticas sociais existentes, bem como a ideia de uma Justiça Criminal natural e necessária. Nesse sentido, propõe a mudança da linguagem e da forma de percepção da Justiça Criminal, com a substituição de expressões, como *comportamento* por *situação, natureza ilegal* por *problemática* etc. Com isso, pretende-se assegurar a adoção das formas alternativas de resolução de conflitos e tratar a situação problemática como um fato trágico acidental, rechaçando a visão maniqueísta segregadora e estigmatizadora que categoriza os envolvidos no conflito como autores e vítimas.

Em síntese, além da gradual abolição da coerção criminal, com a ampla descriminalização e descarcerização, visa à substituição do sistema de justiça criminal por um mecanismo informal e flexível, similar aos da justiça cível e administrativa, para a pacificação do conflito.

2. THOMAS MATHIESEN

Thomas Mathiesen (1933-), professor de sociologia do direito da Universidade de Oslo e autor da obra *The Politics of Abolition* (1974), apresenta uma **perspectiva marxista** do abolicionismo, vinculando a existência do sistema penal à estrutura produtiva capitalista, de modo a enxergá-lo como mais um instrumento de dominação de classe, que deve, portanto, ser extinto.

Sua política abolicionista deu ensejo à criação da **Organização Norueguesa Anti-carcerária (KROM)** com o escopo de abolição do cárcere, negando, inclusive, a possibilidade de penas alternativas.

Conforme assinala Salo de Carvalho (2015, p. 247), o pensamento abolicionista de Mathiesen pauta-se em oito premissas, quais sejam: 1) A finalidade de prevenção especial da pena é irreal, tendo a criminologia e a sociologia demonstrado o efeito contrário, isto é, de destruição da personalidade e incitação à reincidência; 2) O fim de prevenção geral é incerto, relacionando-se a dissuasão do delito, em verdade, ao impacto de políticas econômicas e sociais; 3) A maior parte da população carcerária praticou delitos patrimoniais, que apresentam bem jurídico disponível; 4) Irreversibilidade da construção de novos presídios; 5) O sistema carcerário, como uma instituição total, é expansivo; 6) As prisões são formas institucionais e sociais desumanas; 7) O sistema carcerário produz violência e degradação dos valores culturais; 8) Elevado custo econômico do modelo carcerário.

Adverte, todavia, que a irracionalidade do cárcere é ocultada pela convergência da fala de agentes da administração carcerária, de criminólogos e, precipuamente, da mídia.

Ante ao exposto, o autor, considerado por Zaffaroni como o estrategista do abolicionismo, propõe uma **revolução permanente, gradual e ilimitada**, com a adoção de profundas reformas de curto prazo nas instituições punitivas visando à progressiva abertura do sistema de penas, a exemplo do melhoramento das condições de vida, da ampliação do regime de visitas, do aumento da frequência e do período de saídas temporárias etc.

Mathiesen defende duas teses para a redução drástica da necessidade do sistema penal: a) a adoção de políticas sociais para redução do desemprego e da pobreza; e b) a descriminalização das drogas, como forma de atingir o epicentro do crime organizado.

Por derradeiro, considerando a necessidade de maior amparo à vítima, propõe que, no lugar do aumento da punição do autor conforme a gravidade do fato, haja, também de acordo com o grau da transgressão, o aumento do apoio à vítima, podendo o mesmo se dar pela compensação financeira do Estado, pelo sistema de seguro simplificado, pelo apoio econômico em caso de luto, por abrigos protetivos e centros de apoio etc.

3. NILS CHRISTIE

Nils Christie (1928-2015), sociólogo e criminologista norueguês, professor de Criminologia na Faculdade de Direito da Universidade de Oslo, em uma **perspectiva fenomenológica-historicista**, critica o sistema penal por operar mediante a produção de dor e sofrimento, estar assentado em falsas premissas dissociadas da realidade do homem, da sociedade e das formas de controle social da criminalidade, bem como por estabelecer uma classificação dicotômica entre culpado e inocente destrutiva dos vínculos sociais horizontais.

O autor observa que, com a estatização do conflito, afigura-se uma revitimização do sujeito passivo, que tem sua participação alijada do processo de resolução do conflito. Desta feita, aponta a necessidade de que a vítima participe da solução da situação do problema em condições de igualdade com o autor do fato.

Para tanto, no lugar do sistema sancionatório, defende uma espécie de justiça participativa e comunitária para a pacificação social do conflito, com foco na reparação ou indenização pelo dano causado à vítima, para que sejam manejadas, em um ambiente informal, formas alternativas de solução para a situação-problema, como a mediação ou compensação da vítima.

O sistema de tratamento e o modelo etiológico também são enfrentados pelo autor, mediante três premissas assim sintetizadas por Salo de Carvalho (2015, p. 250): a) similaridade dos centros de tratamento aos cárceres; b) inidoneidade do método científico para impedir a reincidência; c) ausência de predicação de conceitos clínicos como periculosidade.

4. MICHEL FOUCAULT

Zaffaroni (1991, p. 101) afirma que, embora Foucault (1926-1984) "não possa ser considerado um abolicionista no sentido dos demais autores", foi, inequivocamente, um abolicionista, por ter produzido, em uma **perspectiva estruturalista**, subsídio teórico a este saber contracultural.

Em sua obra *Vigiar e Punir (1975)*, Foucault problematizou o saber difundido pelo discurso científico da criminologia tradicional, responsável pela legitimação do poder punitivo ocidental por meio do falso discurso humanista ressocializador, bem rompeu com a noção de sistema punitivo, ao demonstrar as estruturas capilares de poder (invisibilidade do poder), sobretudo às relativas ao sistema carcerário (CARVALHO, 2017, p. 246).

Ademais, em alusão direta a teses que vão ao encontro do abolicionismo, destacou a expropriação dos conflitos pelo poder quando da formação dos Estados nacionais, negando o modelo de uma instância superior decisória que se sobreponha ao litigante.

▸ Como esse assunto foi cobrado em concurso?

(NC-UFPR - 2014 - DPE-PR - Defensor Público) "Deveríamos então supor que a prisão e de uma maneira geral, sem dúvida, os castigos, não se destinam a suprimir as infrações; mas antes a distingui-las, a distribuí-las, a utilizá-las; que visam, não tanto tornar dóceis os que estão prontos a transgredir as leis, mas que tendem a organizar a transgressão das leis numa tática geral de sujeições [...] Em resumo, a penalidade não reprimiria pura e simplesmente as ilegalidades; ela as diferenciaria, faria sua economia geral". (FOUCAULT, Michel, Vigiar e punir). Pode-se afirmar que, de modo coerente com o pensamento foucaultiano, o tema central em Vigiar e punir é:

a) a descrição de uma alteração nas práticas históricas que culminaria na construção histórica das ciências humanas e de um novo sujeito, sob a égide de uma tecnologia de exame constante e estudo de "casos".

b) a afirmação da liberdade fundamental do ser humano, inerente à própria natureza humana.

c) a celebração da progressiva humanização das penas, indo das penas corporais às privativas de liberdade, menos invasivas quanto ao âmbito de autonomia individual.

d) a apresentação da essência do conceito de poder, que consiste na dominação exercida por um grupo de pessoas sobre determinada pessoa, sob a forma de uma vigilância constante, atualizando o conceito marxista de luta de classes.

e) a evolução da ideia de justiça penal, antes marcada pela justiça divina e cada vez mais centrada no ser humano, e, portanto, mais justa.

Gabarito: A

(FCC - 2013 - DPE-SP - Defensor Público) "Levado pela onipresença dos dispositivos de disciplina, apoiando-se em todas as aparelhagens carcerárias, este poder se tornou uma das funções mais importantes de nossa sociedade. Nela há juízes da normalidade em toda parte. Estamos na sociedade do professor-juiz, do médico-juiz, do educador-juiz, do 'assistente social'-juiz; todos fazem reinar a universalidade do normativo; e cada um no ponto em que se encontra, aí submete o corpo, os gestos, os comportamentos, as condutas, as aptidões, os desempenhos". No trecho acima, extraído da obra Vigiar e punir, Michel Foucault refere-se ao tipo de poder cujo grande apoio, na sociedade moderna, foi a rede carcerária, em suas formas concentradas ou disseminadas, com seus sistemas de inserção, distribuição, vigilância, observação. Este poder é denominado pelo filósofo de poder;

a) totalitário.

b) total.

c) judiciário.

d) massificador.

e) normalizador.

Gabarito: E

Louk Hulsman	Thomas Mathiesen	Nils Christie	Michel Foucault
• Perspectiva fenomenológica	• Perspectiva marxista	• Perspectiva fenomenológica-historicista	• Perspectiva estruturalista

Capítulo II

Minimalismo

Em uma posição intermediária entre o abolicionismo e o direito penal máximo, o minimalismo sustenta a necessidade de limitação do Direito Penal, que deve incidir como *ultima ratio*, restringindo-se à tutela de bens jurídicos relevantes e quando os demais ramos do direito não forem suficientes para tanto.

Como esse assunto foi cobrado em concurso?

(MPE-SC - 2016 - MPE-SC - Promotor de Justiça - Matutina) O minimalismo, enquanto movimento crítico ao sistema de justiça penal, foi concebido com a proposta de supressão integral do sistema penal por outras instâncias de controle social. Em sentido oposto, revelou-se o movimento "Lei e Ordem", que reconhecia no direito penal máximo o instrumento primordial à resolução dos problemas que afligem a sociedade.

Gabarito: Errado

Esse movimento fortaleceu-se após o fim da segunda guerra mundial, com a consolidação do Estado Democrático de Direito, do liberalismo e da filosofia humanista.

Conforme salienta Paulo Sumariva (2017, pp. 80-81), a criminologia minimalista apresenta as seguintes propostas: a) transformação social e institucional para o desenvolvimento da igualdade e da democracia como estratégia de combate ao crime; b) realinhamento hierárquico dos bens jurídicos tutelados pelo Estado, com a consequente contração do sistema penal em determinadas áreas (p. ex.: crimes contra a moralidade pública praticados sem violência ou grave ameaça à pessoa), e maior expansão em outras (p. ex.: tutela de interesses coletivos, como a saúde e a segurança do trabalho); c) defesa de um novo modelo de direito penal assentado em três postulados: caráter fragmentário do direito penal; intervenção punitiva como *ultima ratio*; e reafirmação da natureza acessória do direito penal.

O minimalismo penal manifesta-se tanto na criação e na revogação da lei penal, quanto em sua aplicação, norteando-se pelos seguintes princípios:

1. **Princípio da dignidade da pessoa humana** - Trata-se de princípio consagrado na Declaração Universal dos Direitos do Homem, do qual é consectária a vedação da pena de morte, de caráter perpétuo, de trabalho forçado e desumana ou cruel e a imposição de respeito à integridade física e moral do preso.

2. **Princípio da legalidade, da reserva legal ou intervenção legalizada** - Encontra-se previsto no art. 15 do Pacto Internacional sobre Direitos Civis e Políticos e no art. 9º da Convenção Americana sobre Direitos Humanos. Em nosso ordenamento jurídico, foi positivado no art. 5º, inc. XXXIX, da CRFB/88 e no art. 1º do CP, sob a assertiva de que não há crime sem lei anterior que o defina e não há pena sem prévia cominação legal. Consiste em uma limitação ao *ius puniendi* do Estado, que se manifesta em quatro dimensões:

a) ***Nullum crimen, nulla poena sine lege praevia***: Estabelece a anterioridade da lei penal, pela qual não há crime nem pena sem lei prévia. A norma penal incriminadora só pode ser aplicada para os fatos ocorridos a partir de sua vigência, não podendo retroagir para alcançar fatos passados, salvo para beneficiar o réu (retroatividade da lei penal mais benéfica);

b) ***Nullum crimen, nulla poena sine lege scripta***: Não há crime nem pena sem lei escrita. Apenas a lei formal pode criar infrações penais e cominar sanções penais, não sendo legítima a criação de crimes e penas pelo direito consuetudinário (costume);

c) ***Nullum crimen, nulla poena sine lege stricta***: Não há crime nem pena sem lei estrita. A competência para criar crimes e cominar penas é do Poder Legislativo, por meio de lei, não podendo os Poderes Executivo e Judiciário fazê-lo. É vedado o emprego da analogia *in malam partem*, isto é, para criar crimes ou agravar penas;

d) ***Nullum crimen, nulla poena sine lege certa***: Consagra o princípio da taxatividade, pelo qual não há crime nem pena sem lei certa. Assim, deve o tipo penal conter a descrição exata da conduta proibida, vedando-se a edição de normas penais vagas, imprecisas ou indeterminadas.

Nullum crimen, nulla poena sine lege praevia	• Princípio da anterioridade penal e irretroatividade da lei penal mais gravosa (lei prévia).
Nullum crimen, nulla poena sine lege scripta	• Vedação do costume incriminador (lei escrita).
Nullum crimen, nulla poena sine lege stricta	• Vedação da analogia *in malam partem* (lei estrita).
Nullum crimen, nulla poena sine lege certa	• Princípio da taxatividade (lei certa).

Ressalte-se que, de acordo com o entendimento majoritário na doutrina, deve-se fazer uma interpretação extensiva dos termos "crime" e "pena" para, em seu lugar, ler-se, respectivamente, "infração penal" (gênero cujas espécies são: crime e contravenção) e "sanção penal" (gênero cujas espécies são: pena e medida de segurança).

No Brasil, há **competência privativa da União para legislar sobre direito penal** (art. 22, I, CRFB). No entanto, nos termos do art. 22, parágrafo único, da CRFB poderão os Estados ser autorizados por lei complementar a legislar sobre questões específicas em matéria criminal.

Por fim, a Constituição brasileira, em seu art. 62, § 1º, inc. I, "b", **veda a edição de medida provisória em matéria relativa ao Direito Penal**. Todavia, esse dispositivo há de ser interpretado restritivamente, alcançando apenas as **normas penais incriminadoras**. Acrescente-se que, do mesmo modo, também não pode a lei delegada tratar sobre direito penal, pois se trata de matéria afeta a direitos individuais, o que é proscrito pelo art. 68, § 1º, inc. II, da CRFB.

3. **Princípio da intervenção mínima ou da necessidade** – Referido princípio foi estatuído no art. 8º da Declaração dos Direitos do Homem e do Cidadão, de 1789, o qual estabelece que "a lei apenas deve estabelecer penas estrita e evidentemente necessárias".

Assim, tem-se por legítima a intervenção penal apenas quando a criminalização de um fato se afigurar indispensável para a proteção de determinado bem ou interesse relevante para a sociedade, que não possa ser tutelado pelas outras formas de controle social.

A intervenção mínima tem como principais destinatários o legislador, quando da eleição das condutas a serem objeto de proteção penal, e o intérprete do direito, o qual não deverá proceder à operação de tipicidade quando constatar que os demais ramos jurídicos possam tutelar o bem ou interesse no caso concreto.

Desse princípio decorrem os princípios da fragmentariedade e da subsidiariedade:

a) **Princípio da fragmentariedade** - O Direito Penal deve tutelar apenas os bens jurídicos mais relevantes para a sociedade, como, por exemplo, a vida, a liberdade, o patrimônio, a dignidade sexual etc. Assim, apenas devem configurar infrações penais os ilícitos que atentem contra valores fundamentais para a manutenção da sociedade. Conclui-se, assim, que o Direito Penal é a última dimensão de proteção do bem jurídico. Diz-se que o Direito Penal é fragmentário, pois, dentro do universo de ilicitude, seleciona os comportamentos ("fragmentos") lesivos a bens jurídicos de suma importância, os quais constituirão infrações penais.

b) **Princípio da subsidiariedade** - O Direito Penal deve atuar de forma subsidiária, como *ultima ratio*, isto é, quando insuficientes as demais formas de controle social (formais ou informais) mais brandas e, portanto, menos invasivas da liberdade individual.

4. **Princípio da lesividade ou da ofensividade (*nullum crimen sine iniuria*)** - O Direito Penal apenas deve atuar sobre as condutas que causem lesão (efetiva ou potencial) a bem jurídico relevante e de terceiro.

Nilo Batista (2015, p. 89-94) aponta quatro principais funções desse princípio, vale dizer:

a) **Proibir a incriminação de uma atitude interna**: Não podem fundamentar o tipo penal as ideias, convicções, desejos, aspirações e sentimentos. Assim, não é punível a mera cogitação do crime (*cogitationis poenam nemo patitur*), sendo necessário que a atitude interna esteja associada a uma conduta externa.

b) **Proibir a incriminação de uma conduta que não exceda o âmbito do próprio autor (princípio da alteridade):** Em virtude desse fundamento, não são puníveis os atos preparatórios (art. 14, inc. II, CP) e o simples conluio (art. 31, CP) para um crime cuja execução não tenha sido iniciada, bem como o crime impossível e a autolesão (ex.: suicídio, automutilação). O autor critica a criminalização do porte de drogas para consumo pessoal (art. 28, Lei nº 11.343/06) por violar o princípio da lesividade, na medida em que não ultrapassa o âmbito do próprio autor.

c) **Proibir a incriminação de simples estados ou condições existenciais:** Deve-se punir a pessoa não pelo o que ela é, mas sim pela prática de uma conduta ofensiva a um bem jurídico de terceiro, refutando-se, com isso, a ideia de um Direito Penal do autor. Assim, não se deve admitir a subsistência de infrações penais que mantenham essa ótica, como a contravenção penal de vadiagem (art. 59, LCP).

d) **Proibir a incriminação de condutas desviadas que não causem lesão ou perigo de lesão a qualquer bem jurídico (princípio da exclusiva proteção dos bens jurídicos):** O Direito Penal não deve tutelar a moral, mas sim os bens jurídicos mais relevantes para a sociedade.

5. **Princípio da insignificância** – Trata-se de princípio idealizado por Roxin, pelo qual, para que haja uma infração penal, é necessário que exista lesão grave, efetiva ou potencial, ao bem jurídico tutelado pelo ordenamento jurídico. Em caso de lesão ínfima, exclui-se a tipicidade material da conduta, passando a mesma a ser considerada fato atípico. A jurisprudência brasileira apresenta os seguintes **requisitos** para o reconhecimento da incidência do princípio da insignificância: a) mínima ofensividade da conduta do agente; b) nenhuma periculosidade social da ação; c) reduzido grau de reprovabilidade do comportamento; d) inexpressividade da lesão jurídica provocada (STF, HC nº 84.412/SP, Rel. Min. Celso de Mello, in DJ 19/11/2004).

6. **Princípio da culpabilidade (*nullum crimen sine culpa*)** - Para que haja a responsabilização criminal, é necessário que haja culpa, sendo vedada a responsabilidade penal objetiva.

7. **Princípio da adequação social** - Não se justifica incriminar condutas toleradas pela sociedade e que não atentem contra bens ou interesses relevantes. Exemplo de conduta tolerada pela sociedade é o ato de furar a orelha de uma criança para colocar brinco.

▸ **Como esse assunto foi cobrado em concurso?**

(MPE-SC - 2012 - MPE-SC - Promotor de Justiça - Adaptado). Julgue o item a seguir: II - São princípios informadores do direito penal mínimo: insignificância, intervenção mínima, proporcionalidade, individualização da pena e humanidade.

Gabarito: Errado

Capítulo III

Neorrealismo

A criminologia neorrealista, em uma **perspectiva realista**, adota como ideia central o **socialismo**, reconhecendo o **reflexo da pobreza na criminalidade**, de modo a encarar o delito como um problema real e defender a adoção de uma ampla política social para o justo e eficaz controle das zonas de delinquência.

Por outro lado, sustenta que os crimes mais graves devem receber uma resposta exemplar da sociedade, devendo haver a ampliação das medidas cautelares detentivas, bem como o impedimento da flexibilização do cumprimento da pena privativa de liberdade na fase de execução penal mediante a redução do poder discricionário do juízo (SUMARIVA, 2017, p. 81).

Capítulo IV

Garantismo Penal

O garantismo clássico teve seu nascedouro em meio à efervescência do **iluminismo**, movimento intelectual burguês que vigorou na Europa no século XVIII contra o antigo regime absolutista monárquico, e do **liberalismo econômico**, que pregava a não intervenção estatal nas relações privadas, assentando-se nos princípios da legalidade estrita, lesividade, responsabilidade pessoal, presunção de não culpabilidade (de inocência) e contraditório, com o escopo de limitar o poder de punir do Estado e tutelar a pessoa humana contra abusos e arbitrariedades.

Conforme preleciona Lima Júnior (2017, p. 195-215), o desvio punível será definido em lei pelo **convencionalismo penal**, cabendo ao legislador, em respeito ao **princípio da legalidade estrita**, estabelecer, livre de valorações subjetivas próprias de um direito penal do autor, a taxatividade e precisão dos dispositivos legais.

Outro elemento da epistemologia garantista apontado pelo autor consiste no **cognitivismo processual**, que, com base no **princípio da estrita jurisdicionariedade**, atua na determinação concreta do desvio punível, impondo que o juízo penal se limite a apreciar os fatos e direitos constantes do processo.

Nessa tarefa, o magistrado deverá buscar a **verdade formal ou processual**, na acepção do **modelo juspositivista**, respeitando o direito de defesa, o contraditório e as regras processuais. Com isso, refuta-se a ideia de verdade substancial, própria do modelo jusnaturalista, cuja busca, dissociada dos limites legais, pode suscitar abusos e arbitrariedades face à pessoa investigada. Desta feita, tratar-se-á a verdade processual de uma verdade provável, devendo prevalecer o **princípio da presunção de não culpabilidade** em caso de dúvida decorrente de escassez probatória.

Ferrajoli (2002, p. 74) enumera 10 (dez) axiomas ou princípios axiológicos fundamentais do sistema penal garantista, concebidos pelo pensamento jusnaturalista dos séculos XVII e XVIII como limitações ao poder penal "absoluto", quais sejam: 1) Princípio da retributividade ou da consequencialidade da pena em relação ao delito (*nulla poena sine crimine*); 2) Princípio da legalidade, no sentido lato ou estrito (*nullum crimen sine lege*); 3) Princípio da necessidade ou da economia do direito penal (*nulla lex poenalis sine necessitate*); 4) Princípio da lesividade ou da ofensividade do evento (*nulla necessitas sine injuria*); 5) Princípio da materialidade ou da exterioridade da ação (*nulla injuria sine actione*); 6) Princípio da culpabilidade ou da responsabilidade pessoal (*nulla actio sine culpa*); 7) Princípio da jurisdicionariedade, no sentido lato ou estrito (*nulla culpa sine judicio*); 8) Princípio acusatório ou da separação entre juiz e acusação (*nullum judicium sine accusatione*); 9) Princípio do ônus da prova ou da verificação (*nulla accusatio sine probatione*); 10) Princípio do contraditório, da defesa ou da falseabilidade (*nulla probatio sine defensione*).

Posteriormente, foram incorporados às constituições e codificações dos diversos ordenamentos, convertendo-se em princípios jurídicos do moderno Estado de direito.

Saliente-se que a efetividade do sistema penal garantista pode ser avaliada a partir da análise da presença de tais princípios na ordem jurídico-penal, de modo que a supressão de dados princípios pode implicar na constituição de **sistemas punitivos irracionais**, como:

a) **Sistema de mera prevenção**: Em violação ao princípio da retributividade, pelo qual a incidência da pena depende da prática de um fato definido como crime, aqui a pena assume caráter preventivo, prestando-se a punir perigos futuros;

b) **Sistema do Estado policial**: Contrariando o princípio da legalidade, esse sistema caracteriza-se pela existência de tipos penais abertos, sem limites bem estipulados, que dão margem ao arbítrio;

c) **Sistema da justiça patriarcal**: Baseia-se na vontade soberana dos monarcas, livre de limites preestabelecidos, dando ensejo a decisões arbitrárias.

Podem ser extraídos **três significados** do termo **garantismo**, conforme se depreende dos ensinamentos de Ferrajoli (2002, p. 684):

a) **Modelo normativo de direito**: No que concerne especificamente ao Direito Penal, refere-se a um modelo de estrita legalidade próprio do Estado de direito, que se manifesta em três planos, quais sejam:

a.1. ***Plano epistemológico***: Caracteriza-se como um sistema cognitivo ou de poder mínimo;

a.2. ***Plano político***: Caracteriza-se como uma técnica de tutela idônea a minimizar a violência e a maximizar a liberdade;

a.3. ***Plano jurídico***: Consiste em um sistema de vínculos impostos à função punitiva do Estado em garantia dos direitos dos cidadãos.

b) **Teoria jurídica da "validade" e da "efetividade" como categorias distintas não só entre si, mas, também, pela "existência" ou "vigor" das normas**: Aponta como questão central a divergência existente nos ordenamentos complexos entre as práticas operacionais com tendências antigarantistas e os modelos normativos com tendências garantistas, retratando a dissonância, respectivamente, entre o ser e o dever ser, do que se extrai a antinomia entre a efetividade (e invalidade) das primeiras e a validade (e não efetividade) dos segundos;

c) **Filosofia política**: Requer do direito e do Estado o ônus da justificação externa com base nos bens e nos interesses nos quais a tutela ou a garantia constituem a finalidade.

▸ Como esse assunto foi cobrado em concurso?

(MPE-SC - 2016 - MPE-SC - Promotor de Justiça - Matutina) Em sua obra "O Novo em Direito e Política", José Alcebíades de Oliveira Júnior cita interessante trecho da doutrina de Luigi Ferrajoli: "a sujeição do juiz à lei já não é de fato, como no velho paradigma juspositivista, sujeição à letra da lei, qualquer que seja o seu significado, mas sim sujeição à lei somente enquanto válida, ou seja, coerente com a Constituição". A interpretação da frase em destaque nos remete ao conteúdo do modelo garantista.

Gabarito: Certo

Capítulo V

Tendências Securitária, Justicialista e Belicista

Conforme ensina Lima Júnior (2017, p. 219), a **tendência securitária** caracteriza-se pelo aumento dos poderes investigativos da polícia, sob o argumento da necessidade de uma atuação imediata face ao estado de risco ou perigosidade no meio social (*periculum in mora*), relegando-se a apreciação judicial a momento ulterior.

São **subespécies** dessa tendência, que se complementam no combate à criminalidade, o **Movimento de Lei e Ordem** cuja expressão é o Direito Penal Máximo; a **Tolerância Zero** com a severa repressão à pequena criminalidade; e o **Estado de Polícia**, que respalda, enquanto instituição e atividade, o poder e vontade estatal.

Por sua vez, a **tendência justicialista** dá-se pelo aumento dos poderes do juiz, em detrimento dos demais poderes e cidadãos.

Por fim, a **tendência belicista** caracteriza-se pela supressão de direitos e garantias fundamentais, ensejando a despersonalização do indivíduo.

Ressalte-se, em todas essas tendências, a influência do sensacionalismo midiático sobre a opinião pública, com a disseminação do medo e do discurso de impunidade, a justificar a expansão do sistema penal e a adoção de medidas próprias do denominado Direito Penal do autor no combate à criminalidade e aos criminosos.

Capítulo VI

Direito Penal do Fato e Direito Penal do Autor

A expressão **Direito Penal do fato** significa punir o indivíduo pelo que ele fez, ou seja, em razão de fatos exteriorizados, lesivos a bens jurídicos de terceiros. Não se pune, assim, a mera cogitação do fato criminoso.

Exige-se, portanto, que o Direito Penal se limite aos fatos provocados por condutas humanas (*nullun crimen sine conducta*), que haja estrita delimitação legal da conduta proscrita pelo ordenamento jurídico (*nullun crimen sine lege*) e que a culpabilidade sirva de limite da pena (*nullun crimen sine culpa*).

Diversamente, o **Direito Penal do autor** caracteriza-se pela punição de uma pessoa pelo que ela é, vale dizer, em função de seu modo de ser, de agir ou de sua característica ou condição pessoal, e não por seu fato.

Nessa concepção, propõe-se aos operadores do direito a negação da própria condição de pessoa do autor do fato, o qual é considerado inferior aos demais indivíduos tidos como normais, podendo sua inferioridade se manifestar em duas modalidades (ZAFFARONI et al, 2015, p. 131-132):

a) **Inferioridade moral**: Assume uma identidade divina pessoal e, ao incorrer em um delito, coloca-se em um estado de pecado jurídico-penal. Trata-se de uma versão secularizada de um estado de pecado jurídico;

b) **Inferioridade mecânica**: Ostenta uma identidade divina impessoal e mecânica e o delito indica um estado de perigosidade.

O art. 2º do Código Penal deixa clara a opção legislativa pelo Direito Penal do fato no ordenamento jurídico pátrio, ao dispor que "ninguém pode ser punido por **fato** que lei posterior deixa de considerar crime, cessando em virtude dela a execução e os efeitos penais da sentença condenatória" (grifo nosso).

Não se pode deixar, contudo, que essa opção legislativa mascare a existência da seletividade da criminalização secundária.

Capítulo VII

Direito Penal do Inimigo

1. CONCEITO, CARACTERÍSTICAS E FUNDAMENTOS FILOSÓFICOS

A teoria do direito penal do inimigo, proposta, em 1985, por **Günter Jakobs**, professor catedrático de Direito Penal e Filosofia do Direito na Universidade de Bonn, Alemanha, defende como função primordial do Direito Penal a tutela da norma e do ordenamento jurídico, relegando a um plano secundário a tutela dos bens jurídicos.

O **Direito Penal do inimigo**, considerado um verdadeiro estado de guerra, surge em contraposição ao denominado **Direito Penal do cidadão**, aplicável aos "cidadãos de bem", que, em respeito aos princípios fundamentais do Estado Democrático de Direito, segue as garantias penais e processuais.

No modelo proposto por Jakobs, consideram-se inimigos do Estado os criminosos que se afastam permanentemente das normas de direito e representam grande perigo à sociedade (terroristas, autores de crimes sexuais e de crimes econômicos, criminosos organizados e demais delitos graves), devendo receber um tratamento diferenciado dos cidadãos de bem, com o sacrifício de seus direitos, em favor da proteção do interesse público.

A transição da qualidade de "cidadão" para "inimigo" dá-se a partir da reincidência, da habitualidade, da delinquência profissional ou da integração à organização criminosa (MASSON, 2017, p. 114), comportamentos que revelam um modo de vida contrário às normas jurídicas, caracterizando o abandono do direito.

Ressalte-se que os cidadãos de bem, por aceitarem as normas do contrato social, em caso de infringência incidental da ordem jurídica, terão seus direitos de cidadão-acusado respeitados, mantendo-se a vigência da norma (SUMARIVA, 2017, p. 181).

Pode-se citar como exemplo de Direito Penal do inimigo o ataque às torres gêmeas de Nova Iorque, em 11 de setembro de 2001.

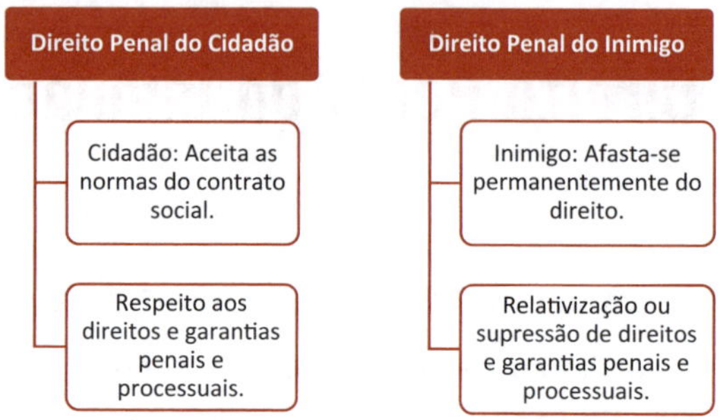

▸ **Como esse assunto foi cobrado em concurso?**

(MPE- PR - 2014 - MPE- PR - Promotor- Adaptado) Julgue a assertiva a seguir: I. Das construções doutrinárias de Günther Jakobs acerca do "Direito Penal do Inimigo", extrai-se que aquele que por princípio se conduz de modo desviado, não oferece garantia de um comportamento pessoal, por isso não pode ser tratado como cidadão, mas deve ser combatido como inimigo.

Gabarito: Certo

A doutrina aponta as seguintes **características** como inerentes ao **Direito Penal do inimigo**, consoante o tratamento dispensado ao indivíduo considerado inimigo do Estado:

1) O inimigo perde o *status* de cidadão (sujeito de direitos), para ser visto como **objeto de coação;**
2) **Relativização ou supressão** de **direitos e garantias** penais e processuais, admitindo-se, inclusive, a tortura como meio de prova;
3) Flexibilização do princípio da legalidade, com a previsão de **tipos penais vagos e imprecisos;**
4) **Inobservância** dos **princípios da ofensividade** e da **exteriorização do fato;**
5) **Penas** desproporcionalmente **elevadas;**
6) **Processo mais célere** visando à aplicação da pena;

7) Criação artificial de **novos delitos**, cujos **bens jurídicos** tutelados **não** sejam **claros** ou **reconhecidos pela sociedade**;

8) Antecipação da barreira de punição para alcançar os **atos preparatórios** sem a redução quantitativa da punição;

9) Privilegia na fixação da pena o **juízo de periculosidade** em lugar do **juízo de culpabilidade**;

10) Substituição da pena por **medida de segurança**, cuja duração é indeterminada, perdurando enquanto persistir a situação de perigo (probabilidade de tornar a praticar infrações penais);

11) As medidas impostas ao inimigo não levam em consideração o fato praticado, mas o perigo que o mesmo representa para o futuro (**perspectiva prospectiva**, ao invés de retrospectiva);

12) **Endurecimento da execução penal**, com a demonstração da força e poder estatal, sob o argumento de recuperar o delinquente e evitar a proliferação do comportamento criminoso para outras pessoas;

13) Expansão do campo de incidência de **medidas preventivas e cautelares**, como interceptação telefônica e quebra de sigilo bancário e fiscal;

14) Concessão de prêmios e benefícios ao inimigo que demonstre fidelidade ao Estado, como a **colaboração premiada**;

15) Flexibilização da prisão em flagrante com a **ação controlada**, postergando-se a prisão com o escopo de capturar maior número de criminosos;

16) **Infiltração de agentes policiais** em organizações criminosas.

Conforme leciona Paulo Sumariva (2017, p. 182), Günther Jakobs extrai os **fundamentos filosóficos** de sua teoria do pensamento dos seguintes autores:

a) **Jean Jacques Rousseau**: Defende que o indivíduo que viola o contrato social está em guerra contra o Estado, deixando de ser seu membro, para ser considerado um inimigo;

b) **Johann Gottlieb Fichte**: Afirma que o inimigo, ao abandonar a teoria do contrato cidadão, perde todos os seus direitos;

c) **Hobbes**: Sustenta que, em caso de alta traição, o criminoso deve ser castigado como inimigo e não como súdito;

d) **Immanuel Kant**: Assevera que deve ser tratado como inimigo o indivíduo que ameaça constantemente a sociedade e o Estado, não aceitando o "estado comunitário-legal".

O Direito Penal do inimigo é alvo de severas críticas pela doutrina por ser expressão do Direito Penal do autor e incompatível com o Estado Democrático de Direito e com os direitos e garantias fundamentais preconizados na Constituição da República.

A doutrina aponta como manifestações do Direito Penal do inimigo, dentre outras, as seguintes previsões no ordenamento jurídico brasileiro: a) Regime disciplinar diferenciado (art. 52, Lei nº 7.210/84); b) Ação controlada e infiltração policial (Leis nº 12.850/13 e 11.343/06); c) Interceptação telefônica (Lei nº 9.296/96).

2. VELOCIDADES DO DIREITO PENAL

A **teoria das velocidades do Direito Penal**, concebida pelo professor catedrático da Universidade de Pompeu Fabra de Barcelona, o espanhol **Jesús-Maria Silva Sánchez**, refere-se às fases que receberam importante tratamento doutrinário, revelando nítida preocupação com a consolidação de um único "Direito Penal moderno" (MASSON, 2017, p. 111).

Em um primeiro momento, foi proposto pelo autor um modelo de sistema penal dualista, denominado de Direito Penal de duas velocidades, contemplando as infrações a que são cominadas penas de prisão e as infrações penais que ensejam medidas diversas da prisão.

Posteriormente, concebeu-se a terceira velocidade do Direito Penal, como uma fusão da primeira e da segunda velocidade, que contemplou o denominado Direito Penal do Inimigo, de Günther Jakobs, reunindo a privação da liberdade com a flexibilização ou supressão de direitos e garantias penais e processuais.

2.1. Direito Penal de primeira velocidade

Refere-se ao modelo de direito penal liberal-clássico, que tutela bens jurídicos individuais e, eventualmente, supraindividuais, assegurando as garantias penais e processuais individuais ao acusado, mas conferindo primazia à pena privativa de liberdade.

Nesse nível de intensidade, temos o **Direito Penal nuclear**, reduzindo-se o Direito Penal a seu núcleo duro.

2.2. Direito Penal de segunda velocidade

A segunda expansão do Direito Penal visa tutelar os novos riscos da sociedade, de forma a proteger os bens jurídicos supraindividuais, incorporando medidas alternativas à prisão, como as penas pecuniárias e restritivas de direito, e flexibilizando determinadas garantias penais e processuais.

Ao lado do Direito Penal nuclear, desenvolve-se, assim, o denominado **Direito Penal periférico**, também conhecido como "direito penal da não prisão" (SUMARIVA, 2017, p. 186).

No direito brasileiro, pode-se citar como manifestações do Direito Penal de segunda velocidade:

a) Introdução das penas restritivas de direito no Código Penal pela Lei nº 7.209/84;

b) Criação do instituto da transação penal pela Lei nº 9.099/95;

c) Descarcerização em relação ao crime de posse de drogas para consumo pessoal, tipificado no art. 28 da Lei nº 11.343/06.

2.3. Direito Penal de terceira velocidade

Caracteriza-se pela coexistência da pena privativa de liberdade e, apesar da sua presença, pela flexibilização de garantias materiais e processuais, reunindo, assim, características da primeira e da segunda velocidade.

O Direito Penal de terceira velocidade contempla o denominado Direito Penal do inimigo, de Günther Jakobs (2003, p. 83).

Pode-se citar como expressão dessa velocidade no direito brasileiro a Lei de Crimes Hediondos e a Lei de Crime Organizado.

> **Como esse assunto foi cobrado em concurso?**
> **(CESPE - 2008 - TJ-AL - Juiz de Direito)** Questão discursiva: "Discorra acerca das velocidades do direito penal, abordando especialmente o direito penal de terceira velocidade, citando exemplos e reflexos, quer no direito penal, quer no direito processual penal".

2.4. Direito Penal de quarta velocidade

O Direito Penal de quarta velocidade, chamado de **neopunitivismo** por **Daniel Pastor**, relaciona-se ao Direito Penal Internacional, caracterizando-se pela aplicação, pelo Tribunal Penal Internacional - TPI, das normas de direito internacional a pessoas que atuaram como Chefes de Estado e, nesse mister, violaram gravemente tratados internacionais de direitos humanos.

Qualifica-se pelo aspecto político, pela seletividade penal e pela flexibilização das garantias penais e processuais penais, como os princípios da reserva legal, do juiz natural e da irretroatividade da lei penal.

O TPI foi criado em 1998 pelo Estatuto de Roma, com sede em Haia, na Holanda, tendo competência para julgar os seguintes crimes (art. 5º):

a) **Crime de genocídio**: Consiste na destruição, no todo ou em parte, de grupo nacional, étnico, racional ou religioso, sendo previsto no ordenamento jurídico brasileiro pela Lei nº 2.889/56;

b) **Crimes contra a humanidade**: Trata-se do ataque sistemático ou generalizado contra a população civil;

c) **Crimes de guerra**: Representa a grave violação à Convenção de Genebra de 1949;

d) **Crimes de agressão**: São violações à Convenção da ONU de 1949;

e) **Crimes contra a administração da Justiça do TPI:** Previsão expressa do art. 70 do Estatuto de Roma.

O art. 5º, § 4º, da CRFB, acrescentado pela EC nº 45/2004, preceitua que "o Brasil se submete à jurisdição do Tribunal Penal Internacional a cuja criação tenha manifestado adesão", tendo o TPI passado a viger no Brasil a partir de 2002, com a publicação do Decreto nº 4.388/2002.

Cleber Masson (2017, p. 117) salienta que o neopunitivismo evidencia-se como um movimento do **panpenalismo**, buscando um aumento do poder punitivo estatal, até mais arbitrário e abusivo que o Direito Penal do inimigo, de sorte a ensejar um **direito penal absoluto**.

VELOCIDADES DO DIREITO PENAL

- **Primeira velocidade**: Pena privativa de liberdade + garantias materiais e processuais (direito penal nuclear).
- **Segunda velocidade**: Medidas alternativas à prisão + flexibilização das garantias materiais e processuais (direito penal periférico).
- **Terceira velocidade**: Pena privativa de liberdade + flexibilização das garantias materiais e processuais (direito penal do inimigo).
- **Quarta velocidade**: Aplicação das normas de direito internacional aos chefes de Estado que violarem gravemente tratados internacionais de direitos humanos + flexibilização das garantias materiais e processuais (neopunitivismo).

▸ Como esse assunto foi cobrado em concurso?

(PUC-PR - 2012 - TJ-MS - Juiz) Marque a alternativa CORRETA sobre as teorias das velocidades do direito penal:

a) A teoria da primeira velocidade do direito penal é ligada à ideia do direito penal do inimigo, ou seja, tem como proposição a aplicação de um direito penal máximo, com penas privativas de liberdades e de caráter perpétuo.

b) A teoria da segunda velocidade do direito penal é ligada à ideia do direito penal do inimigo, ou seja, tem como proposição a aplicação de um direito penal máximo, com penas privativas de liberdades e de caráter perpétuo.

c) A teoria da terceira velocidade do direito penal tem como fundamento a aplicação de penas alternativas ou de multa, ou seja, está ligada à ideia de um direito penal de mínima intervenção.

d) A teoria da quarta velocidade do direito penal está ligada à ideia do neopunitivismo.

e) A terceira velocidade do direito penal, idealizada por Jesús María Silva Sánchez, está ligada à ideia do Tribunal Penal Internacional, ou seja, à proposição de um direito penal para julgar crimes de guerra, de agressão, genocídio e de lesa humanidade.

Gabarito: D

3. TEORIA DO CENÁRIO DA BOMBA RELÓGIO (THE TICKING TIME BOMB SCENARIO)

A teoria do cenário da bomba relógio surgiu nos Estados Unidos, flexibilizando garantias penais e processuais de forma a permitir o emprego excepcional da tortura, como forma de reprimir condutas terroristas.

Tendo em vista a necessidade de uma intervenção imediata diante de uma ameaça iminente de grandes proporções, autoriza, excepcionalmente, a tortura, como forma de conter a ação terrorista (SUMARIVA, 2017, p. 187). Por exemplo, essa teoria admitiria a tortura de um terrorista para revelar a localização de uma bomba prestes a ser acionada em estádio de futebol, cujo esvaziamento não seria possível antes da explosão.

No ordenamento jurídico brasileiro, a Constituição da República, em seu art. 5º, inc. III, veda categoricamente qualquer ato de tortura.

Capítulo VIII

Direito Penal de Emergência, Direito Penal Simbólico e Direito Penal Promocional

Hodiernamente, vivenciamos um movimento punitivista, que, a partir da exploração do medo social, alça o Direito Penal à posição de principal instrumento no combate à violência, ensejando um expansionismo do sistema penal (hipertrofia penal).

Nesse cenário, temos o chamado **Direito Penal de emergência**, que representa as hipóteses nas quais o Estado se vale da legislação penal para limitar ou derrogar garantias penais e processuais para o controle da alta criminalidade. Pode-se citar como exemplo, a edição da Lei de Crimes Hediondos (Lei nº 8.072/90) e a Lei de Organizações Criminosas (Lei nº 12.850/13).

Essa cultura fortaleceu o denominado **Direito Penal Simbólico**, com o desencadeamento de uma inflação legislativa, caracterizada pelo recrudescimento das penas e pela criação de novos tipos penais, sem a correspondente finalidade de tutelar um bem juridicamente relevante, mas, contrariamente, como forma de manipulação da opinião pública, o que fez com que, apesar de seu rigor, tivesse sua eficácia prática esvaziada.

A expressão Direito Penal Simbólico designa o conjunto de normais penais que, despidas de efeitos protetivos concretos, prestam-se à "manifestação de grupos políticos ou ideológicos através da declaração de determinados valores ou o repúdio a atitudes consideradas lesivas" (ROXIN, 2006, p. 47). Assim, são editadas leis previsivelmente ineficazes, com a finalidade precípua de "acalmar os eleitores", sob a propalada finalidade de combater uma ação ou situação indesejada.

Dessarte, a função simbólica do Direito Penal manifesta-se por não produzir efeitos externos, mas apenas "nas mentes dos governantes e cidadãos" (MASSON, 2017, p. 11).

Nesse contexto, as agências de comunicação social, consideradas por Zaffaroni et al (2010, p. 18) uma das agências do sistema penal, por meio da espetacularização das tragédias, da violência, do sofrimento e do medo, emergem como grande aliadas do expansionismo penal, haja vista sua capacidade de produção do senso comum. Para tanto, a vítima figura como a grande "locutora" produzindo identificações para a construção de uma "subjetividade punitiva", na qual a pena é vista como principal mecanismo de resolução dos conflitos.

Por derradeiro, temos ainda o denominado **Direito Penal promocional** que representa o manejo das leis penais para alcançar finalidades políticas, haja vista tratar-se de importante instrumento para a transformação social. Essa função promocional é criticada pelo fato de o Direito Penal dever ser adotado como um instrumento de controle social subsidiário, a incidir como *ultima ratio* (AZEVEDO; SALIM; 2016, p. 40).

Capítulo IX

Direito Penal Subterrâneo e Direito Penal Paralelo

O processo de criminalização dá-se por meio da seleção de um número reduzido de pessoas pelo sistema penal, as quais serão submetidas ao poder punitivo estatal.

Por sua vez, o sistema penal é composto pelo conjunto de agências que operam a criminalização primária (elaboração de leis penais) e a criminalização secundária (aplicação das leis penais), como o poder legislativo, o poder executivo, a polícia, o ministério público, o poder judiciário e os agentes penitenciários.

Todavia, paralelamente ao sistema penal formal do Estado, outras agências se valem da lacuna deixada pelo Estado, reflexo das cifras ocultas, para exercer o poder punitivo informalmente, dando ensejo ao que Zaffaroni denomina **Direito Penal Paralelo**. Ex.: Detenção de doentes mentais por médicos, institucionalização de moradores de ruas por autoridades assistenciais, abandono de idosos em estabelecimentos particulares, aplicação de sanções que acarretem o desemprego etc. (AZEVEDO; SALIM, 2016, p. 40).

Nesse contexto, temos também o **Direito Penal Subterrâneo,** definido por Zaffaroni como o exercício arbitrário, marginalizado e ilícito do poder punitivo pelas agências executivas (abuso de poder). Ex.: Institucionalização da pena de morte (execução sem processo), desaparecimentos, torturas, extradições mediante sequestro etc.

Note-se que o Direito Penal Subterrâneo difere do Direito Penal Paralelo, pois no primeiro a conduta punitiva é empregada por agências ou instituições integrantes do sistema punitivo criminal formal e oficial.

▸ Como esse assunto foi cobrado em concurso?

(FCC – 2015 – DPE-SP – Defensor Público) "As provas indicam que a polícia decidiu 'partir para cima' da população de forma abusiva e indiscriminada, matando mais de 100 pessoas, grande parte em circunstâncias que pouco tinha a ver com legítima defesa. Ademais, policiais encapuzados, integrantes de grupos de extermínio, mataram outras centenas de pessoas. Esses policiais realizaram 'caças' aleatórias de homens jovens pobres, alguns em função de seus antecedentes criminais ou de tatuagens (tidas como sinais de ligação com a criminalidade) e muitos outros com base em mero preconceito. Identificamos 122 homicídios contendo indícios de terem sido execuções praticadas por policiais naquele período." (São Paulo sob achaque: corrupção, crime organizado e violência institucional em maio de 2006. Human Rights Program at Harward University e Justiça Global). O relato acima sobre os "crimes de maio de 2006 em São Paulo" é exemplo de:

a) criminalização primária.

b) direito penal subterrâneo.

c) criminalização dos movimentos sociais.

d) direito penal do inimigo.

e) encarceramento em massa da pobreza.

Gabarito: B

Parte VI

CRIMINOLOGIA CONTEMPORÂNEA

Capítulo I

Modelos de Justiça Contemporâneos

1. JUSTIÇA RESTAURATIVA

A justiça restaurativa, superando o sistema penal tradicional retribucionista, associa-se ao **modelo de reação social restaurador ou integrador**, em que o enfrentamento do fenômeno criminal foca na **reparação dos danos** e deve se pautar na noção de **direito penal mínimo**, com a priorização de **medidas alternativas à pena privativa de liberdade** (reparação, restituição, prestação de serviço comunitário etc.) para a resolução de conflitos, contemplando a **participação da vítima, do delinquente e da sociedade**.

Dessa forma, as próprias partes diretamente envolvidas no conflito participam de processos colaborativos visando à pacificação social do conflito, com a redução do dano ao mínimo possível.

Os processos restaurativos contam ainda com a figura de um **facilitador (mediador judicial)**, o qual, contando com a colaboração do poder público e da sociedade, poderá se valer de instrumentos como a **mediação** e a **conciliação**, para viabilizar o diálogo e o entendimento entre as partes, a fim de que solucionem os problemas advindos do fato criminoso.

Na justiça restaurativa, o castigo é substituído pela conscientização e o juiz apresenta maior flexibilidade em sua decisão por não estar adstrito aos limites da lei, sendo a maior preocupação a convivência futura das partes na sociedade.

Ressalte-se que a ONU, por meio das Resoluções 1999/26, 2000/14 e 2002/12, elaborou recomendações para o desenvolvimento da justiça restaurativa nos Estados membros, merecendo destaque o teor da Resolução ONU 2002/12, a qual assevera que "a justiça restaurativa evolui como uma resposta ao crime que respeita a dignidade e a igualdade das pessoas, constrói o entendimento e promove harmonia social mediante a restauração das vítimas, ofensores e comunidades".

Nessa senda, a Resolução nº 118/2014 do Conselho Nacional do Ministério Público, dispõe sobre a Política Nacional de Incentivo à Autocomposição no âmbito do Ministério Público, com o objetivo de assegurar a promoção da justiça e a máxima efetividade dos direitos e interesses que envolvem sua atuação, incumbindo-lhe implementar e adotar mecanismos de autocomposição, como a negociação, a mediação, a conciliação, o processo restaurativo e as convenções processuais, bem como prestar atendimento e orientação ao cidadão sobre tais mecanismos, visando à boa qualidade dos serviços, à disseminação da cultura de pacificação, à redução da litigiosidade, à satisfação social, ao empoderamento social e ao estímulo de soluções consensuais.

Referida resolução deixa expressa a existência no âmbito penal de amplos espaços para negociação, a exemplo da composição civil de danos e da suspensão condicional do processo inserta nos arts. 72 e 89 da Lei nº 9.099/1995, da composição do dano por parte do infrator como forma de obtenção de benefícios legais prevista no art. 27 da Lei nº 9.605/1998, da delação premiada prevista no art. 16, p.ú., da Lei nº 8.137/1990, no art. 8º, p.ú., da Lei nº 8.072/1990 e no art. 14 da Lei 9.807/1999.

Em relação aos crimes de ação penal de iniciativa privada e condicionada à representação do ofendido, é pacífica a admissibilidade da mediação extrajudicial, tendo em vista o início da persecução penal depender da iniciativa da vítima. Por outro lado, há divergência quanto a seu cabimento em relação aos crimes de ação penal pública incondicionada (GABRIEL, 2017, p. 40).

Saliente-se, ainda, a pioneira implantação, a partir de 2010, dos denominados "Núcleos Especiais Criminais" ("NECRIM´s") pela Polícia Civil de São Paulo, para a mediação de conflitos relativos a crimes de menor potencial ofensivo, por intermédio de sessões presididas por um delegado de polícia, auxiliado por uma equipe profissional habilitada, voltadas à resolução consensual do litígio, cujo resultado será encaminhado ao Judiciário para homologação, mediante prévia oitiva do Ministério Público. Na mesma linha, a Polícia Civil de Minas Gerais desenvolveu o "Projeto Mediar", sendo de irrefutável importância que a medida seja difundida pelas demais unidades federativas.

A mediação em sede policial e a figura do Delegado de Polícia conciliador são essenciais para a garantia do acesso à justiça e a pronta pacificação social do conflito, bem como para desafogar o Poder Judiciário.

Comungamos do entendimento no sentido de que o fomento da mediação extrajudicial no âmbito penal deva se dar também quanto aos crimes de ação penal pública incondicionada, haja vista, muitas vezes, preexistir ao delito um conflito que, se não for pacificado, poderá ensejar novas infrações penais, sendo tal medida salutar para atender à finalidade preventiva e alçar a vítima à posição de protagonista no sistema penal.

Lima Júnior (2017, p. 160) ressalta que a justiça restaurativa produz resultados positivos em caso de delitos patrimoniais e de crimes de menor potencial ofensivo em que o autor do fato reside na localidade em que praticado o delito.

▸ Como esse assunto foi cobrado em concurso?

(FGV – 2015 – DPE-RO – Analista da Defensoria Pública – Analista em Psicologia) "Alunos rebeldes, que jogam bombas no recreio, usam drogas ou cometem violência contra o professor são expulsos da escola. Depois, expulsos novamente de outra instituição, acabam desistindo de estudar. Continuam cometendo delitos até que, por fim, são recolhidos à Fundação Casa. A trajetória é muito conhecida por juízes da Vara da Infância, que sabem que o resgate desses menores para a sociedade vai se tornando cada vez mais difícil. No entanto, a aplicação da Justiça Restaurativa nas escolas do Estado de São Paulo tem rompido esse ciclo de violência e recuperado adolescentes para o convívio social e escolar sem a necessidade de aplicação de medidas de caráter meramente punitivo". (Portal CNJ em 06/01/2015). Em relação à Justiça Restaurativa, analise as características a seguir:

I – o processo decisório compartilhado com as pessoas envolvidas;

II - a estrita observância do contencioso e do contraditório;

III - a participação voluntária e o procedimento criativo e voltado para o futuro. Trata-se de característica(s) da Justiça Restaurativa:

a) somente I;

b) somente II;

c) somente I e III;

d) somente II e III;

e) I, II e III.

Gabarito: C

2. JUSTIÇA TERAPÊUTICA

Conforme o magistério de Lima Júnior (2017, p. 161), a justiça terapêutica, oriunda de um projeto do Ministério Público do Rio Grande do Sul voltado ao **atendimento do usuário de drogas infrator**, pode ser conceituada como o "conjunto de medidas que tem como objetivo elevar a possibilidade daquele delinquente, usuário e dependente de drogas, de entrar e permanecer em tratamento de forma a modificar seu proceder desviante".

O art. 98, inc. III, da Lei nº 8.069/90 é apontado como sua origem no ordenamento jurídico, ao dispor que a criança ou adolescente em situação de risco, por sua própria conduta, sujeita-se às medidas protetivas previstas no rol exemplificativo do art. 101 daquele diploma legal, dentre as quais se pode destacar a requisição judicial de tratamento médico, psicológico ou psiquiátrico e a inclusão em programa oficial ou comunitário de auxílio, orientação e tratamento a alcoólatras e dependentes químicos.

No âmbito criminal, a aplicação da justiça terapêutica aos usuários de drogas foi viabilizada por meio do art. 28 da Lei nº 11.343/06 que tipifica como crime de menor potencial ofensivo, portanto sujeito ao rito da Lei 9.099/95, o porte de drogas para consumo pessoal, cominando como uma das penas, em seu inc. III, a medida de comparecimento à programa ou curso educativo.

Observe-se que a Lei 11.343/06, em consonância com a noção de justiça terapêutica, suprimiu a possibilidade de aplicação da pena privativa de liberdade ao usuário de drogas outrora prevista no revogado preceito secundário do art. 16 da Lei 6.368/76.

Percebe-se, assim, que a justiça terapêutica atua de forma **preventiva**, visando evitar que o usuário de drogas venha a reincidir na prática do crime de porte de drogas para consumo pessoal em função de seu vício.

3. JUSTIÇA INSTANTÂNEA

A Justiça Instantânea incide em processos que versem sobre o **envolvimento de adolescentes em atos infracionais**, encontrando amparo legal no art. 88, inc. V, da Lei nº 8.069/90, que estabelece a celeridade processual como diretriz da política nacional de atendimento aos adolescentes em conflito com a lei, visando assegurar, com efetividade, os direitos dos adolescentes em situação de risco, em consonância com a doutrina da proteção integral.

Para tanto, a lei prevê uma integração operacional dos órgãos do Judiciário, Ministério Público, Defensoria, Segurança Pública e Assistência Social, preferencialmente em um mesmo local, para a agilização do atendimento inicial do adolescente a quem seja imputada a prática de ato infracional.

Conforme leciona Lima Júnior (2016, p. 162), o Conselho da Magistratura do Rio Grande do Sul, implantou um modelo de Justiça Instantânea naquela unidade federativa, pelo qual, após a oitiva da vítima e do adolescente autor do ato infracional na Delegacia de Polícia, há seu encaminhamento ao Ministério Público, que procederá na forma dos arts. 179 e ss. da Lei 8.069/90. Assim, poderá o promotor de justiça: a) conceder remissão, cumulada ou não com medida socioeducativa, hipótese em que o adolescente será posto em liberdade após a homologação judicial do termo; b) oferecer representação, encaminhando o adolescente ao juiz, que também estará no mesmo local, para que realize a audiência de apresentação e decida o caso, apreciando, inclusive, eventual requerimento ministerial de internação provisória.

Capítulo II

A Situação Carcerária Brasileira e Problemas Relacionados à Prisão (Superlotação, Estigmatização, Violência e Abuso)

Hodiernamente, é notória a falência do sistema penitenciário brasileiro, caracterizada pela superlotação dos presídios e pelas condições insalubres e desumanas das unidades penitenciárias, sendo inconteste a inidoneidade da pena privativa de liberdade para o cumprimento da pretensa finalidade ressocializadora, tratando-se a questão penitenciária de tema atual tanto no plano interno quanto no âmbito internacional.

Referida assertiva pode ser ilustrada diante da brutalidade das rebeliões ocorridas, em janeiro de 2017, em quatro centros de detenção nos estados de Amazonas, Roraima e Rio Grande do Norte, que levaram à morte quase uma centena de detentos, em verdadeiro espetáculo sangrento de barbárie, inclusive, com decapitações e mutilações de pessoas vivas, o que sobrelevou a problemática carcerária latente, atraindo a atenção de organismos internacionais.

A Comissão Interamericana de Direitos Humanos (CIDH) da Organização dos Estados Americanos (OEA) condenou os atos de violência e instou o Estado a apurar os fatos. Ressalte-se que o contexto sistemático de reiteração de atos de violência nas unidades prisionais do Estado brasileiro já levara o órgão a pronunciar advertências em outras oportunidades, clamando pela adoção de medidas urgentes para o enfrentamento da problemática, como redução da superpopulação carcerária e controle efetivo para reprimir o ingresso de armas e objetos ilícitos nos presídios, prevenir a ação de "organizações criminosas" nas unidades prisionais, investigar e punir atos de violência e corrupção.

O crítico cenário carcerário brasileiro é evidenciado pelos dados quantitativos constantes do levantamento Nacional de Informações Penitenciárias do Ministério da Justiça (Infopen), que, em dezembro de 2014, registrava uma população penitenciária composta de 622.202 pessoas, situando o Brasil em quarto lugar no *ranking* mundial de maior população carcerária, atrás apenas dos Estados Unidos (2.217.000), China (1.657.812) e Rússia (644.237).

Como esse assunto foi cobrado em concurso?

(MPE-SC - 2016 - MPE-SC - Promotor de Justiça - Matutina) O Conselho Nacional de Justiça, através de seu Departamento de Monitoramento e Fiscalização do Sistema Carcerário, publicou no ano de 2014, diagnóstico de pessoas presas no Brasil, posicionando-nos em terceiro lugar no ranking dos dez países com maior população prisional do mundo, com cômputo das pessoas que se encontram em prisão domiciliar no Brasil. Outras constatações relevantes e retratadas no referido diagnóstico foram o considerável déficit de vagas prisionais e o elevado número de mandados de prisão em aberto.

Gabarito: Certo

Obs.: A questão foi elaborada tendo por base os dados divulgados no ano de 2014. Entretanto, deve-se atentar que o enunciado se refere expressamente ao cômputo da população carcerária abarcando o número de pessoas em regime de prisão domiciliar, o que, desde aquele ano, alçava o Brasil ao terceiro lugar no ranking mundial.

Em levantamento mais recente, divulgado pelo Ministério da Justiça no ano de 2017, referente ao período de **junho de 2016**, apurou-se o crescimento da população carcerária para 726.712 pessoas, fazendo com que o Brasil ultrapassasse a Rússia, alcançando a **terceira posição no *ranking* mundial**.

Destaque-se, ainda, que, em comparação ao total registrado na década de 90, apurou-se um crescimento da população carcerária da ordem de 707%.

Como esse assunto foi cobrado em concurso?

(FCC - 2016 - DPE-ES - Defensor Público) Considerando a atual conjuntura da política criminal brasileira, é correto afirmar que:

a) a eficiência do trabalho policial pode ser verificada pelo baixo índice de letalidade e o alto índice de prisões efetuadas.

b) o processo de encarceramento em massa no Brasil alavancou-se no período de vigência da Constituição Federal de 1988, apesar desta ter como seus fundamentos a cidadania e a dignidade da pessoa humana.

c) a construção de presídios tem sido uma política eficaz de redução do encarceramento em massa.

d) o crescimento da população prisional é isonômico no aspecto de gênero.

e) a proteção de direitos humanos tem sido o principal resultado da política criminal brasileira, uma vez que o aumento da população prisional demonstra que os bens jurídicos estão sendo cada vez mais protegidos por meio do direito penal.

Gabarito: B

No que concerne à população carcerária feminina, verificou-se, segundo dados divulgados pelo Depen, que o número de mulheres presas passou de 5.601 em 2000 para 44.721 em 2016, registrando-se um aumento de 698%, o que, segundo a quarta edição do *World Female Imprisonment List* divulgada em 2017, situa o Brasil em quarto lugar no ranking mundial dos países com maior índice de aprisionamento de mulheres, atrás dos Estados Unidos (cerca de 211.870), China (cerca de 107.131) e Rússia (48.478).

Como consequência do crescimento da população carcerária, que alcançou a média de 7,3% ao ano, no período compreendido entre os anos de 2000 e 2016, tem-se o quadro de superlotação dos estabelecimentos penitenciários, tendo se apurado, a partir do Infopen de junho de 2016, o déficit de 359.058 vagas nas unidades prisionais estaduais.

Ressalte-se que esse quadro de superlotação carcerária em nosso país apresenta natureza estrutural e endêmica, resultando do mau funcionamento crônico do sistema penitenciário e espraiando-se por todos os estados da federação.

Nesse sentido, Rodrigo Roig (2017, p. 575) salienta que se assentou o entendimento na Corte Europeia de Direitos Humanos de que casos de grave superlotação, por si só, implicam em violação à dignidade humana. Noutro giro, em casos em que a superlotação não seja grave, outros aspectos da condição detentiva hão de ser levados em consideração a fim de se verificar a dignidade da execução penal, como associarem-se à exiguidade de espaço a falta de ventilação, o acesso limitado ao passeio, a ausência de intimidade na cela etc.

Diante das falhas estruturais do sistema carcerário, conjugadas à sistemática omissão do poder público, o **Plenário do STF**, no julgamento da **ADPF nº 347**, reconheceu a existência de um **Estado de Coisas Inconstitucional** em relação ao **sistema penitenciário brasileiro**.

A permanência e tolerância da atual conjuntura carcerária, além da flagrante violação ao sistema internacional de proteção de direitos humanos, implica em tornar letra morta as regras constitucionais nas quais se contêm o imperativo categórico de que "ninguém será submetido a tratamento desumano ou degradante" (art. 5º, inciso III, CRFB) e de que "não haverá penas cruéis" (art. 5º, inciso XLVII, CRFB).

Em uma análise crítica do modelo carcerário das sociedades capitalistas contemporâneas, Alessandro Baratta (2014, pp. 184-186) ressalta o **processo negativo de socialização** a que é submetido o preso, examinando-o em uma dupla perspectiva, a saber:

a) **Desculturação**: Trata-se do processo de desadaptação às condições necessárias à vida em liberdade, como a diminuição da força de vontade, a perda do senso de autorresponsabilidade econômico-social, a redução do senso de realidade e criação de uma imagem ilusória do mundo externo, progressivo afastamento dos valores e modelos comportamentais da sociedade;

b) **Aculturação ou prisionalização**: É a assunção de valores e modelos comportamentais típicos da subcultura carcerária.

Outrossim, tem-se como consequência do efeito negativo da prisionalização um duplo processo, qual seja:

a) **Educação para ser criminoso**: Uma minoria de criminosos, com forte orientação antissocial, domina a hierarquia e organização informal da comunidade e, pelo poder e prestígio de que goza, serve de modelo para os demais;

b) **Educação para ser um bom preso**: A assunção de um certo grau de ordem, a partir da interiorização de modelos comportamentais, é considerada um dos fins reconhecidos da comunidade carcerária, da qual os chefes dos detidos, em troca de privilégios, fazem-se garantes frente à administração penitenciária. Contrariamente, a função propriamente educativa acaba por ser relegada a um segundo plano, favorecendo a prática de atitudes conformistas e oportunistas.

Nessa senda, Foucault (2014, p. 272) afirma que a prisão fracassa na tarefa de reduzir a prática de crimes e, contrariamente, apresenta-se como meio hábil à produção da delinquência, que seria uma forma política ou economicamente menos perigosa de ilegalidade. Assim, produz-se o delinquente como sujeito patologizado, aparentemente marginalizado, mas centralmente controlado. Desta feita, a prisão objetiva a delinquência por trás da infração, consolidando a delinquência no movimento das ilegalidades.

▸ Como esse assunto foi cobrado em concurso?

(FCC - 2015 - DPE-SP - Defensor Público) "O atestado de que a prisão fracassa em reduzir os crimes deve talvez ser substituído pela hipótese de que a prisão conseguiu muito bem produzir a delinquência, tipo especificado, forma política ou economicamente menos perigosa - talvez até utilizável - de ilegalidade; produzir delinquentes, meio aparentemente marginalizado mas centralmente controlado; produzir o delinquente como sujeito patologizado". O trecho acima, extraído de Vigiar e Punir, sintetiza uma importante conclusão de Michel Foucault decorrente de suas análises sobre a prisão como uma instituição disciplinar moderna. Para o autor, a prisão permite:

a) objetivar a delinquência por trás da infração e consolidar a delinquência no movimento das ilegalidades.

b) classificar a delinquência em suas categorias e erradicar a delinquência do meio social.

c) reduzir a delinquência através do controle e controlar a delinquência por meio da repressão.

d) combater a delinquência por meio da punição e erradicar a delinquência do meio social.

e) controlar a delinquência por meio da repressão e diferenciar a delinquência da periculosidade.

Gabarito: A

Em conclusão, arremata Muñoz Conde (1985, p. 124) que "*educar para la libertad en condiciones de no libertad, no sólo es muy difícil, es, además, una utopía irrealizable en las actuales condiciones de vida en prisión*", orientando que a tarefa ressocializadora deve começar pelo melhoramento material das unidades penitenciárias e pela humanização do aparato repressivo penal.

Capítulo III

A Prisão como Pena Hegemônica e Alternativas à Prisão

Inicialmente, cabe ressaltar que as penas não privativas de liberdade e as medidas cautelares alternativas à prisão são de irrefutável importância para reduzir o índice de encarceramento, propiciar maior aproximação entre o autor do fato e a vítima com vistas à reparação do dano, evitar os efeitos da "prisionalização" e reduzir o estigma de "criminoso", com reflexos, inclusive, nas taxas de reincidência.

Apesar de as penas restritivas de direitos apresentarem respaldo legal nos artigos 43 a 48 do Código Penal desde a reforma de 1984, a resistência e a cultura conservadora dos atores que integram o sistema de justiça criminal fizeram com que permanecessem em segundo plano, quedando-se a pena de prisão como hegemônica.

O art. 43 do Código Penal, com a redação dada pela Lei nº 9.714/98, prevê como **penas restritivas de direito**: I - prestação pecuniária; II - perda de bens e valores; III - limitação de fim de semana; IV - prestação de serviço à comunidade ou a entidades públicas; V - interdição temporária de direitos; VI - limitação de fim de semana.

Por sua vez, o art. 44 do Código Penal deixa expressa sua **natureza jurídica** de **pena autônoma** e **substitutiva** à pena privativa de liberdade, dispondo ser possível a substituição nas seguintes hipóteses:

a) Crime culposo (qualquer que seja a pena);

b) Crime doloso, cometido sem violência ou grave ameaça à pessoa, cuja pena privativa de liberdade não seja superior a 4 anos;

c) Réu não reincidente em crime doloso, salvo se a medida for socialmente recomendável e não ocorra a reincidência específica;

d) A culpabilidade, os antecedentes, a conduta social e a personalidade do condenado, bem como os motivos e as circunstâncias indicarem que a substituição seja suficiente.

Ressalte-se, ainda, a previsão da **prisão domiciliar** pelo **art. 117 da Lei de Execução Penal**, que dispõe acerca da possibilidade de recolhimento em residência particular do condenado que cumpre pena em **regime aberto**, quando se tratar de: I - condenado maior de 70 (setenta) anos; II - condenado acometido de doença grave; III - condenada com filho menor ou deficiente físico ou mental; IV - condenada gestante.

Apesar de a lei ser expressa no sentido do cabimento da prisão domiciliar em relação aos presos em regime aberto, a jurisprudência do **STJ** tem admitido a "concessão da prisão domiciliar ao sentenciado, em cumprimento de pena em **regime fechado ou semiaberto**, quando comprovada sua **debilidade extrema por doença grave e a impossibilidade de recebimento do tratamento adequado no estabelecimento prisional**" (HC 365.633/SP, j. 18/05/2017).

Ademais, entendem os tribunais superiores que a manutenção do preso em regime mais severo que o determinado legalmente consiste em constrangimento ilegal, admitindo a prisão domiciliar da Lei de Execução Penal na hipótese em que o condenado faça jus à progressão do regime fechado para o semiaberto, mas o sistema penitenciário não tenha estrutura para garantir a progressão.

Nesse sentido, a **Súmula vinculante nº 56** assentou que "a falta de estabelecimento penal adequado não autoriza a manutenção do condenado em regime prisional mais gravoso, devendo-se observar, nessa hipótese, os parâmetros fixados no RE 641.320/RS", sob pena de violação dos princípios constitucionais da legalidade (art. 5º, XXXIX, CRFB) e da individualização da pena (art. 5º, XLVI, CRFB).

Partindo dessa premissa e da inadmissibilidade da progressão *per saltum* de regime prisional, isto é, da progressão direta do regime fechado para o regime aberto (súmula 491, STJ; item 120 da exposição de motivos da Lei de Execução Penal), firmou-se o seguinte entendimento no RE 641.320/RS:

a) os juízes da execução penal poderão avaliar a adequação da unidade prisional aos requisitos dos regimes menos gravosos, não havendo constrangimento ilegal se, ainda que se trate de estabelecimento prisional de maior rigor, o mesmo for adaptado de sorte a observar as regras específicas do regime legalmente determinado, considerando-se aceitáveis estabelecimentos que não se qualifiquem como colônia agrícola, industrial ou similar (regime semiaberto) ou casa de albergado (regime aberto);

b) em caso de falta de vaga no estabelecimento penal adequado, serão adotadas as seguintes providências, podendo ser deferida prisão domiciliar ao condenado até que sejam estruturadas as medidas alternativas propostas:

    i. saída antecipada de sentenciado no regime com falta de vagas, liberando a vaga para aquele que nele pretende ingressar;

    ii. a liberdade eletronicamente monitorada ao sentenciado que sai antecipadamente ou é posto em prisão domiciliar por falta de vagas;

    iii. o cumprimento de penas restritivas de direito e/ou estudo ao sentenciado que progride ao regime aberto, medida essa considerada pelos ministros mais favorável que a prisão domiciliar (observe-se que, nesse ponto, a decisão do STF contrapõe-se à súmula 493 do STJ).

Desde a década de 80, foram envidados esforços, ainda que pontuais, em prol das penas alternativas. Com o passar dos anos, o projeto se estendeu, culminando na edição das **Leis nº 9.099/95** e **nº 10.259/2001**, que instituíram e regulamentaram os juizados especiais criminais (Jecrims), nos âmbitos estadual e federal, respectivamente.

O novo modelo teve por escopo promover o acesso à justiça, priorizando a celeridade processual, a informalidade, a desburocratização, a conciliação/transação penal e a aplicação de penas e medidas alternativas em relação aos crimes considerados de menor potencial ofensivo, diminuindo o número de feitos a serem remetidos às varas criminais.

Conforme preleciona Salo de Carvalho, passados dois séculos de afirmação da hegemonia da pena de prisão, diante do desnudamento propiciado pela criminologia crítica, o discurso jurídico-penal passa a concebe-la como *ultima ratio*, restringindo seu emprego a casos extremos. Para os delitos de pequena ou média reprovabilidade, devem ser aplicadas alternativamente medidas restritivas de direito (2015, p. 255).

Por outro lado, evidencia-se atualmente a incapacidade do sistema prisional dos estados brasileiros em abrigar a demanda crescente de presos, devendo-se destacar, conforme os dados do levantamento do CNJ junto aos Tribunais de Justiça, relativo a janeiro de 2017, o elevado número de presos provisórios (221.054), que alcança 34% do total de presos no Brasil.

Outrossim, o relatório "A aplicação de penas e medidas alternativas", publicado no ano de 2015, pelo Instituto de Pesquisas Econômicas Aplicadas (IPEA), demonstrou que 37% dos réus que cumpriram prisão provisória sequer foram condenados à pena privativa de liberdade, tendo em vista absolvição, condenação à pena alternativa à prisão, cumprimento de medida alternativa, aplicação de medida de segurança, arquivamento ou prescrição. Ou seja, a pesquisa indicou que apenas seis em cada dez presos são sentenciados com penas em que precisam se manter encarcerados.

Considerando os elevados custos econômicos e sociais da construção de novos presídios, bem como o fato de tal medida implicar uma indesejável e indefinida expansão do sistema penal, foram desenvolvidas medidas não privativas de liberdade alternativas à prisão.

Assim, o art. 319 do Código Processual Penal, alterado pela Lei 12.403/11, passou a prever as seguintes **medidas cautelares diversas da prisão**, que poderão ser aplicadas isolada ou cumulativamente: I - comparecimento periódico em juízo; II - proibição de acesso ou frequência a determinados lugares; III - proibição de manter contato com pessoa determinada; IV - proibição de ausentar-se da Comarca;

V - recolhimento domiciliar no período noturno e nos dias de folga; VI - suspensão do exercício de função pública ou de atividade de natureza econômica ou financeira; VII - internação provisória do acusado; VIII - fiança; IX - monitoração eletrônica.

Outrossim, o art. 318 do Código Processual Penal permite a **substituição da prisão preventiva pela prisão domiciliar**, de natureza processual e cautelar, consistente no recolhimento do indiciado ou acusado em sua residência, só podendo dela se ausentar com autorização judicial, quando o agente for: I - maior de 80 (oitenta) anos; II - extremamente debilitado por motivo de doença grave; III - imprescindível aos cuidados especiais de pessoa menor de 6 (seis) anos de idade ou com deficiência; IV - gestante; V - mulher com filho de até 12 (doze) anos de idade incompletos; VI - homem, caso seja o único responsável pelos cuidados do filho de até 12 (doze) anos de idade incompletos.

PRISÃO DOMICILIAR	
Art. 117, LEP	Art. 318, CPP
Condenado maior de 70 anos.	Acusado maior de **80 anos**.
Condenado acometido de doença grave.	**Extremamente** debilitado por motivo de doença grave.
Condenada com filho menor ou deficiente físico ou mental.	Imprescindível aos cuidados especiais de pessoa menor **de 6 anos** ou com deficiência.
Condenada gestante.	Gestante.
	Mulher com **filho de até 12 anos** incompletos.
	Homem, caso seja o **único responsável** pelos cuidados do **filho de até 12 anos** incompletos.

Observe-se que, na redação dada pela Lei nº 12.403/2011, o inciso IV restringia a substituição à hipótese de gestante a partir do 7º mês de gravidez ou cuja gestação fosse de alto risco, tendo a Lei nº 13.257/2016, conhecida como Marco Legal da Primeira Infância, ampliado a possibilidade de cabimento de sorte a alcançar qualquer gestante, em igual previsão à inserta no art. 117 da Lei de Execução Penal. Além disso, a lei mencionada promoveu a inclusão dos incisos V e VI, alargando as condições autorizativas da prisão domiciliar.

A doutrina, em uma interpretação literal do art. 318 do Código Processual Penal, cuja redação estabelece que o juiz "poderá" substituir a prisão preventiva pela domiciliar, assinala que o mero preenchimento de um dos requisitos, em princípio, não gera o direito automático à conversão, cabendo ao juiz, à luz das circunstâncias do caso concreto, decidir acerca do cabimento da medida, verificando se a prisão domiciliar seria suficiente para neutralizar o *periculum libertatis*.

Nesse sentido, os tribunais superiores entenderam **não haver direito subjetivo** do acusado na hipótese de prisão domiciliar com base na existência de filhos, cabendo ao magistrado decidir acerca de sua concessão consoante as peculiaridades do caso em apreço (situação da criança, personalidade do agente, natureza do crime cometido etc.), podendo recusar a substituição por meio de decisão motivada (STJ, RHC 83.488/SP, j. 23/05/2017; HC 394.039/SP, j. 23/05/2017).

Além das normas insculpidas no ordenamento pátrio, merecem destaque as normas internacionais específicas acerca da temática elaboradas pelas Nações Unidas com o escopo de humanizar a justiça criminal, vale dizer, as Regras de Mandela, as Regras de Bangkok e as Regras de Tóquio.

As **Regras de Tóquio ou Regras Mínimas das Nações Unidas para a Elaboração de Medidas não Privativas de Liberdade**, aprovadas pela Assembleia Geral das Nações Unidas em 14.12.1990, objetivam incentivar a adoção de medidas não encarceradoras pelos Estados-membros.

Dentre as normas contidas no documento internacional, destaque-se a disposição quanto à necessidade de consentimento do acusado para as medidas aplicadas no curso do processo, respeitada a dignidade e a privacidade do infrator. Outrossim, a prisão preventiva é prevista como *ultima ratio*, reservando-se a casos-limites e perdurando pelo tempo estritamente necessário.

Nessa linha, são enumeradas medidas não privativas de liberdade que poderão ser aplicadas pela autoridade judiciária, quais sejam: a) Sanções verbais, como a censura, a repreensão e a advertência; b) Acompanhamento em liberdade antes da decisão do tribunal; c) Penas privativas de direitos; d) Sanções econômicas e pecuniárias, como multas e multas diárias; e) Ordem de confisco ou apreensão; f) Ordem de restituição à vítima ou indenização desta; g)

Condenação suspensa ou suspensão da pena; h) Regime de experiência e vigilância judiciária; i) Imposição de prestação de serviços à comunidade; j) Envio a um estabelecimento aberto; k) Prisão domiciliar; l) Qualquer outra forma de tratamento não institucional; m) Uma combinação destas medidas. Como medidas substitutivas à pena privativa de liberdade, indica: a) Autorizações de saída e processo de reinserção; b) Libertação para trabalho ou educação; c) Libertação condicional, de diversas formas; d) Remissão da pena; e) Indulto.

Por fim, disciplina a sua supervisão, a assistência psicológica, social e material, o recrutamento e o treinamento de pessoal qualificado para aplicá-las. Ademais, é encorajada a participação da coletividade e a cooperação por parte do público, fazendo-se menção expressa à importância da influência dos meios de comunicação de massa na conscientização popular quanto à necessidade da expansão das medidas não privativas de liberdade e da integração social dos infratores.

Por sua vez, as "Regras de Mandela", foram oficializadas em maio de 2015 pelas Nações Unidas, editadas como uma atualização das "Regras Mínimas para o Tratamento de Presos", aprovadas no ano de 1955, em Genebra. O documento, reforçando as Regras de Tóquio, indica, dentre as recomendações, a necessidade de os Estados-membros continuarem a envidar esforços para reduzir a superlotação carcerária, recorrendo, quando possível, às medidas não privativas de liberdade como alternativas à detenção preventiva.

Neste mesmo prisma, as Regras de Bangkok ou Regras das Nações Unidas para o Tratamento de Mulheres Presas e Medidas não Privativas de Liberdade para Mulheres Infratoras assinalam a necessidade de se priorizar alternativas penais ao encarceramento, sobretudo para as hipóteses em que ainda não haja decisão definitiva. O documento traz, em seus arts. 57 a 58, regras específicas em relação às medidas não restritivas de liberdade, fazendo alusão às Regras de Tóquio, que deverão orientar o desenvolvimento de medidas despenalizadoras e alternativas à prisão em relação às mulheres infratoras.

Merece especial destaque o art. 58, cuja redação assinala que "mulheres infratoras não deverão ser separadas de suas famílias e comunidades sem que se considere devidamente a sua história e laços familiares", devendo-se priorizar sempre as medidas alternativas à prisão. Veja-se, portanto, que o Brasil se compromete, a partir da sua adesão, a seguir todas estas diretrizes, tanto no que concerne à imposição da prisão como último recurso, quanto no que tange à atenção da especial condição das mulheres no cárcere.

Registre-se a crítica aposta pela doutrina garantista no sentido de que, a despeito de ser salutar a implementação de medidas que minimizem o sofrimento de pessoas encarceradas (política de redução de danos), não se deve admitir que as medidas substitutivas à prisão consistam em um regime adicional ao sistema penalógico tradicional e importem na relegitimização do sistema punitivo.

Dessarte, faz-se mister atentar que a finalidade da alteração legislativa é reduzir o índice de encarceramento e não imprimir medidas restritivas de liberdade às hipóteses em que outrora afigurava-se a liberdade, ampliando, ainda mais, o espectro punitivista. Em outros termos, deve-se afastar o uso abusivo de tais medidas, evitando sua aplicação a casos em que anteriormente não seria cabível qualquer restrição aos direitos fundamentais do indivíduo (OLIVEIRA; FERNANDES, 2017, p. 197).

Capítulo IV

Política Criminal de "Guerra às Drogas" e Superencarceramento

No plano internacional, a partir de 1910, proliferaram-se convenções visando instituir um controle penal sobre as drogas ilícitas, merecendo destaque a Convenção Única sobre Entorpecentes elaborada pela ONU em 1961, a Convenção das Nações Unidas sobre Substancias Psicotrópicas de 1971, o Protocolo Adicional de 1972 e a Convenção contra o Tráfico Ilícito de Entorpecentes e Substâncias Psicotrópicas de 1988.

No ordenamento jurídico brasileiro, a atual política criminal de drogas é regulada pela Lei nº 11.343/2006, a qual, dentre outras providências, institui o Sistema Nacional de Políticas Públicas sobre Drogas - Sisnad, prescreve medidas para prevenção do uso indevido, atenção e reinserção social de usuários e dependentes de drogas, estabelece normas para repressão à produção não autorizada e ao tráfico ilícito de drogas e define crimes (art. 1º).

Conforme preceitua o art. 3º da lei, o Sisnad foi instituído com a finalidade de articular, integrar, organizar e coordenar as atividades relacionadas com: I - a prevenção do uso indevido, a atenção e a reinserção social de usuários e dependentes de drogas; II - a repressão da produção não autorizada e do tráfico ilícito de drogas.

O título III da lei trata, em seu capítulo I, das atividades de prevenção e, em seu capítulo II, da atenção ao usuário e dependente de drogas, visando à melhoria da qualidade de vida e redução dos riscos e danos associados ao uso de drogas (art. 20), bem como de sua reinserção social (arts. 21 e 22), valendo-se da atenção e apoio de familiares, de instituições beneficentes (ONGs) e das redes de saúde da União, dos Estados, do Distrito Federal e dos Municípios (art. 23).

Por sua vez, o título IV trata da repressão à produção não autorizada e ao tráfico ilícito de drogas, estabelecendo seu capítulo II a relação de crimes e penas.

Ressalte-se que, com a edição da Lei nº 11.343/06, houve a revogação expressa das Leis nº 6.368/76 e 10.409/02, que regulavam a matéria, verificando-se, como principal inovação, o tratamento diferenciado ao usuário e ao traficante de drogas.

Em relação ao usuário de drogas, passou-se a encarar o problema do uso indevido de substâncias entorpecentes como uma questão de saúde pública, adotando-se uma perspectiva educativo-pedagógica e extinguindo-se a pena privativa de liberdade do crime de porte de drogas para consumo pessoal, haja vista a prisão impedir a atenção e o tratamento adequado ao usuário ou dependente químico, bem como submetê-lo à cultura prisional, em meio ao convívio com autores de delitos mais graves. Nesse sentido, nos arts. 20 a 26, incorporou-se uma política de redução de danos, estabelecendo ações com o escopo de minorar os riscos e danos à saúde do usuário e dependente de drogas (LIMA, 2016, p. 693).

Por outro lado, recrudesceu-se o tratamento conferido ao traficante de drogas e ao financiador do tráfico. Enquanto o art. 12 da Lei n° 6.368/76 previa uma pena de reclusão de 3 (três) a 15 (quinze) anos e o pagamento de 50 (cinquenta) a 360 (trezentos e sessenta) dias-multa para o crime de tráfico de substâncias entorpecentes, o art. 33 da Lei n° 11.343/06 majorou o mínimo da pena privativa de liberdade para 5 (cinco) anos e a pena de multa para 500 (quinhentos) a 1.500 (mil e quinhentos) dias-multa, admitindo, entretanto, a incidência da causa de diminuição de 1/6 (um sexto) a 2/3 (dois terços) do § 4º, vedada a conversão em pena restritiva de direito, em caso de agente primário, de bons antecedentes, que não se dedique a atividades criminosas nem integre organização criminosa.

Além disso, a Lei nº 11.343/06 criou, no art. 36, o tipo penal de financiamento do tráfico de drogas, com a pena de 8 (oito) a 20 (vinte) anos, e pagamento de 1.500 (mil e quinhentos) a 4.000 (quatro mil) dias-multa, conduta essa que, sob a égide da Lei nº 6.368/76, era punida da mesma forma que o tráfico de drogas, com a incidência da circunstância agravante do art. 62, inc. I, do Código Penal, pelo fato de "promover ou organizar a cooperação no crime ou dirigir a atividade dos demais agentes".

Nos termos do § 1º do art. 28 da Lei de Drogas, a subsunção do fato ao tipo penal previsto no art. 28 (porte de drogas para consumo pessoal) ou no art. 33 (tráfico de drogas) se pautará na análise da natureza e quantidade da substância apreendida, do local e das condições em que se desenvolveu a ação, das circunstâncias sociais e pessoais, bem como da conduta e antecedentes do agente.

A vagueza da definição legal, bem como a adoção de critérios subjetivos, como as circunstâncias sociais e pessoais e antecedentes do agente, são alvos de crítica pela doutrina, haja vista ensejar a consideração de atributos econômicos e sociorraciais, levando ao encarceramento de jovens pobres, precipuamente negros, enquanto outros, com a mesma quantidade de drogas, mas com melhores circunstâncias sociais e pessoais, acabam por ser enquadrados como usuários (LEMGRUBER; BOITEUX, 2014, p. 360).

Ressalte-se que a política de "guerra às drogas" desenvolvida no Brasil insere-se no contexto do movimento Lei e Ordem, somado à Política de Tolerância Zero e às concepções do Direito Penal do Inimigo, sendo o tráfico de drogas, por força do art. 2º da Lei nº 8.072/90, equiparado a crime hediondo, conferindo-se um tratamento jurídico-penal mais rigoroso.

Nesse sentido, de acordo com o *Levantamento Nacional de Informações Penitenciárias* publicado no ano de 2017, referente ao período de junho de 2016, o crime de tráfico de drogas representou 28% das ocorrências que levaram ao encarceramento de pessoas. Fazendo-se um recorte de gênero, verifica-se que o percentual é ainda mais expressivo em relação às mulheres, representando os registros de tráfico de drogas 62% das ocorrências, enquanto que em relação aos homens o percentual situa-se em 26%.

Destaque-se, ainda, que, de acordo com o levantamento de dezembro de 2015, constatou-se expressivo aumento no número absoluto de pessoas presas, provisória ou definitivamente, por crimes ligados ao tráfico de drogas, apurando-se, no período de 2005 a 2015, um incremento de 447% na taxa de encarceramento por delitos dessa natureza.

A professora Vera Malaguti Batista, em *Rio de Janeiro: lugar e controle social* (2015), leciona que a política criminal de drogas, importada dos Estados Unidos, ingressou no Brasil na década de setenta, período da ditadura civil-militar e de incorporação da Doutrina de Segurança Nacional, sendo considerada o maior vetor de criminalização espacial no Rio de Janeiro, comparável tão somente à escravidão.

Em uma perspectiva crítica, afirma-se que o advento da problemática das drogas nos Estados Unidos, situou-se no plano econômico e ideológico, associando-se a conflitos econômico-sociais, notadamente à disputa no mercado de trabalho por grupos étnicos imigrantes que ofereciam sua mão-de-obra a um baixo custo.

Desta feita, a primeira lei federal relacionada à criminalização da maconha, estava associada, ideologicamente, à ameaça por imigrantes mexicanos à oferta de mão-de-obra no período da Depressão. Igualmente, na Califórnia, após a construção das estradas de ferro, os imigrantes chineses foram associados ao ópio. Já no sul dos Estados Unidos, os trabalhadores negros da economia agrícola algodoeira, durante a guerra de secessão, foram vinculados à cocaína, criminalidade e estupro (BATISTA, 2003, p. 81).

A partir de Reagan, o traficante de drogas foi erigido à posição de grande inimigo interno, cujas vítimas seriam os consumidores do hemisfério norte. Como consequência, experimentou-se uma política de segurança pública com feições bélicas, legitimando-se a violência institucional.

No Brasil, especialmente na cidade do Rio Janeiro, vivenciou-se na década de setenta, significativo incremento no consumo de cocaína, experimentando-se, como natural desdobramento, a especialização da mão-de-obra nas comunidades periféricas no comércio ilegal de entorpecentes.

Nesse cenário, aplicou-se o estereótipo médico aos jovens consumidores da classe média e, aos jovens comerciantes pobres, o estereótipo criminal, que, trabalhado pela mídia e pelas ações governamentais, resultou a maior expansão da população carcerária da história brasileira.

Por derradeiro, frise-se que a política repressiva de combate às drogas agrava a seletividade do sistema penal brasileiro, com a criminalização da pobreza, ensejando, como regra, a prisão dos pequenos traficantes, em sua maioria, negros, pobres e com baixa escolaridade.

Capítulo V

Criminologia e Crime Organizado

A Convenção das Nações Unidas contra o Crime Organizado Transnacional, conhecida como Convenção de Palermo, foi adotada na cidade de Nova Iorque em 2000 e promulgada pelo Brasil pelo Decreto nº 5.015/2004, com o objetivo de promover a cooperação para prevenir e combater a criminalidade organizada transnacional.

No ordenamento jurídico brasileiro, o tema é regulamentado pela Lei nº 12.850/2013, a qual revogou a Lei nº 9.034/1995, definindo organização criminosa e dispondo sobre a investigação criminal, os meios de obtenção da prova, infrações penais correlatas e o procedimento criminal.

O conceito legal de organização criminosa encontra-se previsto no art. 1º, § 1º, da lei, o qual considera como organização criminosa a "associação de 4 (quatro) ou mais pessoas estruturalmente ordenada e caracterizada pela divisão de tarefas, ainda que informalmente, com objetivo de obter, direta ou indiretamente, vantagem de qualquer natureza, mediante a prática de infrações penais cujas penas máximas sejam superiores a 4 (quatro) anos, ou que sejam de caráter transnacional".

Observe-se, porém, que o conceito de organização criminosa previsto na lei brasileira difere da definição de grupo criminoso organizado insculpida no art. 2º, alínea "a", da Convenção, a saber: "grupo estruturado de três ou mais pessoas, existente há algum tempo e atuando concertadamente com o propósito de cometer uma ou mais infrações graves ou enunciadas na presente Convenção, com a intenção de obter, direta ou indiretamente, um benefício econômico ou outro benefício material".

Cumpre esclarecer que a alínea "b" do art. 2º da Convenção define como "infração grave" aquela punida com pena privativa de liberdade igual ou superior a quatro anos. Por sua vez, a alínea "c" estabelece como "grupo estruturado" o "grupo formado de maneira não fortuita para a prática imediata de uma infração, ainda que os seus membros não tenham funções formalmente definidas, que não haja continuidade na sua composição e que não disponha de uma estrutura elaborada".

Assim, destacam-se as seguintes diferenças entre o conceito previsto na Lei nº 12.850/2013 e na Convenção de Palermo:

CONCEITO DE ORGANIZAÇÃO CRIMINOSA		
	Lei nº 12.850/2013	Convenção de Palermo
Número de integrantes	4 ou mais	3 ou mais
Elemento temporal	Não é exigido expressamente	Existente há algum tempo
Estrutura	Estruturalmente ordenada	Não exige estrutura elaborada
Divisão de tarefas	Exigida expressamente (ainda que informalmente)	Não é exigida expressamente
Vantagem	De qualquer natureza	Benefício econômico ou material
Infração cometida	a) Pena máxima superior a 4 anos; b) Transnacionais.	a) Pena máxima igual ou superior a 4 anos; b) Enunciadas na Convenção.

Outrossim, a organização criminosa distingue-se da associação criminosa prevista no art. 288 do Código Penal, com base nos seguintes elementos:

	Organização criminosa	Associação criminosa
Número de integrantes	4 ou mais	3 ou mais
Estrutura	Estruturalmente ordenada	Não
Divisão de tarefas	Exigida expressamente (ainda que informalmente)	Não é exigida
Finalidade específica	Obter vantagem de qualquer natureza, mediante a prática de infrações penais cujas penas máximas sejam superiores a 4 anos, ou que sejam de caráter transnacional	Cometer crimes

Além das técnicas especiais de investigação previstas no art. 3º da lei, como a ação controlada, a infiltração de agentes, a quebra de sigilo de dados, a interceptação telefônica, a quebra de sigilo bancário e fiscal e a colaboração premiada, a definição de organização criminosa também será relevante para os seguintes efeitos:

a) Reconhecimento da causa de diminuição de pena do art. 33, § 4º, da Lei nº 11.343/2006 (tráfico privilegiado);

b) Fixação do Regime Disciplinar Diferenciado – RDD (art. 52, § 2º, LEP);

c) Formação do colegiado para a prática de atos processuais em processos ou procedimentos que tenham por objeto crimes praticados por organizações criminosas (art. 1º, Lei nº 12.694/2012);

d) Determinação da competência das varas especializadas em crime organizado.

Penteado Filho (2016, p. 87) aponta a existência de duas espécies de criminalidade organizada no âmbito penal:

a) **Criminalidade organizada do tipo mafiosa**: Trata-se de organização criminosa com estrutura hierarquizada, divisão de tarefas e planejamento de lucros, cuja atividade delituosa baseia-se no emprego da violência e da intimidação, impondo a lei do silêncio. Seus integrantes vão desde os executores do delito a agentes do Estado, sendo a corrupção governamental um óbice ao controle social. Apresenta clientela e vítimas difusas. Ex.: Cosanostra, Camorra, Ndrangheta e Stidda, na Itália; Yakusa, no Japão; Tríade, na China; Cartel de Cali, na Colômbia.

b) **Criminalidade organizada do tipo empresarial**: Trata-se de organização criminosa com estrutura empresarial que visa apenas ao lucro econômico de seus sócios, sem que, para tanto, se valha do emprego da intimidação ou violência. Busca o anonimato, sendo integrada por empresários, comerciantes, políticos, hackers etc., não havendo apadrinhados nem rituais de iniciação. Também apresenta vítimas difusas, que, quando identificadas, muitas vezes sequer sabem que foram vítimas de crime.

Ressalte-se que a prevenção primária, com a implementação de políticas sociais, econômicas e culturais pelo Estado, assume relevante papel no combate às organizações criminosas, haja vista a criminalidade organizada ocupar a lacuna deixada pelo Estado, cooptando os indivíduos por ele abandonados.

Em uma **perspectiva crítica**, Juarez Cirino dos Santos (2002) assevera que o discurso sobre o crime organizado consiste no antigo discurso do poder contra determinados inimigos internos, que receberam diversas denominações ao longo da história. Como ilustração, no cristianismo da Igreja Católica na Idade Média tinham-se como inimigos os hereges, perseguidos pela Inquisição; no Brasil-Colônia, os inimigos internos eram os libertadores, a exemplo de Tiradentes; no nazi-fascismo, os judeus; no período de ditadura militar no Brasil, Argentina e Chile, os comunistas.

O autor apresenta dois discursos acerca do crime organizado, estruturados no polo norte-americano e europeu do sistema capitalista globalizado:

a) **Discurso norte-americano sobre o crime organizado (conspiração de etnias estrangeiras)**:

O discurso concebido pela criminologia norte-americana sobre o *organized crime*, originário das instituições de controle social, designa um "feixe de fenômenos delituosos mais ou menos indefinidos, atribuídos a empresas do mercado ilícito da economia capitalista".

Seu surgimento se deu após a Primeira Guerra Mundial (1914-1918), em meio à destruição da Europa e a ascensão dos Estados Unidos como uma grande potência econômica, gerando um acúmulo de capital e de imigrantes. Esse contexto deu ensejo à implementação de uma política imigratória racista, à concentração de capitais e à especulação, culminando na grande recessão de 1929.

Diante da desordem do mercado e do lucrativo mercado ilícito da criminalização do álcool a partir da política de "lei seca" do *Volstead Act* (1920), vivenciou-se um ambiente favorável à penetração de atividades ilegais em meio às legais, ganhando expressão o conceito de crime organizado. Após, houve o advento da política de criminalização das drogas, deslocando seu foco para o tráfico de drogas.

Sob um viés xenófobo, referido conceito teve por objetivo estigmatizar grupos étnicos sociais, especialmente italianos, sob o argumento de que o comportamento criminoso seria inerente a um submundo constituído por estrangeiros, que ameaçaria destruir a comunidade dos bons cidadãos norte-americanos, conspirando contra o *american way of life*.

Desta feita, teorias criminológicas, com espeque na noção de subcultura e de desorganização social e justificando campanhas de lei e ordem, definiram o crime organizado como a "conspiração contra o povo e o governo americanos, promovida por organizações secretas nacionais, centralizadas e hierarquizadas de grupos étnicos estrangeiros".

Integra, assim, a categoria de crimes definidos como *mala quia prohibita*, em oposição aos crimes definidos como *mala in se*.

Em conclusão, caracteriza o conceito americano de crime organizado a partir de três pontos de vista:

i. **Realístico:** O crime organizado seria um **mito** defendido pelas instituições de controle social, pelos meios de comunicação de massa e por políticos norte-americanos, haja vista estudos revelarem a situação de pobreza, dificuldade financeira e desorganização das famosas famílias mafiosas, bem como as atividades criminosas atribuídas às organizações criminosas serem, em verdade, praticadas por grupos locais desarticulados, despidos da organização estrutural da conspiração.

ii. **Científico:** O conceito de crime organizado representa uma noção difusa, isto é, apresenta uma amplitude indeterminada, tendo sido criado para abranger uma variada gama de delitos (contrabando, extorsão, jogos proibidos, corrupção, tráfico de drogas, de armas e de pessoas etc.), sendo considerando, assim, uma **"categoria sem conteúdo"** ou, nas palavras de **Zaffaroni** (1996, p. 57) uma **"categoria frustrada"**, vale dizer, um rótulo carente de conteúdo jurídico-penal ou criminológico e cientificidade;

iii. **Prático:** Sob o ponto de vista jurídico-penal prático, seria **desnecessário** devido à preexistência do crime de associação criminosa (anteriormente chamado de quadrilha ou bando), previsto no art. 288 do Código Penal, sendo os fenômenos criminais atribuídos à organização criminosa explicáveis pela dinâmica de mercado, caracterizada pela constante criação de novas atividades não regulamentadas, desenvolvidas por ações lícitas ou ilícitas.

b) **Discurso italiano sobre crime organizado (máfia italiana):**

O discurso italiano refere-se, em verdade, à máfia italiana, que seria a associação ou estrutura empresarial, formada por uma burguesia mafiosa com objetivo de lucro, com estrutura hierárquica e recursos financeiros ilimitados, que desempenha de forma simbiótica atividades lícitas e ilícitas (contrabando, tráfico de drogas, extorsão, homicídios etc.), empregando métodos violentos e intimidatórios na condução dos negócios e na organização do trabalho, com controle sobre certos territórios, em posição de vantagem econômica sobre outras empresas (controle total das áreas de atuação) e com poder político no intercâmbio com as instituições do Estado (financiamento de candidatos a cargos eletivos).

Como exemplo dessa estrutura, pode-se citar a Cosa Nostra siciliana, a Camorra de Nápoles e a *'Ndrangheta* da Calábria.

Em sua origem, dirigiram-se à repressão de camponeses em luta contra o latifúndio, posteriormente evoluindo para os empreendimentos urbanos, com atuação no setor de construção civil, contrabando e extorsão sobre o comércio e a indústria. Progressivamente, passaram a assumir características financeiro-empresariais, inserindo-se no mercado legal e no circuito financeiro internacional para a lavagem do dinheiro do tráfico de drogas.

Juarez Cirino dos Santos ressalta que esse discurso não pode ser importado para a realidade brasileira, sem que seja validado por uma pesquisa científica própria, sob pena de distorção conceitual e deformação do objeto de estudo.

Analisando criticamente a política criminal adotada em relação à criminalidade organizada, o autor preleciona que o conceito de organização criminosa cumpre a função de legitimação do poder. Assim, enseja a mobilização de maiores recursos materiais e humanos no âmbito da polícia, o aumento da eficiência na justiça com a supressão de garantias processuais e o manejo do tema em candidaturas políticas, com a obtenção de votos pela promessa de combate ao novo inimigo interno da democracia.

Todavia, a resposta penal ao crime organizado tem se mostrado meramente emergencial e simbólica, atuando reativamente ante aos fatos noticiados pela imprensa, de sorte a produzir uma sensação de segurança no imaginário popular pela percepção da presença do Estado. Outrossim, encobre a incompetência ou desinteresse político em face da exclusão e desigualdade social e de problemas comunitários estruturais, como desemprego, precariedade da saúde e educação etc.

Por derradeiro, vale destacar a crítica preconizada por Zaffaroni (1996, p. 59) à colaboração premiada, em que o criminoso delator, "arrependido", negocia um benefício em troca de informação e, por sua vez, o Estado, vale-se da cooperação do delinquente, obtida pelo preço de sua impunidade, para "fazer justiça", o que, desde Beccaria, é repugnado pelo Direito Penal liberal, por lesar a eticidade do Estado, haja vista um Estado democrático de direito não poder se valer de meios imorais para evitar a impunidade.

Capítulo VI

Bullying

A Lei nº 13.185, de 6 de novembro de 2015, instituiu o Programa de Combate à Intimidação Sistemática (*bullying*), definindo o termo inglês ***bullying***, traduzido pela lei como intimidação sistemática, como "todo ato de violência física ou psicológica, intencional e repetitivo que ocorre sem motivação evidente, praticado por indivíduo ou grupo, contra uma ou mais pessoas, com o objetivo de intimidá-la ou agredi-la, causando dor e angústia à vítima, em uma relação de desequilíbrio de poder entre as partes envolvidas".

O *bullying* caracteriza-se pela violência física ou psicológica resultante da prática de atos de intimidação, humilhação ou discriminação, bem como de ataques físicos, insultos pessoais, comentários sistemáticos e apelidos pejorativos, ameaças, grafites depreciativos, expressões preconceituosas, isolamento social consciente e premeditado, pilhérias (zombarias) etc.

De acordo com a lei, a intimidação sistemática (*bullying*) pode ser **classificada**, conforme as ações praticadas, em:

a) **Verbal**: fazer piadas ofensivas, insultos, gozações, xingar, apelidar pejorativamente;

b) **Moral**: injuriar, difamar, caluniar, disseminar rumores;

c) **Sexual**: assediar, induzir e/ou abusar sexualmente;

d) **Social**: desprezar, ignorar, isolar e excluir;

e) **Psicológica**: perseguir, amedrontar, aterrorizar, intimidar, dominar, manipular, chantagear e infernizar;

f) **Físico**: desferir chutes, socos, tapas, empurrões, beliscões, puxões de cabelo;

g) **Material**: furtar, roubar, destruir pertences de outrem;

h) **Virtual ou *cyberbullying***: depreciar, enviar mensagens intrusivas da intimidade, enviar ou adulterar fotos e dados pessoais que resultem em sofrimento ou com o intuito de criar meios de constrangimento psicológico e social.

Tal conduta pode resultar em sequelas psicológicas para a pessoa vítima de *bullying*, sobretudo se criança ou adolescente, como estresse, redução da autoestima e, até mesmo, o desenvolvimento de sintomas psicossomáticos (dores de cabeça, náuseas, diarreia, boca seca, cansaço, tontura, tensão muscular etc.) e psicopatologias graves (transtorno do pânico, transtorno da ansiedade generalizada, depressão, bulimia, anorexia, transtorno obsessivo compulsivo etc.).

Os agressores, chamados de *bullies*, caracterizam-se por uma personalidade hostil, arrogante e manipuladora e buscam humilhar e intimidar as pessoas mais vulneráveis com a finalidade de dominá-las.

Ressalte-se que se trata de um fenômeno mundial, presente não apenas no ambiente escolar, mas também no trabalho, na vizinhança ou em outros espaços em que o indivíduo habitualmente desenvolva relações interpessoais.

Com o advento da sociedade globalizada e o surgimento de novas formas de comunicação, através dos meios eletrônicos, a prática do *bullying* passou também a ocorrer no ambiente virtual, com a transmissão ou publicação de mensagens de cunho intimidatório e vexatório por e-mails, redes sociais, *sites* e blogs, ao que se denomina de ***cyberbullying***.

Ressalte-se que não há tipificação penal específica para a conduta de *bullying*. Entretanto, poderá o sujeito vir a praticar alguma das infrações penais previstas no Código Penal ou nas legislações penais extravagantes, como os crimes contra a honra (arts. 138 a 140, CP), o crime de lesão corporal (art. 129, CP), as contravenções penais de vias de fato (art. 21, Decreto-Lei nº 3.688/41) e de perturbação da tranquilidade (art. 65, Decreto-Lei nº 3.688/41) etc.

Outrossim, o art. 7º, inc. II, da Lei nº 11.340/2006, define como violência psicológica "qualquer conduta que lhe cause dano emocional e diminuição da autoestima ou que lhe prejudique e perturbe o pleno desenvolvimento ou que vise degradar ou controlar suas ações, comportamentos, crenças e decisões, mediante ameaça, constrangimento, humilhação, manipulação, isolamento, vigilância constante, perseguição contumaz, insulto, chantagem, ridicularização, exploração e limitação do direito de ir e vir ou qualquer outro meio que lhe cause prejuízo à saúde psicológica e à autodeterminação", de sorte que sua prática no âmbito da unidade doméstica e familiar contra a mulher atrairá a incidência da Lei Maria da Penha.

▶ **Como esse assunto foi cobrado em concurso?**

(MPE-SP - 2013 - MPE-SP - Promotor de Justiça Substituto - Adaptado) Julgue o item a seguir: Não está descrito no Código Penal o *Bullying* como conduta específica.

Gabarito: Certo

Capítulo VII

Assédio Moral

O **assédio moral**, também conhecido como **manipulação perversa** ou **terrorismo psicológico**, consiste no comportamento abusivo, reiterado e sistematizado, externalizado por palavras, gestos, ações comissivas ou omissivas, que pode acarretar debilidade física ou psíquica da vítima (SUMARIVA, 2017, p. 195).

Essa prática pode se manifestar em diversos tipos de ambientes, como o escolar, laboral ou familiar.

No âmbito das relações trabalhistas, tem-se o termo denominado ***mobbing***, de origem alemã, que designa o comportamento de contínua e ostensiva perseguição perpetrado por empregadores, gerentes, administradores, superiores hierárquicos ou companheiros de trabalho, que possa lesionar a integridade física, psíquica e moral da vítima.

Não há previsão legal do crime de assédio moral, contudo, tal conduta pode configurar a contravenção penal de perturbação da tranquilidade (art. 65, Decreto-Lei nº 3.688/41).

▸ **Como esse assunto foi cobrado em concurso?**

(PC-SP – 2012 – PC-SP – Delegado de Polícia) O comportamento abusivo, praticado com gestos, palavras e atos que, praticados de forma reiterada, levam à debilidade física ou psíquica de uma pessoa:

a) define reação ao crime.

b) define assédio moral.

c) é um mecanismo intimidatóno, mas não criminoso.

d) é a despersonalização do eu, que aflige grande número de detentos.

e) define efetividade do impacto dissuasório.

Gabarito: B

Capítulo VIII

Stalking

O termo ***stalking***, também conhecido como **perseguição persistente**, teve origem nos Estados Unidos e designa uma forma de violência na qual há a invasão reiterada da esfera de privacidade da vítima, mediante o emprego de táticas de perseguição e meios diversos, tais como ligações telefônicas, envio de mensagens, publicação de fatos ou boatos em seus meios sociais ou em *sites* da Internet (*cyberstalking*), envio de presentes, espera de sua passagem nos lugares que frequenta etc., resultando em danos à sua integridade psicológica e emocional, restrição à sua liberdade de locomoção ou lesão à sua reputação. Dessa forma, é considerado uma modalidade de assédio moral.

Essa prática pode resultar de diversas razões, como paixão, ódio, inveja, vingança e, até mesmo, transtornos psicológicos.

Na legislação brasileira, tal conduta é considerada ilícita, configurando a contravenção penal de perturbação da tranquilidade (art. 65, Decreto-Lei nº 3.688/41).

Impende ressaltar que o art. 7º, inc. II, da Lei nº 11.340/2006 prevê expressamente a "perseguição contumaz" como uma espécie de violência psicológica.

Ademais, caso sejam proferidas ofensas à dignidade ou decoro da vítima, lesando sua honra subjetiva, configurar-se-á o delito de injúria (art. 140, CP) e, na hipótese de veiculação de fatos que venham a ofender sua honra objetiva, poderá haver o delito de difamação (art. 139, CP) ou de calúnia (art. 138, CP), esse último em caso de falsa imputação de crime. Em ambas hipóteses, a pena será aumentada de 1/3 se a conduta for praticada em redes sociais de internet, haja vista a maior facilidade de sua divulgação (art. 141, inc. III, CP).

Como esse assunto foi cobrado em concurso?

(MPE-GO – 2014 – MPE-GO – Promotor de Justiça Substituto – Adaptado) Julgue o item a seguir: **Stalking** é um termo que designa a forma de violência na qual o sujeito ativo invade repetidamente a esfera de privacidade da vítima, empregando táticas de perseguição e meios diversos de atuação, resultando dano à sua integridade psicológica e emocional, restrição à sua liberdade de locomoção ou lesão à sua reputação, configurando, deste modo, uma modalidade de assédio moral.

Gabarito: Certo

Bibliografia

ACHUTTI, Daniel. *A justiça instantânea e um sistema de garantias mínimas para o processo penal juvenil: necessidade de um (re)pensar crítico*. Revista Transdisciplinar de Ciências Penitenciárias, Pelotas, v. 3, n. 1, p. 139-154., jan./dez. 2004.

AQUINO, Maria Paula Meirelles Thomaz de. *O pensamento de Enrico Ferri e sua herança na aplicação do Direito Penal no Brasil contemporâneo*. *In*: Revista Liberdades. N. 18. Instituto Brasileiro de Ciências Criminais. Janeiro/Abril de 2015, pp. 127-151.

ANITUA, Gabriel Ignacio. *História dos pensamentos criminológicos*. Tradução de Sérgio Lamarão. 1ª reimpressão. Rio de Janeiro: Revan: Instituto Carioca de Criminologia, 2015.

AZEVEDO, Marcelo André de; SALIM, Alexandre. *Direito Penal – Parte Geral*. Coleção Sinopses para concursos. 6. ed. rev, ampl. e atual. Salvador: Editora JusPodivm, 2016.

BARATTA, Alessandro. *Criminologia crítica e crítica do Direito Penal: introdução à sociologia do Direito Penal*; tradução Juarez Cirino dos Santos. 6 ed., 2 reimpressão. Rio de Janeiro: Editora Revan: Instituto Carioca de Criminologia, 2014.

______. *Ressocialização ou controle social: uma abordagem crítica da "reintegração social" do sentenciado*. 1990. Disponível em: www.juareztavares.com/textos/baratta_ressocializacao.pdf. Acesso em: 06/08/2017.

BATISTA, Nilo. *Introdução crítica ao direito penal brasileiro*. 12 ed., rev. e atual. Rio de Janeiro: Revan, 2011. 2ª reimpressão, março de 2015.

BATISTA, Vera Malaguti. *Introdução crítica à criminologia brasileira*. 2 ed., 2 reimpressão, Rio de Janeiro: Revan, 2015.

______. *Rio de Janeiro: lugar e controle social*. In: Patrícia Mothé Glioche Bèze (org.), Direito Penal, Rio de Janeiro: Ed. Freitas Bastos, 2015.

______. *Difíceis ganhos fáceis – drogas e juventude pobre no Rio de Janeiro*. Rio de Janeiro: Revan, 2003.

BORGES, Nayara Gallieta; PRUDENTE, Neemias Moretti. *A justiça restaurativa como forma alternativa de composição de conflitos de ordem criminal*. Revista Paradigma, Ribeirão Preto-SP, a. XVII, n. 21, p. 175-190, jan./dez. 2012.

BRASIL, Presidência da República. Ministério da Justiça, Departamento Penitenciário Nacional (Depen). Sistema Nacional de Informação Penitenciária. *Levantamento Nacional de Informações Penitenciárias - Infopen.* Brasília, Dezembro, 2014. Disponível em: www.justica.gov.br/seus-direitos/politica-penal/infopen_dez14.pdf. Acesso em: 18.03.2017.

BRASIL, Presidência da República. Ministério da Justiça e Segurança Pública, Departamento Penitenciário Nacional (Depen). Sistema Nacional de Informação Penitenciária. *Levantamento Nacional de Informações Penitenciárias: Infopen. Atualização - Junho de 2016.* Brasília: 2017. Disponível em: http://www.justica.gov.br/news/ha-726-712-pessoas-presas-no-brasil/relatorio_2016_junho.pdf. Acesso em: 23.12.2017.

BRASIL, Presidência da República. Ministério da Justiça e Segurança Pública, Departamento Penitenciário Nacional (Depen). Sistema Nacional de Informação Penitenciária. *Levantamento nacional de informações penitenciárias: Infopen mulheres. Junho de 2014.* Brasília, 2015. Disponível em: http://www.justica.gov.br/noticias/estudo-traca-perfil-da-populacao-penitenciaria-feminina-no-brasil/relatorio-infopen-mulheres.pdf. Acesso em: 13.07.2017.

BRASIL, Presidência da República. Secretaria de Assuntos estratégicos. Ipea, Instituto de Pesquisas Econômicas Aplicadas. *A aplicação de penas e medidas alternativas.* Relatório de Pesquisa. Rio de Janeiro, 2015. Disponível em: www.ipea.gov.br/portal/index.php?option=com_content&view=article&id=24862. Acesso em: 02.04.2017.

CALHAU, Lélio Braga. *Resumo de criminologia.* 4ª ed. rev., ampl. e atual. Rio de Janeiro: *Impetus*, 2009.

CARVALHO, Salo de. *Antimanual de Criminologia.* 6 ed. rev., e ampl. São Paulo: Saraiva: 2015.

CUNHA, Rogério Sanches. Manual de Direito Penal: parte especial (arts. 121 ao 361). 9 ed. rev., ampl. e atual. Salvador: JusPodivm, 2017.

______. *Lei de execução penal para concursos.* 6. ed. rev., atual. e ampl. Salvador: JusPodivm, 2016.

FARIAS JÚNIOR, João. *Manual de Criminologia.* 4 ed (ano 2008), 2ª reimpr. Curitiba: Juruá, 2015.

FERNANDES, Newton; FERNANDES, Valter. *Criminologia integrada.* 3 ed. rev., atual. e ampl. São Paulo: Revista dos Tribunais, 2010.

FERRAJOLI, Luigi. *Direito e razão: teoria do garantismo penal.* 3 ed. São Paulo: Editora Revista dos Tribunais, 2002.

FREITAS, Wagner Cinelli de Paula. *Espaço urbano e criminalidade: lições da Escola de Chicago.* São Paulo: IBCCRIM, 2002. 150 p. (Monografias, 22).

FOUCAULT, Michel. *Vigiar e punir. Nascimento da prisão*; tradução de Raquel Ramalhete. 42 ed. 4ª reimpressão. Petrópolis, RJ: Vozes, 2017.

GAMBOA, Mônica Resende. *Criminologia: Questões comentadas*. 3. ed. ver., atal. e ampl. Rio de Janeiro. São Paulo: Método, 2015.

GARCÍA-PABLOS DE MOLINA, Antonio. *O que é Criminologia?* Trad. Danilo Cymrot. São Paulo: Editora Revista dos Tribunais, 2013.

_____. *Tratado de criminologia*. 3. ed. Valencia: Tirant Lo Blach, 2003.

GABRIEL, Anderson Paiva. *A mediação extrajudicial e a relevância da polícia para resolução consensual de conflitos. In*: Revista do Fórum Nacional de Mediação e Conciliação, v. 1, n. - Rio de Janeiro: EMERJ, 2017. pp. 32-54.

GOMES, Ana Cristina. *O Correcionalismo e legislação penal: dos centavos aos milhões. In*: Revista Liberdades. n. 16. São Paulo: Instituto Brasileiro de Ciências Criminais, maio/ago. 014.

GOMES, Luiz Flávio; MOLINA, Antonio García-Pablos de. *Criminologia*. 6. ed. São Paulo: Revista dos Tribunais, 2008.

GONÇALVES, Victor Eduardo Rios; BALTAZAR JUNIOR, José Paulo. *Legislação penal especial*. Coleção esquematizado. Ccoordenador Pedro Lenza. 2. ed. São Paulo: Saraiva, 2016.

GOULD, Stepen Jay. *A falsa medida do homem*. São Paulo: Martins Fontes, 1991. p. 122 a 134.

GUADANHIN, Gustavo de Carvalho; GOMES, Leandro de Castro. *Política criminal de drogas: a viabilidade da redução de danos como uma alternativa ao proibicionismo no ordenamento jurídico brasileiro*. Revista Brasileira de Ciências Criminais, São Paulo, v. 25, n. 127, p. 263-294, jan. 2017. Disponível em: http://201.23.85.222/biblioteca/index.asp?codigo_sophia=133034. Acesso em: 29.12.2017.

HABIB, Gabriel. *Leis Penais Especiais*. Volume único. 8 ed. Salvador: JusPodivm, 2016.

HEGEL, Georg. *Princípios de filosofia do direito*. São Paulo: Martins Fontes, 1997

JAKOBS, Günther. *Derecho penal: parte general - fundamentos y teoría de la imputación*. Trad. Joaquín Cuello Contreras e Jose Luis Serrano Gonzales de Murillo. Madrid: Marcial Pons, 1995

_____. CANCIO MELIÁ, Manuel. *Derecho penal del enemigo*. Madrid: Civitas Ediciones. 2003.

LEMGRUBER, Julita; BOITEUX, Luciana. *O fracasso da guerra às drogas*. In: LIMA, Renato Sérgio de; RATTON, José Luiz; AZEVEDO, Rodrigo Ghiringhelli de (orgs.). Crime, polícia e justiça no Brasil. São Paulo: Contexto, 2014, pp. 357-362.

LIMA, Renato Brasileiro de. *Código de processo penal comentado*. 2. ed. rev. e atual. Salvador: JusPodivm, 2017.

_____. *Legislação criminal especial comentada: volume único*. 4ª ed. rev., atual. e ampl. Salvador: Ed. JusPodivm, 2016.

_____. *Manual de Processo Penal: volume único*. 4ª ed. rev., ampl. e atual. Salvador: Ed. JusPodivm, 2016.

LIMA JÚNIOR, José César Naves de. *Manual de Criminologia: elaborado com base nos editais de concursos públicos para ingresso em diversas carreiras jurídicas* - 4. ed. rev. ampl. e atual. - Salvador: JusPodivm, 2017.

LOMBROSO, Cesare. *O homem delinquente*. Tradução Sebastião José Roque. São Paulo: Ícone, 2007.

MAÍLLO, Alfonso Serrano; PRADO, Luiz Regis. *Curso de criminologia*. 3. ed. rev., atual. e ampl. São Paulo: Editora Revista dos Tribunais, 2016.

MARANHÃO, Odon Ramos. *Psicologia do crime*. 2. ed. (1993). mod. 6ª tiragem. São Paulo: Malheiros, 2012.

MASSON, Cleber. *Direito penal esquematizado: parte geral*. Vol. I. 11ª ed. rev., atual. e ampl. Rio de Janeiro: Forense; São Paulo, Método, 2017.

MUÑOZ CONDE, Francisco. *Derecho penal y control social*. Fundación Universitaria de Jerez, 1985.

NUCCI, Guilherme de Souza. *Curso de direito penal: parte geral: arts. 1º a 120 do Código Penal*. Rio de Janeiro: Forense, 2017.

_____. *Código de processo penal comentado*. 13. ed. rev. e ampl. Rio de Janeiro: Forense, 2014.

PENTEADO FILHO, Nestor Sampaio. *Manual Esquemático de Criminologia* [e-book]. 6 ed. São Paulo: Saraiva, 2016.

PRADO, Luiz Regis. *Elementos de direito penal* - V. I. São Paulo: Editora Revista dos Tribunais, 2005.

OLIVEIRA, Edmundo. *Vitimologia e direito penal: o crime precipitado pela vítima*. 2. ed. Rio de Janeiro: Forense, 2001.

OLIVEIRA, Natacha Alves de; FERNANDES, Luciana Costa. *Análise contextual da prisão de Adriana Ancelmo no combate à corrupção e ao superencarceramento feminino: raça, classe e gênero intermediando concessões*. Revista Brasileira de Ciências Criminais. vol. 134. ano 25. p. 189-217. São Paulo: Ed. RT, ago. 2017.

PACELLI, Eugênio. *Processo e hermenêutica na tutela penal dos direitos fundamentais*. 3 ed. rev. e atual. São Paulo: Atlas, 2012.

PETHERICK, Wayne. *Profiling and serial crime: Theoretical and practical issues*. 3. ed. Waltham, MA, USA: Elsevier, 2013.

QUEIROZ, Paulo. *Direito penal: parte geral*. 6. ed., rev. e ampliada. Rio de Janeiro: Lumen Juris, 2010.

ROIG, Rodrigo Duque Estrada. *Execução penal: teoria crítica*. 3 ed. São Paulo: Saraiva, 2017

ROXIN, Claus. *Problemas fundamentais de direito penal*. p. 33 ss. 2. ed. Lisboa: Ed. Vega, 1993.

_____. *Estudos de direito penal*. Tradução de Luís Greco. Rio de Janeiro: Renovar, 2006.

RUSCHE, Georg; KIRCHHEIMER, Otto. *Punição e estrutura social*. Rio de Janeiro: Freitas Bastos, 1999.

SÁ, Alvino Augusto de. *Criminologia clínica e psicologia criminal*. 5. ed. rev. atual. e ampl. São Paulo: Editora Revista dos Tribunais, 2016.

_____. *O exame criminológico e seus elementos essenciais*. Boletim IBCCRIM, São Paulo, v. 18, n. 214, p. 4-5., set. 2010.

_____. *Sugestão de um esboço de bases conceituais para um sistema penitenciário*, 2008. Disponível em: https://www.sap.sp.gov. Acesso em: 21/12/2017.

SANTOS, Juarez Cirino dos. *Crime organizado*. São Paulo, 2002. Disponível em: http://icpc.org.br/wp-content/uploads/2013/01/crime_organizado.pdf. Acesso em: 19/12/2017.

SHECAIRA, Sérgio Salomão. *Criminologia*. 6 ed. rev. e atual. São Paulo: Editora Revista dos Tribunais, 2014.

SUMARIVA, Paulo. *Criminologia: teoria e prática*. 4. ed. Niterói, RJ: Impetus, 2017.

TÁVORA, Nestor; ALENCAR, Rosmar Rodrigues. *Curso de direito processual penal*. 12. ed. rev. e atual. Salvador: Ed. JusPodivm. 2017.

TAVARES, Juarez. *Parecer na ADPF n° 347/2015*. In: TAVARES, Juarez; PRADO, Geraldo. *O direito penal e o processo penal no estado de direito: análise de casos*. 1ª ed. Florianópolis: Empório do Direito, 2016, pp. 213-259.

VAY, Giancarlo Silkunas; SILVA, Tédney Moreira da. *A Escola Correcionalista e o Direito Protetor dos Criminosos*. Revista Liberdades, São Paulo: IBCCRIM, p. 69 – 89, 01 set. 2012.

VIANA, Eduardo. *Criminologia*. 5 ed. ver., atual. e ampl. Salvador: JusPodivm, 2017.

ZAFFARONI, Eugenio Raúl. *Crime organizado: uma categorização frustrada*. Discursos Sediciosos: crime, direito e sociedade, Rio de Janeiro, v. 1, n. 1, p. 45-67, 1996.

_____. *Em busca das penas perdidas*. Rio de Janeiro: Revan, 1991.

_____. ALAGIA, Alejandro; SLOKAR, Alejandro. *Derecho Penal – Parte General*, Buenos Aires, Ediar, 2000.

_____. et al. *Direito Penal Brasileiro: primeiro volume – Teoria Geral do Direito Penal*. 4. ed., maio de 2011, 2ª reimpressão, abril de 2015. Rio de Janeiro: Revan, 2015.

EDITORA
JusPODIVM
www.editorajuspodivm.com.br

edelbra
Impressão e Acabamento
E-mail: edelbra@edelbra.com.br
Fone/Fax: (54) 3520-5000
IMPRESSO EM SISTEMA CTP